Tarancon, M
Tecnicas de analisis economico
ECONOMIA CUANTITATIVA
I.S.B.N. 84-8454-255-6
P.V.P. 15,00 Euros

TÉCNICAS DE ANÁLISIS ECONÓMICO INPUT-OUTPUT

Miguel Ángel Tarancón Morán

Doctor en CC Económicas y Empresariales
Profesor Asociado de Econometría
Universidad de Castilla - La Mancha

Toledo, Marzo de 2003

Título: Técnicas de Análisis Económico Input-Output
Autor: © Miguel Ángel Tarancón

I.S.B.N.: 84-8454-255-6
Depósito legal: A-728-2003

Edita: Editorial Club Universitario Telf.: 965 67 38 45
C/ Cottolengo, 25 – San Vicente (Alicante)
www.ecu.fm

Printed in Spain
Imprime: Imprenta Gamma Telf.: 965 67 19 87
C/. Cottolengo, 25 – San Vicente (Alicante)
www.gamma.fm
gamma@gamma.fm

a Ana.

Índice

0 Introducción.

El análisis input-output, desde su formalización de manos de Wasily Leontief en la década de los 40, ha supuesto una valiosa herramienta para el estudio de los sistemas productivos. Este tipo de análisis no es exclusivo de la Economía, utilizándose en otros campos científicos como la Ingeniería y el Medio Ambiente.

La principal aportación de este análisis es la capacidad para analizar de forma detallada y, a la vez, global, una realidad. Es decir, supone la aplicación del análisis al concepto de *sistema*, entendido como un conjunto de elementos individuales y de las relaciones que los unen.

Cuando el sistema analizado es económico, el economista tiene la posibilidad de discernir las repercusiones que las actuaciones sobre una actividad productiva tienen sobre toda la Economía, considerada globalmente, pudiendo desagregar estos efectos por sectores y agentes económicos.

Una herramienta tan atrayente como el análisis input-output, apoyada en su pilar básico que es la *tabla estadística input-output*, ha propiciado su utilización de forma intensiva en la investigación económica aplicada. De ahí la literatura generada sobre el tema, que llega a abrumar a quien intenta hacer un recorrido general sobre lo escrito en este campo.

Sin embargo, el campo del análisis input-output es extenso pero difuso, en el sentido de que se echan de menos esfuerzos por recoger de una forma más o menos sistemática las líneas básicas que comprenden este tipo de análisis.

Así, es extraño encontrar en los planes de estudio de las diplomaturas y licenciaturas de Economía y Empresa de universidades españolas asignaturas dedicadas exclusivamente al análisis input-output, seguramente tan utilizado como las técnicas econométricas o de investigación operativa. Las técnicas input-output aparecen de forma más o menos puntual en asignaturas diversas: economía aplicada, estructura económica; o bien en estudios de tercer ciclo.

Por otro lado, las técnicas de análisis input-output impartidas suelen estar limitadas a la explotación más o menos directa de la tabla input-output, obviando técnicas que no por ser más elaboradas resultan más dificultosas de implementar.

Pese a lo que pudiera parecer dada la profusión de artículos científicos y proyectos de investigación relacionados con el marco input-output, son muy escasos los textos que muestran un panorama sintético pero exclusivo de las diferentes técnicas de análisis, lo que hace que a veces sea necesario sumergirse en la inabarcable literatura sin saber muy bien que técnicas pueden encontrarse que sean útiles para cada aplicación concreta.

Es en este punto donde este texto quiere aportar su pequeño grano de arena en la generalización del conocimiento y empleo de estas técnicas en el campo de la investigación aplicada.

El texto, por tanto, esta dirigido a los estudiantes de diplomatura y licenciatura de economía y empresa que quieran profundizar en el análisis input-output más allá de la estricta definición de la *tabla input-output*. Igualmente, está dirigido a los estudiantes de tercer ciclo e investigadores que necesitan un punto de partida para saber qué elementos del análisis input-output pueden ser útiles para sus investigaciones. Por último, está dirigido a los profesionales que pueden encontrar en este tipo de análisis una referencia válida para el estudio del entorno económico y productivo.

Para intentar alcanzar estos fines se ha estructurado el texto en diez capítulos.

El primer capítulo muestra de forma sintética el marco de análisis input-output, haciendo un somero recorrido sobre su evolución metodológica.

El segundo capítulo se ocupa de describir el corazón del análisis input-output que es su soporte estadístico: la *tabla input-output*. Se muestran los elementos y relaciones típicos de este tipo de sistema de datos.

Los siguientes capítulos (tres a nueve) constituyen la parte fundamental del texto, exponiendo de una forma sintética; pero a la vez detallada, los diferentes enfoques y técnicas englobadas en el análisis input-output.

Estas técnicas se han agrupado, dependiendo de los objetivos perseguidos, en dos grandes niveles o enfoques: el enfoque descriptivo y el enfoque modelizador. El capítulo tres ofrece una visión general de ambos enfoques.

El *nivel descriptivo* reúne las técnicas basadas en la extracción de información de tipo estructural inherente a la tabla input-output objeto de análisis. Estas técnicas se plantean en los capítulos cuatro, cinco y seis.

El *nivel modelizador* supone una interacción con la realidad, con el objeto de cubrir objetivos de simulación y evaluación de impactos económicos, y previsión a nivel sectorial. Los distintos tipos de modelos se detallan en los capítulos siete, ocho y nueve.

El capítulo diez explora de forma sintética el nuevo marco input-output derivado de la metodología SEC-95, incidiendo en su adaptación al análisis input-output desarrollado en los capítulos precedentes.

En los distintos capítulos se ofrecen desarrollos detallados de algunas técnicas específicas en forma de fichas, lo que permite al lector profundizar en algunos aspectos del análisis que pueden resultar particularmente interesantes.

Al final de los capítulos se desarrollan prácticas que dotan al texto de un eminente carácter empírico, ilustrando el desarrollo teórico del capítulo. Estas prácticas están generadas en hoja de cálculo, requiriéndose para su seguimiento nociones básicas de la hoja de cálculo Microsoft® Excel®*. Las distintas prácticas están disponibles en la página web del autor en la UCLM: http://www.uclm.es/profesorado/mataranco n.

No sería justo terminar esta introducción sin agradecer la ayuda que he recibido y que ha contribuido a llevar este texto a buen puerto.

* Aviso, Microsoft y Excel son marcas registradas o marcas comerciales de Microsoft Corporation en EE.UU. y/o en otros países. Las imágenes de pantalla de Microsoft® Excel® han sido reimpresas con permiso de Microsoft Corporation.

En especial a mis maestros, los profesores Timoteo Martínez Aguado, de la UCLM, y Antonio Vázquez Muñíz, de la UAM.

También a los consejos y valiosas aportaciones de los profesores Antonio Pulido San Román (UAM), José Javier Rodríguez Alcaide (Universidad de Córdoba), Emilio Fontela Montes (Universidad de Ginebra y UAM), Dino Martellato (Università Ca'Foscari di Venecia) y Alejandro Lorca Corrons (UAM), maestros que tuvieron la inestimable consideración de evaluar la Tesis Doctoral de la que nace esta obra.

En este sentido, también agradecer sus consideraciones y consejos a los profesores Mario Cassetti (Università Degli Studi di Brescia) y Joaquín Vera Grijalva (UAM).

Por último, agradecer su constante ayuda al profesor Pablo del Río González, compañero de despacho, fatigas e ilusiones en la Facultad de Ciencias Jurídicas y Sociales de Toledo.

Toledo, Marzo de 2003

1 Análisis económico y análisis input-output.

1.1. La tabla estadística input-output y el análisis económico.

De acuerdo con la metodología SEC[1], de general aceptación en los países pertenecientes a la UE, el análisis de un sistema económico puede abordarse desde dos puntos de vista diferentes[2], dependiendo de la vía de obtención de la Renta Nacional considerada:

- Análisis Funcional: estudio de la actividad de producción y del equilibrio entre oferta (recursos) y demanda (empleos) de los productos.
- Análisis Institucional: estudio de la obtención y distribución de la renta.

Según se proceda a uno u otro tipo de análisis, los elementos del sistema económico quedan clasificados desde perspectivas distintas. Así, para el primer tipo de análisis los elementos se clasifican de acuerdo con su actividad productiva (relaciones de orden técnico-económico), dando lugar a las *ramas de actividad*. Para el segundo tipo de análisis interesa más clasificar los elementos del sistema en unidades con autonomía y una contabilidad completa (relaciones de comportamiento), son los *sectores institucionales* (hogares, empresas, administraciones públicas...).

En el marco del *análisis funcional*, es de decisiva importancia para la comprensión del funcionamiento de un sistema económico el análisis desagregado, de manera que se consiga definir una idea lo más detallada posible de las relaciones que mueven dicho sistema como un todo articulado. Además, el estudio de una Economía desde el punto de vista de un sistema debe ser un estudio coherente a fin de no llegar a resultados contradictorios, en el sentido de que, evidentemente, el comportamiento de uno o varios elementos integradores del sistema influyen en el resto de elementos.

Es en este perfil en donde la modelización input-output, entendida como herramienta de análisis de la estructura productiva y distributiva de un país[3], aparece en un triple sentido:

---

1 Sistema Europeo de Cuentas.
2 Véase Cañada Martínez (1995).
3 A partir de ahora, nos centramos en el campo exclusivamente económico del análisis input-output

- Como elemento de cohesión, ya que toma información estadística sectorial de múltiples fuentes y la homogeneiza mediante la elaboración de la tabla input-output, sometida a la disciplina de equilibrio que debe existir en todo sistema contable.
- Como sistema de análisis desagregado, de corte microeconómico, ya que modeliza las relaciones productivas y distributivas de un elevado número de ramas de actividad o sectores inherentes a la información estadística presentada en la tabla input-output.
- Como elemento integrador de enfoques en el análisis económico, ya que la información de corte macroeconómico proveniente de la contabilidad nacional, o las previsiones de los agregados económicos realizadas a partir de modelos econométricos, pueden ser adaptadas al sistema input-output (sectorización) o, en sentido contrario, las previsiones sectoriales de modelos input-output pueden ser agregadas y/o utilizadas en modelos macroeconómicos.

Por otro lado, el análisis input-output, desde sus primeras formulaciones de la mano de Leontief[4], ha evolucionado para superar su mayor inconveniente atribuible tradicionalmente: el carácter estático, originado por la modelización a partir de un solo punto muestral (la tabla input-output del año de referencia), lo que podría provocar la invalidación de los modelos a efectos de predicción en el caso de cambio significativo en las relaciones técnico-económicas presentadas en la tabla. Así, el esfuerzo estadístico realizado por las distintas instituciones en la realización sistemática de tablas input-output, y el desarrollo de algoritmos y técnicas de proyección de tablas, ha hecho posible un nuevo enfoque basado en la dinamización de los modelos input-output.

De esta manera, puede establecerse un cuadro de enfoques modelizadores como se muestra en el cuadro 1.

***Cuadro 01**. Enfoques Modelizadores de la Economía*

	ANÁLISIS AGREGADO (macroeconómico)	**ANÁLISIS INTERSECTORIAL (microeconómico)**
ANÁLISIS ESTÁTICO	Modelos Econométricos Estáticos	Modelos Input-Output de coeficientes fijos
ANÁLISIS DINÁMICO	Modelos Econométricos Dinámicos	Modelos Input-Output dinámicos

La características de la modelización input-output como elemento de coherencia y como elemento integrador permiten la conexión de estos enfoques formando un sistema de modelización *conjunta*, que hace posible utilizar los modelos input-output como sectorizadores de las previsiones macroeconómicas de modelos econométricos y su integración con las previsiones microeconómicas de ciertos subsectores clave. Se establece así una línea de gran potencial en la modelización y análisis económicos consistente en el *linkage* o conexión de los distintos enfoques.

---

[4] Véase Leontief (1975)

1.2. *Evolución histórica del análisis input-output.*

El desarrollo moderno de la metodología input-output tiene su punto de partida en los trabajos de Leontief (1941) desarrollados en los años 30 y, en particular, en la construcción del conocido modelo *input-output* clásico. Sin embargo, el esquema conceptual o marco teórico se remonta a los estudios de los teoricistas: Quesnay (1758), al crear el instrumento analítico conocido como *tableau economique*, y Walras (1877), que representa matemáticamente las interdependencias de un sistema económico, planteadas bajo la hipótesis de existencia de un *equilibrio general de los mercados*.

En los años 50 y 60 las líneas de investigación económica en el ámbito input-output dieron importantes frutos para el conocimiento estructural y la predicción económica de los países más avanzados. Los trabajos de Klein (1953), Theil (1967) y del propio Leontief constituyen referencias básicas en la investigación mediante este tipo de análisis.

Las crisis de precios energéticos en los años 70 y 80 produjeron profundos cambios y desequilibrios en las estructuras de los países desarrollados. Ante la rapidez e importancia de dichos cambios, los analistas pusieron el énfasis en el estudio del comportamiento de las economías a corto plazo y se evidenció la limitación de los modelos input-output incluso como modelos exploratorios, motivada por la dificultad para disponer de información a consecuencia del alto costo y la demora en la elaboración de estadísticas.

Del intento de encontrar un marco analítico adecuado para la explicación de estos cambios surge un nuevo tipo de enfoque caracterizado por la inclusión del estudio de las variaciones de los coeficientes input-output que representan la estructura productiva de las economías, y su modelización a fin de obtener predicciones y análisis más ajustados a la realidad.

Dentro de esta corriente es posible establecer dos grandes líneas complementarias de investigación:

- Métodos de Ajuste Global de sistemas input-output. Partiendo de las investigaciones pioneras de Stone et al (1963) y Theil (1967), hasta los potentes métodos de programación matemática en la línea de Matuszewski et al (1964) o los desarrollos de Preston (1975) en Wharton Econometrics y Penn University, Fontela et al (1970) en el Instituto Batelle, etc., se viene demostrando la potencialidad de estas técnicas tanto para la predicción como para la simulación de políticas.
- Métodos basados en la modelización del cambio estructural de las matrices input-output mediante la utilización de técnicas econométricas de estimación, que intentan aportar un cierto grado de explicación económica al cambio. Como factores explicativos del cambio pueden establecerse el progreso técnico, variables cíclicas, etc. En su planteamiento operativo existe una variedad de enfoques modelizaciones según se

endogenicen los propios coeficientes técnicos (y, en general, los elementos de todas las matrices I/O), o por el contrario se analice el cambio estructural a través de la evolución de las propias magnitudes económicas (valores añadidos, valores finales de producción, consumos intermedios y los precios respectivos). Representantes de estas líneas son Klein (1953), Pulido (1986) y los desarrollos de *Wharton Econometrics.*

La investigación aplicada, así como el desarrollo de los procesos informáticos, han desarrollado recientemente metodologías que permiten la modelización conjunta de las principales macromagnitudes de un sistema económico y de la evolución de las matrices input-output correspondientes bajo condiciones de coherencia o compatibilidad entre ambos sistemas de información.

1.3. *Campos de aplicación.*

Una exploración de la literatura aplicada del análisis input-output puede ayudar a establecer un cuadro de aplicaciones como el que se muestra a continuación:

Cuadro 02. *Aplicaciones de la Tecnología Input-Output*

Nivel de análisis	***Metodología***	***Aplicación***
Nivel descriptivo.	Modelización I/O con coeficientes fijos.	Descripción desagregada de las relaciones existentes en el Sistema Económico.
		Sectorización de macromagnitudes de la Contabilidad Nacional.
		Evaluación de impactos en la Economía.
Nivel predictivo (bajo estabilidad estructural).	Conexión entre modelos macroeconómicos y modelos input-output.	Sectorización de las previsiones de un modelo macoeconómico.
		Previsión de los precios sectoriales y determinación de los precios de demanda final.
		Desarrollo de algoritmos de solución conjunta modelo econométrico-modelo input/output.
		Establecimiento de previsiones macroeconómicas y sectoriales de la Economía.
		Simulación de escenarios alternativos y evaluación de impactos para la Economía.
Nivel predictivo (bajo cambio estructural).	Ajuste y proyección de coeficientes input-output.	Dinamización de tablas input-output.
		Contrastación de tablas.
		Proyección a futuro de tablas.
		Obtención de tablas "óptimas".
	Modelización del cambio estructural.	Análisis del cambio estructural en la Economía.
		Predicción de cantidades y precios sectoriales bajo cambio en los coeficientes.
		Obtención de funciones de producción en la Economía.
		Análisis de efectos a nivel sectorial de la sustitución de tecnologías.
	Previsión y Simulación.	Establecimiento de previsiones macroeconómicas y sectoriales con cambios estructurales del sistema productivo.
		Simulación y Evaluación de políticas sectoriales y macroeconómicas.
		Integración de la previsión macroeconómica sectorialmente en las previsiones microeconómicas de subsectores de "tecnología avanzada".

En un primer nivel *descriptivo* del sistema económico, pueden plantearse aplicaciones basadas en la explotación directa de la tabla input-output que sirve de referencia, y en la elaboración de modelos para el año de elaboración de la tabla. Entre estas aplicaciones destacan la descripción de las relaciones económicas inherentes al sistema económico en estudio, y la posibilidad de sectorizar las cifras de la Contabilidad Nacional, de manera que el modelo input-output funciona como un filtro que desagrega las magnitudes macroeconómicas de la contabilidad en sus componentes sectoriales.

Un segundo nivel implica que los modelos input-output elaborados en base a la tabla input-output de referencia tienen capacidad para ser utilizados en años posteriores, a efectos básicamente *predictivos*.

Dentro de dicho nivel predictivo, puede considerarse la no-existencia de cambios significativos en la estructura económica del sistema. Así, los modelos elaborados para el año de referencia podrán usarse en las aplicaciones. Las más interesantes surgen del "linkage" o conexión con modelos econométricos, como son la sectorización de predicciones de modelos econométricos, la estimación conjunta de modelos input-output y econométricos, y la previsión y simulación de políticas macroeconómicas y sectoriales coherentes. Ejemplos de modelos *conectados*, usualmente utilizados en el estudio del medio plazo, son los desarrollados, a partir de los trabajos pioneros de Richard Stone y el Cambridge Growth Proyect, en distintos contextos internacionales (*INFORUM*, Universidad de Maryland; o *Explor-Multitrade*, Batelle Memorial Institute). Estos modelos, a simple vista complejos (se componen de cientos de ecuaciones), son conceptualmente sencillos y se basan en versiones simples del modelo de demanda de Leontief, con inclusión de algunas variables de entorno y de política económica.

También en este nivel es posible considerar la existencia de cambios significativos en la estructura económica, respecto al año de elaboración de la tabla input-output. Surge así el estudio y modelización del cambio estructural, donde pueden ser consideradas aplicaciones en el terreno de la previsión y simulación, y en la evaluación de impactos motivados por dicho cambio estructural.

1.4. *Resumen.*

- El análisis input-output supone, dentro del análisis funcional de la economía, un enfoque coherente, desagregado e integrador del estudio de un sistema económico.
- La modelización input-output ha evolucionado para superar su carácter 'estático', pudiéndose distinguir dos grandes líneas de trabajo: los modelos de ajuste global de sistemas input-output y la modelización del cambio estructural a partir de técnicas estadístico-econométricas.
- Las investigación aplicada en el marco del análisis input-output abarca una extensa gama de aplicaciones que pueden agruparse en tres enfoques: el descriptivo, el predictivo bajo condiciones de estabilidad estructural, y el predictivo en condiciones de cambio estructural.

2 La tabla estadística input-output.

2.1. La tabla estadística input-output.

Las tablas input-output constituyen[5] el segundo pilar básico de las cuentas económicas de un país, tras la contabilidad nacional, a la cual permanece íntimamente unida.

Las tablas input-output permiten recoger los flujos de bienes y servicios entre los sectores de la economía a nivel desagregado por ramas de actividad[6]. Estos flujos pueden venir expresados en términos de unidades físicas, si bien lo más corriente es la utilización de unidades de valor, a fin de lograr una mayor homogeneización entre ramas productivas y facilitar la obtención de diversos coeficientes y aplicaciones.

Típicamente una tabla input-output de un sistema económico (sea de ámbito supranacional, nacional, regional e incluso comarcal o local) se compone de tres matrices de valores: la matriz de compras y ventas intermedias, la matriz de demanda final y la matriz de inputs primarios, tal y como se muestra en el gráfico 1.

---

5 Martínez Aguado et al. (1996).

6 Como señala Cañada Martínez (1995), las unidades de análisis funcional que utilizan las tablas input-output se denominan Unidades de Producción Homogénea (UPH), que por agregación originan las *ramas de actividad.* Una UPH queda definida por unos inputs, un proceso de producción determinado y unos outputs, si bien, dada la dificultad para encontrar UPH "puras", se recurre a diversos convenios y artificios contables para constituir las ramas de actividad, tales como las transferencias entre ramas de las producciones secundarias.

***Gráfico 01**. Matrices de una tabla input-output*

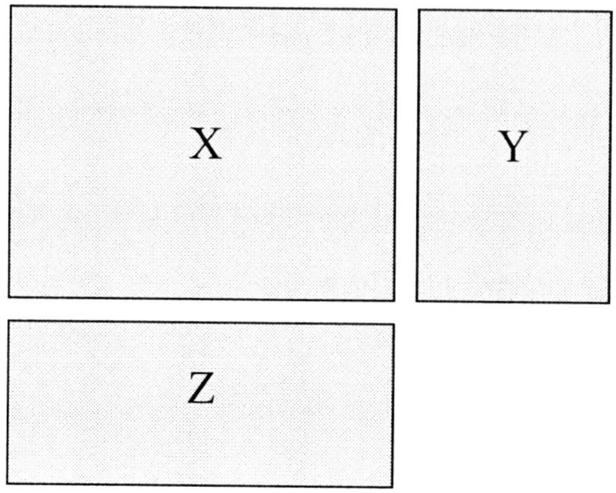

con:

X:	matriz (nxn) de transacciones intermedias
Y:	matriz (nxk) de demanda final para k componentes
Z:	matriz de inputs primarios (mxn) para m componentes

A continuación se comentan las características y notación de cada una de estas matrices, y las relaciones básicas que ligan a los distintos elementos de la tabla.

2.2. *Matrices de la tabla input-output.*

Como se acaba de comentar, una tabla input-output típica se compone de tres matrices de valores interrelacionadas: matriz de transacciones intermedias (*X*), matriz de demanda final (*Y*) y matriz de inputs primarios (*Z*). A continuación se detallan las características de cada una de las matrices.

a) Matriz de transacciones intermedias (*X*)

La matriz de transacciones intermedias es una matriz (nxn) de flujos (compras y ventas) de mercancías y servicios entre las ramas de actividad que componen el sistema económico. Así, recoge los intercambios intersectoriales de producciones intermedias.

Por filas, se detallan las ventas (outputs) que cada rama de actividad realiza al resto de ramas y a sí misma (intraconsumos).

Por columnas, se muestran las compras que cada rama de actividad realiza al resto de ramas y a sí misma (intraconsumos).

El elemento típico de la matriz, x_{ij}, informa de las compras realizadas por la rama j-ésima del bien producido por la rama i-ésima.

Por otro lado se define el elemento v_i como la suma de los elementos de la fila i de la matriz X (suma de ventas intermedias).

El vector v (nx1) se define como el vector de outputs totales intermedios, que totaliza la matriz X por columnas:

$$v = X\ u$$

siendo u el vector columna unitario de (nx1) elementos.

Análogamente se define el elemento q_j como la suma de los elementos de la columna j de la matriz X (suma de compras intermedias).

El vector q (1xn) será el vector de inputs totales intermedios, que totaliza la matriz X por filas:

$$q = u'X$$

siendo u' el vector fila unitario de (1xn) elementos.

b) Matriz de demanda final (*Y*)

La matriz de demanda final es la matriz (nxm) que muestra las transacciones (ventas) de las n ramas de actividad con las m componentes de la demanda final, que típicamente son los siguientes:

- consumo (privado y público),

- formación bruta de capital (fijo y variación de existencias),
- exportaciones e importaciones[7].

El elemento y_{ik} mostrará la producción de la rama i-ésima comprada por la categoría k-ésima de demanda final.

Se define el vector y (nx1) como el vector de compras totales de demanda final por ramas productivas:

$$y = Y u$$

siendo u el vector columna unitario de (mx1) elementos.

Por último, se define g como el vector (1xm) de componentes de la demanda final:

$$g = u' Y$$

siendo u' el vector fila unitario de (1xn) elementos.

c) Matriz de inputs primarios (Z)

La matriz de inputs primarios es la matriz (pxn) de compra de inputs a los factores productivos primarios (es decir, compras de las ramas de actividad que no son compras a otras ramas de actividad), normalmente desagregados en los siguientes componentes (principalmente componentes del valor añadido):

- retribución de los asalariados,
- cargas sociales de las empresas,
- excedente neto de explotación,
- consumo de capital fijo.

El elemento z_{dj} mostrará la compra del d-ésimo tipo de inputs primarios por parte de la rama de actividad j-ésima.

Se define el vector c (1xn) como el vector de compras totales de inputs primarios por ramas productivas:

$$c = u' Z$$

siendo u el vector fila unitario de (1xp) elementos.

Por último, se define e como el vector (px1) de tipos de inputs primarios:

$$e = Z u$$

siendo u el vector columna unitario de (nx1) elementos.

[7] La incorporación de las importaciones, realizada para la construcción del concepto de producción efectiva en la suma de la tabla input-output por filas, hace que la matriz de demanda final pase a ser, rigurosamente, la matriz del PIB por ramas de actividad.

En el gráfico 2 se muestran estas matrices y sus principales elementos:

Gráfico 02*. Matrices de la Tabla Input-Output*

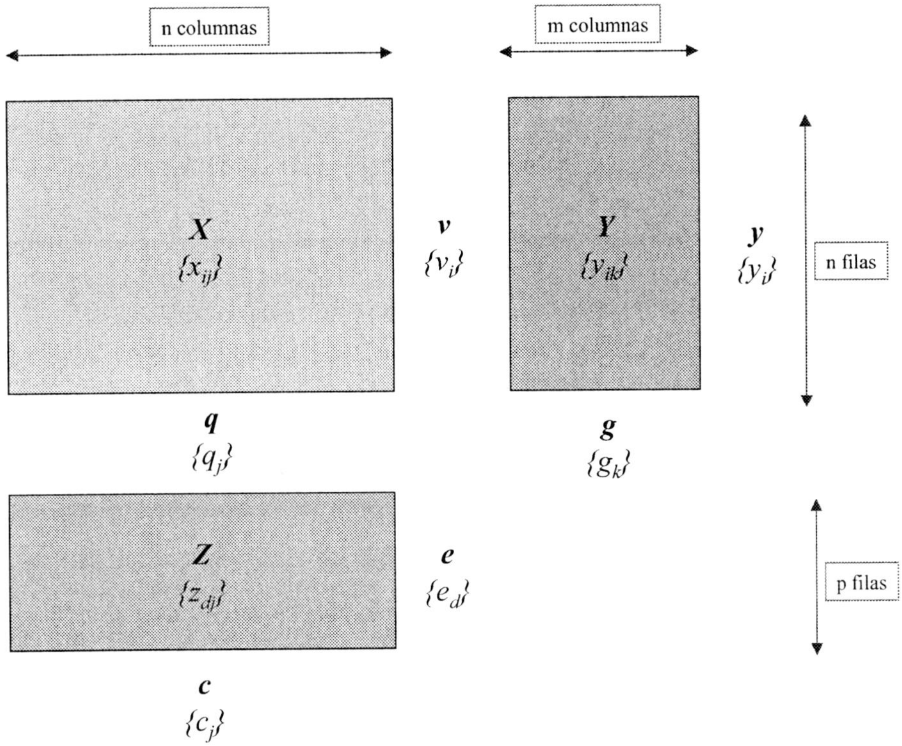

2.3. *Principales relaciones de la tabla input-output.*

La tabla input-output puede ser considerada un sistema contable, en el sentido de la igualdad que debe cumplirse entre recursos y empleos del sistema económico en un momento dado.

Más concretamente, debe darse para cada rama de actividad una igualdad entre la suma de las ventas totales de la rama (tanto a otras ramas como a la demanda final) y sus compras totales (tanto a otras ramas de actividad como a los inputs primarios).

El valor de las sumas anteriores, tanto por el lado de las ventas como por el lado de las compras, será la *producción efectiva* de la rama de actividad w_i (o bien w_j).

El vector de producción efectiva w es un vector columna (calculado por el lado de las ventas) o, alternativamente, fila (calculado por el lado de las compras) de n elementos que recoge la producción efectiva del sistema económico, desagregada por ramas de actividad.

Las identidades que configuran el sistema contable, y que dotan de coherencia a la tabla input-output son las siguientes:

- *relación compras – ventas intermedias:*

$$\sum_i v_i = \sum_j q_j$$

- *relación demanda final-inputs primarios:*

$$\sum_{ik} y_{ik} = \sum_{dj} z_{dj}$$

- *relación demanda final- producción efectiva- transacciones intermedias:*

$$\sum_j x_{ij} + \sum_k y_{ik} = w_i$$

- *relación inputs primarios- producción efectiva- transacciones intermedias:*

$$\sum_i x_{ij} + \sum_d z_{dj} = w_j$$

En el gráfico 3 se muestra la relación entre las distintas matrices del sistema input-output a través de las oportunas identidades que constituyen el armazón en base al cual construir una tabla input-output:

***Gráfico 03**. Relaciones básicas de la tabla input-output*

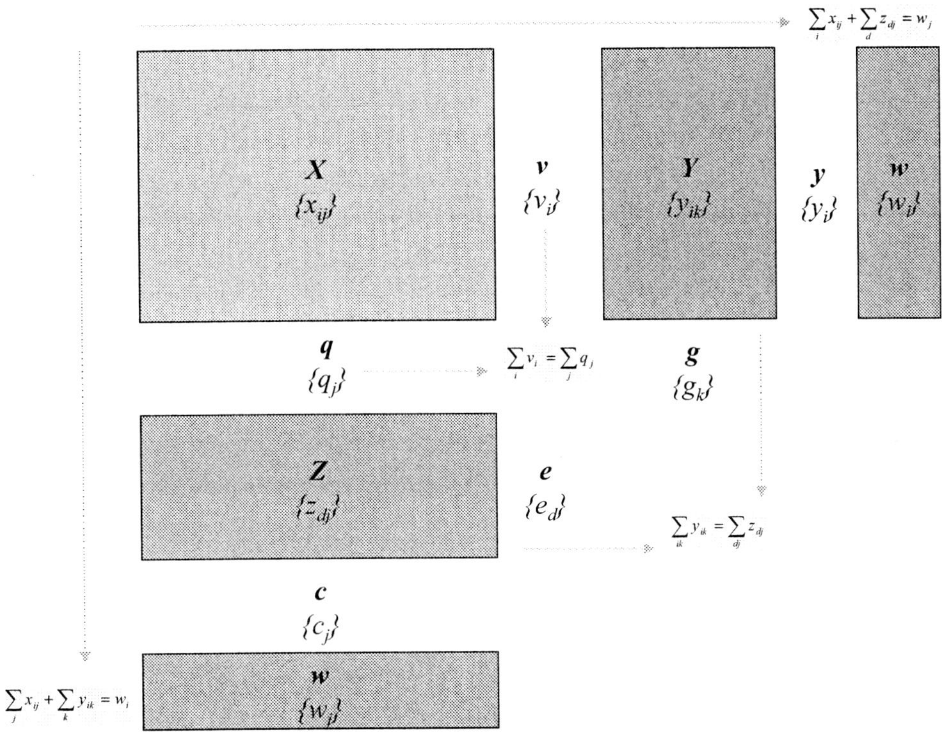

2.4. *Resumen.*

- Las tablas input-output permiten recoger los flujos de bienes y servicios entre los sectores de la economía a nivel desagregado por ramas de actividad.
- La tabla input-output de un sistema económico se compone de tres matrices de valores: la matriz de compras y ventas intermedias, la matriz de demanda final y la matriz de inputs primarios.
- La matriz de relaciones intersectoriales *X* es una matriz (nxn) de flujos (compras y ventas) de mercancías y servicios entre las ramas de actividad.
- La matriz de demanda final *Y* es la matriz (nxm) que muestra las transacciones (ventas) de las n ramas de actividad con las m componentes de la demanda final.
- La matriz de inputs primarios es la matriz (pxn) de compra de inputs a los factores productivos primarios.
- En la tabla input-output debe darse, para cada rama de actividad, una igualdad entre la suma de las ventas totales de la rama (tanto a otras ramas como a la demanda final) y sus compras totales (tanto a otras ramas de actividad como a los inputs primarios).

A. *Las tablas input-output españolas agregadas a 25 ramas de actividad EUROSTAT.*

A lo largo de los capítulos se proponen varias prácticas relacionadas con las diversas técnicas de análisis expuestas. Estas prácticas son realizadas a partir de las tablas input-output de la economía española agregadas a las 25 ramas de actividad propuestas por EUROSTAT.

Estas tablas surgen de la agregación de las tablas input-output españolas base 1986 elaboradas por el Instituto Nacional de Estadística para los años 1986-1994, y su proyección para el período 1995-1998 [Tarancón Morán (2002)].

Estas tablas tienen las siguientes características:

- Las ramas de actividad son 25.
- Las tablas fueron construidas originariamente en miles de millones de pesetas corrientes. En los distintos archivos de práctica se ofrecen también en millones de euros, tomando como cambio, el de 1 euro = 166,386 pesetas.
- Las categorías de demanda final (columnas de la matriz *Y*) son las siguientes: consumo privado (*cp*), consumo público (*cg*), formación bruta de capital fijo (*kf*), variación de existencias (*ve*), exportaciones FOB (*ex*), y, restando, transferencias entre ramas de actividad (*tr*)[8], importaciones CIF (*im*), impuestos netos ligados a las importaciones (*it*), e IVA que grava a los productos (*tx*). Expresado vectorialmente (como vectores columna (nx1)) las categorías anteriores se tiene:

$$Y = \{cp \quad cg \quad kf \quad ve \quad ex \quad -tr \quad -im \quad -it \quad -tx\}$$

- La matriz de inputs primarios (*Z*) se compone del vector de valores añadidos (*va*). Expresando vectorialmente las anteriores magnitudes (como vectores fila (1xn)), se tiene:

$$Z = \{va\}$$

- Para cada rama de actividad, la suma de la fila de transacciones intermedias y las distintas categorías de demanda final (teniendo en cuenta el signo negativo de algunas de ellas) originan la producción efectiva de la rama en cuestión (w_i):

[8] Las *transferencias entre ramas de actividad* son un contable artificio que trata de redistribuir a las ramas de actividad apropiadas las producciones secundarias generadas por agentes productivos dedicados a una actividad económica determinada. La suma de las transferencias entre ramas de actividad es, por definición, cero.

$$\sum_{j=1}^{n} x_{ij} + cp_i + cg_i + kf_i + ve_i + ex_i - tr_i - im_i - it_i - tx_i = w_i$$

- Igualmente, para cada rama, la suma de su columna correspondiente, sus transferencias entre ramas de actividad y el valor añadido de la rama da como resultado la producción efectiva de la rama (w_j).

$$\sum_{i=1}^{n} x_{ij} + va_j = w_j$$

- *Tratamiento de la Producción Imputada de los Servicios Bancarios (pisb):* la rama de actividad *pisb* es una rama de actividad especial incluida en algunas tablas estadísticas input-output como las publicadas por el Instituto Nacional de Estadística en España. Dicha rama recoge la producción atribuida a las entidades financieras por las operaciones de carácter puramente financiero realizadas con las demás ramas de actividad.

Debido al carácter financiero del *pisb* (y no 'real') y a la dificultad para su distribución entre las columnas de las distintas ramas de actividad, se incluye dicha rama 'ficticia', cuya fila se compone de valores nulos y cuya columna posee solamente un valor no-nulo correspondiente a las ventas de la rama de *entidades de crédito*. Este valor es restado, debido a su carácter de producción no-real (pasivo contable de las ramas productivas), en la fila de valor añadido de la matriz de inputs primarios, con lo que la producción (efectiva) es, por definición, nula.

El valor cero de la Producción Efectiva origina un tratamiento específico de la rama *pisb*, pues imposibilita el cálculo del vector de coeficientes técnicos. Entre los tratamientos específicos de la rama se han propuesto dos vías[9]:

- Agregación de la rama *pisb* a la rama de Entidades Crediticias. Tiene el inconveniente de sobrevalorar 'artificialmente' los intraconsumos (y el coeficiente técnico correspondiente) de la rama.
- Eliminación de la rama *pisb*, con lo que se eliminan la producción no-real de la tabla. Tiene el inconveniente de que deja de cumplirse la identidad[10]:

$$\sum_{i=1}^{n} cp_i + \sum_{i=1}^{n} cg_i + \sum_{i=1}^{n} kf_i + \sum_{i=1}^{n} ve_i + \sum_{i=1}^{n} ex_i - \sum_{i=1}^{n} im_i - \sum_{i=1}^{n} it_i - \sum_{i=1}^{n} tx_i = \sum_{j=1}^{n} va_j$$

En el proceso de agregación y construcción de las tablas R-25, se eligió la segunda opción, más coherente con el estudio de las magnitudes reales de la economía. Por tanto, la relación anterior pasará a ser:

[9] Véase Cañada Martínez (1995)

[10] No aparecen las *transferencias entre ramas de actividad* pues, como ya se ha comentado, su suma total es 0.

$$\sum_{i=1}^{n} cp_i + \sum_{i=1}^{n} cg_i + \sum_{i=1}^{n} kf_i + \sum_{i=1}^{n} ve_i + \sum_{i=1}^{n} ex_i - \sum_{i=1}^{n} im_i - \sum_{i=1}^{n} it_i - \sum_{i=1}^{n} tx_i + pisb = \sum_{j=1}^{n} va_j$$

El cálculo vía ventas de la rama de actividad vendedora a *pisb*[11] deberá incorporar el *pisb*, deducido en la fase de agregación de la tabla:

$$\sum_{j} x_{ij} + cp_i + cg_i + kf_i + ve_i + ex_i - tr_i - im_i - it_i - tx_i + pisb = w_i$$

- En definitiva, las identidades de la tabla, o ecuaciones de coherencia, en el caso de las tablas input-output utilizadas en las prácticas del texto son:

$$\sum_{i} v_i = \sum_{j} q_j$$

$$\sum_{i=1}^{n} cp_i + \sum_{i=1}^{n} cg_i + \sum_{i=1}^{n} kf_i + \sum_{i=1}^{n} ve_i + \sum_{i=1}^{n} ex_i - \sum_{i=1}^{n} im_i - \sum_{i=1}^{n} it_i - \sum_{i=1}^{n} tx_i + pisb = \sum_{j=1}^{n} va_j$$

$$\sum_{i} x_{ij} + va_j = w_j$$

$$\sum_{j=1}^{n} x_{ij} + cp_i + cg_i + kf_i + ve_i + ex_i - tr_i - im_i - it_i - tx_i = w_i$$

para todas las ramas salvo la rama 23, donde es:

$$\sum_{j} x_{ij} + cp_i + cg_i + kf_i + ve_i + ex_i - tr_i - im_i - it_i - tx_i + pisb = w_i$$

- Por último, para cada rama de actividad deberá darse, teniendo en cuenta los ajuste por *pisb*, la igualdad entre la producción efectiva calculada vía ventas, y la producción efectiva calculada vía compras:

$$w_i = w_j \qquad \forall i = j$$

Para familiarizarnos con este tipo de tablas input-output, pasaremos a realizar la siguiente práctica[12].

---

[11] Rama 47 Entidades de Crédito y Seguros, en las tablas INE. Rama 23 en la agregación R25 considerada en este texto.

[12] Se presupone un conocimiento mínimo de la hoja de cálculo Microsoft® Excel®. En este manual se ha utilizado la versión Microsoft® Excel® 2000.

Paso 1.

Abrir el libro tabla1998.xls . El libro se compone de tres hojas de cálculo:

- tio98 contiene la tabla input-output de España desagregada a 25 ramas de actividad construida para el año 1998 en pesetas.
- tio98 EUR contiene la tabla input-output de España desagregada a 25 ramas de actividad construida para el año 1998 en euros.
- coeficientes técnicos e inversa contiene las matrices de coeficientes técnicos de producción y la matriz inversa de Leontief, matrices que se tratarán en los próximos capítulos. Estas matrices coinciden para ambas tablas (en pesetas y en euros), puesto que se construyen a partir de ciertos cocientes entre magnitudes de la tabla (desapareciendo las unidades).

Paso 2.

Nos situamos en la hoja tio98 EUR. La práctica consistirá en identificar los distintos elementos (matrices, vectores y relaciones) comentados en el capítulo.

- La matriz X de transacciones intermedias ocupa el rango C5:AA29.
- La matriz Y de demanda final ocupa el rango AC5:AK29.

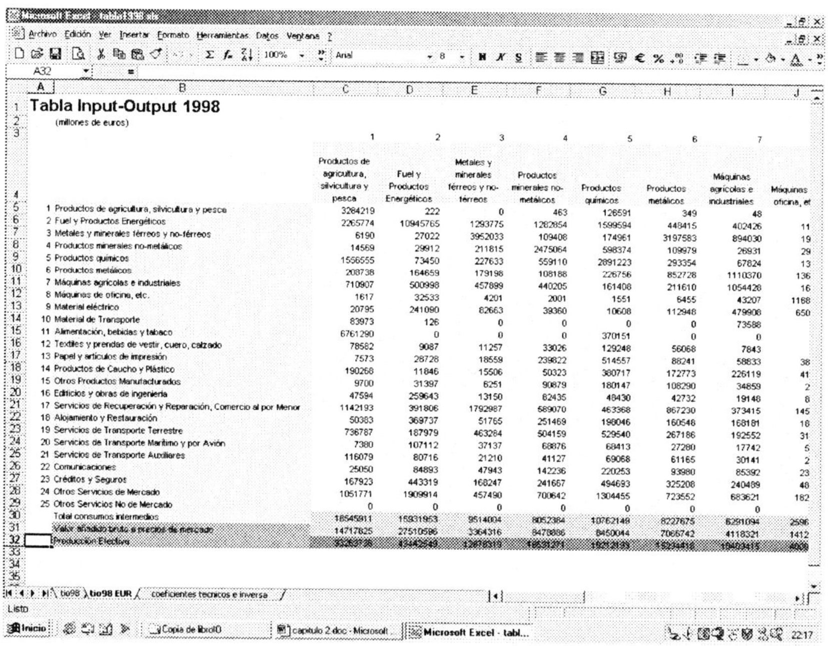

Tabla Input-Output 1998
(millones de euros)

	1	2	3	4	5	6	7	
	Productos de agricultura, silvicultura y pesca	Fuel y Productos Energéticos	Metales y minerales férreos y no-férreos	Productos minerales no-metálicos	Productos químicos	Productos metálicos	Máquinas agrícolas e industriales	Máquinas oficina, et
1 Productos de agricultura, silvicultura y pesca	3284219	222	0	463	126591	349	48	
2 Fuel y Productos Energéticos	2265774	10945765	1293775	1282854	1599594	448415	402426	11
3 Metales y minerales férreos y no-férreos	6190	27022	3952033	109408	174961	3197583	894030	19
4 Productos minerales no-metálicos	14569	29912	211815	2475064	598374	109979	26931	29
5 Productos químicos	1556555	73450	227633	559110	2891223	293354	67824	13
6 Productos metálicos	208738	164659	179198	108188	226756	852728	1110370	136
7 Máquinas agrícolas e industriales	710907	500998	457899	440205	161408	211610	1054428	16
8 Máquinas de oficina, etc.	1617	32533	4201	2001	1551	6455	43207	1168
9 Material eléctrico	20795	241090	82663	39360	10608	112948	479908	650
10 Material de Transporte	83973	126	0	0	0	0	73588	
11 Alimentación, bebidas y tabaco	6761290	0	0	0	370151	0	0	
12 Textiles y prendas de vestir, cuero, calzado	78582	9087	11257	33026	129248	56068	7843	
13 Papel y artículos de impresión	7573	28728	18559	239822	514557	88241	58833	38
14 Productos de Caucho y Plástico	190268	11846	15506	50323	380717	172773	226119	41
15 Otros Productos Manufacturados	9700	31397	6251	90879	180147	108290	34859	2
16 Edificios y obras de ingeniería	47594	259643	13150	82435	48430	42732	19148	8
17 Servicios de Recuperación y Reparación, Comercio al por Menor	1142193	391806	1792987	589070	463368	867230	373415	145
18 Alojamiento y Restauración	50383	369737	51765	251469	198046	160548	168181	18
19 Servicios de Transporte Terrestre	736787	187979	463284	504159	529540	267186	192552	31
20 Servicios de Transporte Marítimo y por Avión	7380	107112	37137	68876	68413	27280	17742	5
21 Servicios de Transporte Auxiliares	116079	80716	21210	41127	69068	61165	30141	2
22 Comunicaciones	25050	84893	47943	142236	220253	93980	85392	23
23 Créditos y Seguros	167923	443319	168247	241667	494693	325208	240489	48
24 Otros Servicios de Mercado	1051771	1909914	457490	700642	1304455	723552	683621	182
25 Otros Servicios No de Mercado	0	0	0	0	0	0	0	
Total consumos intermedios	18545911	15931953	9514004	8052384	10762149	8227675	6291094	2596
Valor añadido bruto a precios de mercado	14717825	27510596	3364316	8478886	8450044	7066742	4118321	1412
Producción Efectiva	[illegible]	[illegible]	[illegible]	[illegible]	[illegible]	[illegible]	[illegible]	[illegible]

- La matriz Z de inputs primarios abarca el rango C31:AA31.

Centrándonos en la matriz de transacciones intermedias X, pueden observarse las siguientes características:

- Es una matriz cuadrada de 25 filas y 25 columnas, una fila y columna por rama de actividad. El sector primario ocupa la rama 1, el sector industrial ocupa las ramas de actividad 2 a 15, pudiéndose distinguir una evolución que va desde la industria de extracción y pesada (ramas 2 a 4), hasta las actividades de la industria ligera o manufacturera (rama 15). La rama 16 está dedicada al sector de la construcción, quedando las ramas 17 a 25 para las actividades del sector servicios.
- La rama 25 tiene todas sus celdas, en la fila correspondiente a sus ventas, con valor 0, ya que por definición los servicios no de mercado tienen su actividad orientada a la demanda final.
- El vector *v* de ventas intermedias ocupa el rango AB5:AB29. Si se calcula su suma mediante la fórmula =SUMA(AB5:AB29) se obtiene un valor de las ventas intermedias totales de 334.469.511 mill. EUR.
- El vector *q* de compras intermedias ocupa el rango C30:AA30. Si se calcula su suma mediante la fórmula =SUMA(C30:AA30) se obtiene un valor de las compras intermedias totales de 334.469.511 mill. EUR.
- De esta forma, puede comprobarse el cumplimiento de la igualdad:

$$\sum_i v_i = \sum_j q_j$$

que era una de las relaciones básicas de la tabla input-output.

En cuanto a la matriz de demanda final *Y*, pueden destacarse los siguientes puntos:

- Realizando la suma de los elementos de cada fila de la matriz, esto es, la fórmula =SUMA(ACnumerofila:AKnumerofila), con numerofila con valor 5 para la primera rama de actividad, hasta numerofila igual a 29 para la última rama de actividad, se obtienen los elementos del vector *y* de ventas a la demanda final de cada rama de actividad.
- Realizando la suma de los elementos de cada columna de la matriz, esto es, la fórmula =SUMA(letracolumna5:letracolumna29), con letracolumna con valor AC para la primera categoría de demanda final (consumo privado), hasta letracolumna igual a AK para la última categoría de demanda final (IVA que grava a los productos), se obtienen los elementos del vector *g* de ventas a la demanda final de cada rama de actividad.
- La suma del total de transferencias entre ramas de actividad es, por definición 0, como puede comprobarse al realizar la operación =SUMA(AH5:AH29).
- La suma total de los elementos de la matriz de demanda final *Y*, se calcula con la fórmula =SUMA(AC5:AK29), y es de 465.489.801 mill. EUR.

Respecto a la matriz de inputs primarios *Z*, puede destacarse lo siguiente:

- Realizando la suma de los elementos de cada columna de la matriz, esto es, la fórmula =SUMA(letracolumna31:letracolumna31), con letracolumna con valor C para la primera rama de actividad, hasta letracolumna igual a AC para la última rama de actividad, se obtienen los elementos del vector *c* de compras de inputs primarios por cada rama de actividad.
- Realizando la suma de los elementos de cada fila de la matriz, esto es, la fórmula =SUMA(C31:AC31) se obtienen los elementos del vector *e* de tipos de inputs primarios (suma de los valores añadidos).
- La suma total de los elementos de la matriz de inputs primarios *Z*, por tanto, coincide con la suma de los valores añadidos. Esta suma puede obtenerse con la fórmula =SUMA(C31:AC32). Esta suma es de 488.251.343 mill. EUR.

En cuanto a las relaciones inherentes a la tabla, pueden verificarse las siguientes:

- Dadas las características propias de la agregación de la tabla, no se cumple la igualdad entre la suma total de los elementos de las matrices *Y* y *Z*:

$$\sum_{ik} y_{ik} = \sum_{dj} z_{dj}$$

  La diferencia es de 22.761.542 mill. EUR, que es el valor de la celda AK27: la producción imputada de los servicios bancarios *pisb*. Es decir, la relación que se da en la tabla es:

$$\sum_{i=1}^{n} cp_i + \sum_{i=1}^{n} cg_i + \sum_{i=1}^{n} kf_i + \sum_{i=1}^{n} ve_i + \sum_{i=1}^{n} ex_i - \sum_{i=1}^{n} im_i - \sum_{i=1}^{n} it_i - \sum_{i=1}^{n} tx_i + pisb = \sum_{j=1}^{n} va_j$$

- Por filas, pueden sumarse para cada rama de actividad las ventas intermedias y las ventas a la demanda final, obteniéndose los elementos del rango AM5:AM29, que es el vector de producción efectiva calculado por el lado de las ventas. Esta relación es:

$$\sum_{j=1}^{n} x_{ij} + cp_i + cg_i + kf_i + ve_i + ex_i - tr_i - im_i - it_i - tx_i = w_i$$

  En el caso de la rama 23, deberá ampliarse el rango de la suma para incorporar la celda de *pisb*, es decir, recogiendo la expresión:

$$\sum_{j} x_{ij} + cp_i + cg_i + kf_i + ve_i + ex_i - tr_i - im_i - it_i - tx_i + pisb = w_i$$

- Por columnas, pueden sumarse para cada rama de actividad las compras intermedias y las compras a los inputs primarios, obteniéndose los elementos del rango C32:AA32, que es el vector de producción efectiva calculado por el lado de las compras.

$$\sum_{i} x_{ij} + va_j = w_j$$

- Las producciones efectivas calculadas por ambas perspectivas coinciden para cada rama, es decir:

$$w_i = w_j \qquad \forall i = j$$

Para comprobarlo cómodamente, puede procederse a <edición → copiar> el rango C32:AA32 y a hacer un <edición → pegado especial → transponer / valores> situándonos en la celda AN5.

3 Análisis Input-Output: enfoques y técnicas.

3.1. *Objetivos del Análisis Input-Output.*

La investigación input-output ha tenido una amplia utilización en los diferentes ámbitos del análisis económico: a nivel de una economía nacional, regional, o de análisis de un sector. A partir de una tabla input-output (TIO) para un año determinado, mediante el cálculo de los correspondientes coeficientes técnicos, los análisis pueden basarse en multitud de aplicaciones. En este sentido la tabla input-output, como soporte estadístico del análisis input-output, sirve de marco metodológico que permite integrar estudios económicos de corte agregado o macroeconómico y estudios desagregados o microeconómicos, dotándolos de coherencia.

En particular, la explotación de las tablas input-output a través de las distintas técnicas analíticas y algorítmicas ofrecen un instrumento adecuado para describir las relaciones entre los sectores productivos y las relaciones entre las componentes de demanda y de producción.

Desde los primeros análisis basados en el cálculo e interpretación de los coeficientes técnicos derivados a partir de la tabla input-output hasta la construcción de los tradicionales modelos de precios y cantidades, hay un amplio abanico de posibilidades técnicas para atender a los diferentes objetivos del análisis económico, que podemos agrupar en tres áreas de investigación:

- *Análisis Estructural*: Persigue la representación de las características de la estructura productiva inherente a una tabla input-output. Al mismo tiempo, incorpora el estudio del cambio de dichas características y de los factores que lo motivan.
- *Simulación / Evaluación de Impactos:* Esta área se centra en el estudio de los efectos provocados por los cambios de ciertos elementos de la tabla input-output sobre el resto de la Economía. Según la naturaleza de estos cambios pueden distinguirse dos ejercicios de simulación:
    - Bajo hipótesis de Permanencia Estructural: Esta simulación ha sido tradicionalmente la más extendida, y se formaliza operativamente en los llamados modelos input-output de precios y cantidades. En éste tipo de simulación se asume que los cambios a analizar son

exógenos, esto es, no inciden en la estructura interna (mantenimiento de las relaciones técnicas / tecnológicas de la economía).

- Bajo condiciones de Cambio Estructural: Este tipo de simulación se centra en el efecto del cambio de la estructura de las relaciones técnicas representadas en la tabla input-output, es decir, supone una variación de los coeficientes técnicos, lo que provocará que, ante un vector de impactos exógeno, no se obtengan necesariamente los mismos resultados que en el caso anterior.

- *Proyección:* Esta tercera área se centra en la obtención de una tabla input-output correspondiente a una realidad económica distinta al período de elaboración estadística (sea ésta de futuro o interpolada a partir de tablas estadísticas ya existentes). Este ejercicio de predicción puede entenderse como un caso de simulación en el que los cambios de los elementos de la tabla vienen condicionados por una serie de factores o restricciones referentes al sistema económico, que pueden tener su origen en:
  - Información contable proveniente de cuentas económicas o indicadores. Para un período en concreto suele disponerse de valores avanzados de agregados económicos que inciden en la tabla input-output.
  - Informaciones de tipo técnico acerca del cambio previsible o asumible por los coeficientes técnicos (por ejemplo, opiniones de expertos).
  - Previsiones de algunos elementos de la tabla, normalmente agregados, provenientes de otros modelos (econométricos, matemáticos, etc.). En particular, las previsiones de los agregados económicos de una tabla input-output pueden estimarse a partir de un modelo macroeconométrico conectado al sistema input-output.

La proyección, por tanto, tiene como objetivo la elaboración de una tabla input-output sobre la base de diferentes informaciones procedentes de distintos ámbitos para un período en el que no existe elaboración estadística de la tabla; pero en que se dispone de informaciones sobre algunos aspectos de ésta que se incorporan como restricciones del proceso de ajuste[13].

En numerosas ocasiones, dentro de un proceso de investigación encuadrado en el análisis input-output, se persiguen varios objetivos a la vez que deben ser compatibilizados, incluso se jerarquizan objetivos de manera que la consecución de algunos se asumen como etapas previas a la consecución de objetivos superiores. Así, se propone el siguiente cuadro:

[13] Un caso especial de proyección lo constituye la construcción de tablas regionales o de otro ámbito espacial diferente al representado por la tabla input-output de referencia. Este caso no es objeto preferente de este manual, si bien la metodología expuesta puede aplicarse a tal caso.

***Cuadro 03**. Jerarquización de objetivos en el Análisis I/O*

Obj. Sec. / Obj. Ppal.	**Análisis Estructural**	**Simulación / Evaluación Impactos**	**Proyección**
Análisis Estructural	---	Determinación características estructurales TIO escenario.	Determinación características estructurales TIO estimada.
Simulación / Evaluación Impactos	Simulación sobre escenario coherente con la estructura de la TIO escenario.	---	Impacto sobre TIO estimada (actualizada).
Proyección	Estimación de TIO coherente con la estructura de la tabla de referencia.	Estimación de TIO con endogenización del vector de impactos.	---

Dependiendo de los objetivos perseguidos en la investigación, se ha desarrollado un extenso arsenal de técnicas de análisis input-output en diferentes ámbitos y contextos.

3.2. *Enfoques del Análisis Input-Output.*

En este capítulo se propone un agrupamiento de las técnicas input-output en base al tipo de objetivo que se persigue y al nivel de alcance de dicho objetivo. La propuesta parte del establecimiento, según este criterio, de dos grandes enfoques o niveles de análisis:

- *Nivel Descriptivo:* tiene como fin el conocimiento de un sistema real a través de la descripción de unas tablas estadísticas elaboradas (información sobre el sistema).
- *Nivel Modelizador:* trata de representar el sistema real para permitir analizar su evolución (cambio estructural) y la realización de ejercicios de simulación y predicción.

El gráfico 4 plasma los diferentes enfoques y técnicas que atienden a las distintas ópticas de la investigación.

El **Nivel Descriptivo** del análisis (parte superior del gráfico) se centra en el conocimiento de la realidad representada en la tabla estadística que permite cubrir el objetivo de *análisis estructural*, esto es, sistematizar las características estructurales propias de la tabla, y establecer una comparación entre tablas diferentes (estática comparativa). Pueden distinguirse dos enfoques:

- *Identificación de las características estructurales de la tabla*: Este enfoque consiste en la cuantificación de los patrones estructurales básicos de la tabla input-output analizada, de forma que se pueda caracterizar la realidad a la cual representa (identificación de las características estructurales de la tabla en el período n). Este tipo de técnicas se recogen en los capítulos 4 y 5.
- *Identificación del cambio estructural (estática comparativa)*: Este enfoque permite, mediante la comparación de las tablas correspondientes a distintos períodos, la verificación y caracterización del cambio producido en la estructura de la tabla input-output (comparación de las tablas correspondientes a los períodos 0 y n). Estas técnicas se comentan en el capítulo 6.

El **Nivel Modelizador** del análisis (parte inferior del gráfico) permite actuar sobre algunos elementos de la tabla input-output para asegurar los objetivos de *simulación y evaluación de impactos* y de *proyección*. Dependiendo de que se asuma o no la hipótesis de permanencia estructural, se desarrollarán los modelos input-output de precios y cantidades clásicos, basados en la hipótesis de estabilidad estructural (coeficientes técnicos constantes) y en el cálculo de la *matriz inversa de Leontief*; o bien los modelos de cambio estructural:

- *Modelos input-output de coeficientes constantes*: permiten estudiar las consecuencias de las variaciones en el valor de ciertos agregados de la tabla input-output (componentes de la demanda final o precios sectoriales) sobre el valor de otro conjunto de agregados (producción, valores añadidos...). La hipótesis de permanencia estructural (coeficientes fijos) bajo la cual se formulan estos modelos puede ocasionar sesgos importantes en los resultados según nos alejamos del período de elaboración de la tabla. Estos modelos se detallan en capítulo 7.
- *Modelización del cambio estructural*: permiten estudiar la variabilidad de los elementos estructurales del sistema (coeficientes técnicos), de manera que se trabaje sobre un marco analítico más flexible para representar adecuadamente la realidad (modelización de la evolución experimentada entre el período n y el período n+1). Este tipo de modelización se aborda en los capítulos 8 y 9.

Como ya se ha comentado, la persecución dentro de una aplicación o investigación concreta de varios objetivos supondrá la integración de las distintas técnicas de análisis y de modelización en una única metodología de trabajo.

Gráfico 04

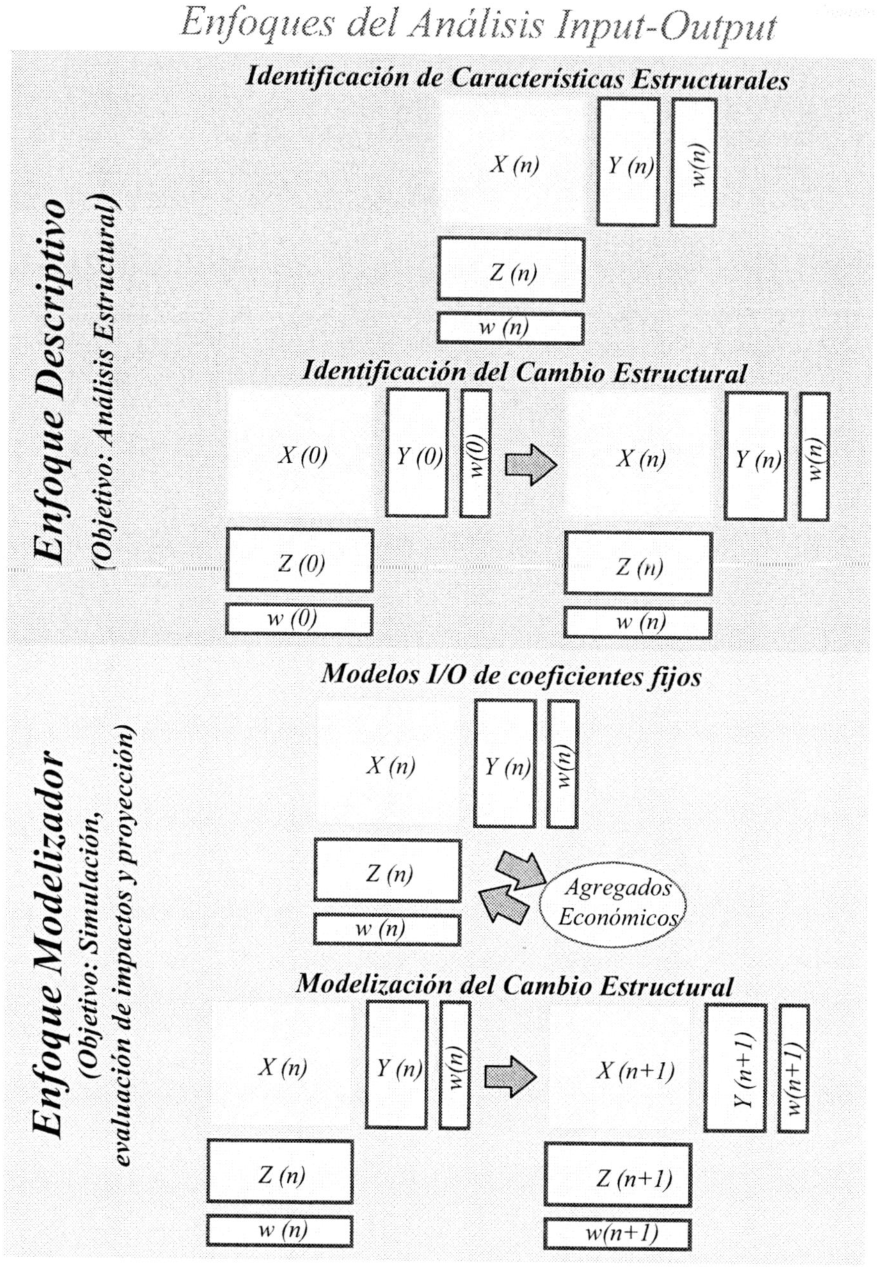
Enfoques del Análisis Input-Output
Enfoque Descriptivo
(Objetivo: Análisis Estructural)
Identificación de Características Estructurales
X (n)
Y (n)
w(n)
Z (n)
w (n)
Identificación del Cambio Estructural
X (0)
Y (0)
w(0)
X (n)
Y (n)
w(n)
Z (0)
w (0)
Z (n)
w (n)
Enfoque Modelizador
(Objetivo: Simulación, evaluación de impactos y proyección)
Modelos I/O de coeficientes fijos
X (n)
Y (n)
w(n)
Z (n)
w (n)
Agregados Económicos
Modelización del Cambio Estructural
X (n)
Y (n)
w(n)
X (n+1)
Y (n+1)
w(n+1)
Z (n)
w (n)
Z (n+1)
w(n+1)

3.3. *Conceptos y técnicas elementales.*

Antes de comenzar a describir las distintas técnicas de análisis input-output, conviene tener presentes ciertos conceptos básicos utilizados en los posteriores capítulos, conceptos que darán lugar a las primeras técnicas que extraen información de la tabla estadística sobre la que se realiza el análisis.

Estos conceptos son básicamente el de *coeficiente técnico* (directo) y el de *matriz inversa de Leontief.*

Un **coeficiente técnico directo**[14] se define como el cociente entre cada elemento de la matriz de transacciones intermedias y la producción efectiva de la rama de actividad (columna) correspondiente:

$$a_{ij} = \frac{x_{ij}}{w_j} \qquad \text{con i=(1,2,...,n) y j=(1,2,...,n)}$$

donde x_{ij} es el elemento típico de la matriz de relaciones intersectoriales *X*, w_j la producción (efectiva) total de la rama j-ésima.

La matriz estructural *A* recoge la totalidad de los coeficientes técnicos:

$$A = \begin{bmatrix} a_{11} & a_{12} & \dots & a_{1n} \\ a_{21} & a_{22} & \dots & a_{2n} \\ \dots & \dots & \dots & \dots \\ a_{n1} & a_{n2} & \dots & a_{nn} \end{bmatrix}$$

Por columnas los coeficientes técnicos muestran la estructura de compras de una rama de actividad o industria. Si, además, se incorporan las hipótesis de *efecto-precio nulo* y de *funciones de producción lineales y homogéneas*, puede concluirse que la columna j-ésima describe la función de producción de la rama j, en el sentido de mostrar la proporción de insumos necesaria para producir una unidad de producto. Por tanto, la matriz *A* muestra la estructura productiva que subyace al sistema económico descrito para la tabla input-output objeto de análisis.

---

[14] Alternativamente puede definirse el *coeficiente de distribución* d_{ij} como el cociente entre la venta de una rama a otra y el total de ventas de dicha rama:

$$d_{ij} = \frac{x_{ij}}{e_i} \qquad \text{con i=(1,2,...,n) y j=(1,2,...,n)}$$

Para definir la **matriz tecnológica de Leontief** se parte de la relación contable de la tabla input-output (suma por filas de la tabla):

$$w_i = x_{i1} + x_{i2} + ... + x_{in} + y_{i1} + y_{i2} + ... + y_{ik}$$

Definidos los coeficientes técnicos de producción como se acaba de ver:

$$a_{ij} = \frac{x_{ij}}{w_j}$$

la expresión anterior se transforma en:

$$w_i = a_{i1}w_1 + a_{i2}w_2 + ... + a_{in}w_n + y_{i1} + y_{i2} + ... + y_{ik}$$

o bien, en expresión matricial, para la totalidad de la tabla input-output:

$$w = Aw + Yu$$

con:

w	*vector columna de producción efectiva (nx1)*
A	*matriz de coeficientes técnicos (nxn)*
Y	*matriz de demanda final (nxk)*
u	*vector columna unitario (kx1)*

Si se calcula el vector de demanda final por ramas de actividad *y*:

$$y = Y u$$

puede expresarse el vector de producción efectiva como:

$$w = (I-A)^{-1} y$$

La matriz $(I-A)^{-1}$ se denomina matriz tecnológica (o inversa) de Leontief:

$$(I-A)^{-1} = \begin{bmatrix} \alpha_{11} & \alpha_{12} & ... & \alpha_{1n} \\ \alpha_{21} & \alpha_{22} & ... & \alpha_{2n} \\ ... & ... & ... & ... \\ \alpha_{n1} & \alpha_{n2} & ... & \alpha_{nn} \end{bmatrix}$$

Los elementos de la matriz cuantifican los requerimientos directos e indirectos de producción necesarios para satisfacer un incremento en la demanda final.

3.4. Resumen.

- La tabla input-output, como soporte estadístico del análisis input-output, sirve de marco metodológico que permite integrar estudios económicos de corte agregado o macroeconómico y estudios desagregados o microeconómicos, dotándolos de coherencia.
- El análisis input-output ofrece un amplio abanico de posibilidades técnicas para atender a los diferentes objetivos del análisis económico: análisis estructural, simulación y evaluación de impactos, y proyección.
- Las técnicas de análisis input-output pueden clasificarse en dos grandes enfoques o niveles de análisis: nivel descriptivo y nivel modelizador.
- El *Nivel Descriptivo* del análisis se centra en el conocimiento de la realidad representada en la tabla estadística que permite cubrir el objetivo de *análisis estructural.*
- El *Nivel Modelizador* del análisis permite actuar sobre algunos elementos de la tabla input-output para asegurar los objetivos de *simulación y evaluación de impactos* y de *proyección.*
- Un *coeficiente técnico directo* se define como el cociente entre cada elemento de la matriz de transacciones intermedias y la producción efectiva de la rama de actividad (columna) correspondiente:

$$a_{ij} = \frac{x_{ij}}{w_j}$$

donde x_{ij} es el elemento típico de la matriz de relaciones intersectoriales X, w_j la producción (efectiva) total de la rama j-ésima.

- La matriz $(I-A)^{-1}$ se denomina matriz tecnológica (o inversa) de Leontief. Los elementos de la matriz cuantifican los requerimientos directos e indirectos de producción necesarios para satisfacer un incremento en la demanda final.

B. *Cálculo de los coeficientes técnicos de producción y de la matriz inversa de Leontief.*

En la siguiente práctica detallaremos las matrices de coeficientes técnicos de producción *A* y la matriz inversa de Leontief *(I-A)*$^{-1}$ en el caso de la tabla input-output de 1998 agregada a las 25 ramas de actividad de EUROSTAT.

Paso 1.

Abrimos el libro tabla1998.xls. Nos situamos en la tercera hoja del libro, esto es, coeficientes técnicos e inversa.

En la hoja pueden distinguirse 3 matrices de datos diferentes, que comentaremos a continuación.

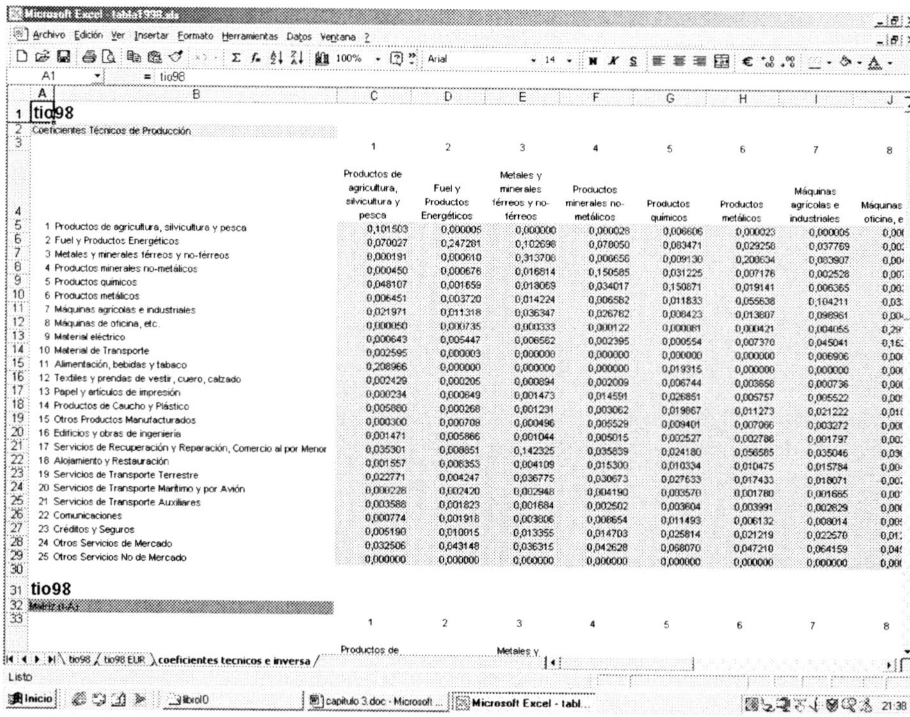

tio98

Coeficientes Técnicos de Producción

	1 Productos de agricultura, silvicultura y pesca	2 Fuel y Productos Energéticos	3 Metales y minerales férreos y no-férreos	4 Productos minerales no-metálicos	5 Productos químicos	6 Productos metálicos	7 Máquinas agrícolas e industriales	8 Máquinas oficina, e
1 Productos de agricultura, silvicultura y pesca	0,101503	0,000005	0,000000	0,000028	0,006606	0,000023	0,000005	0,00
2 Fuel y Productos Energéticos	0,070027	0,247281	0,102698	0,078050	0,083471	0,029258	0,037769	0,00
3 Metales y minerales férreos y no-férreos	0,000191	0,000610	0,313708	0,006656	0,009130	0,208634	0,083907	0,00
4 Productos minerales no-metálicos	0,000450	0,000676	0,016814	0,150585	0,031225	0,007176	0,002528	0,00
5 Productos químicos	0,048107	0,001659	0,018069	0,034017	0,150871	0,019141	0,006365	0,00
6 Productos metálicos	0,006451	0,003720	0,014224	0,006582	0,011833	0,055638	0,104211	0,03
7 Máquinas agrícolas e industriales	0,021971	0,011318	0,036347	0,026782	0,008423	0,013807	0,098961	0,00
8 Máquinas de oficina, etc.	0,000050	0,000735	0,000333	0,000122	0,000081	0,000421	0,004055	0,29
9 Material eléctrico	0,000643	0,005447	0,006562	0,002395	0,000554	0,007370	0,045041	0,16
10 Material de Transporte	0,002595	0,000003	0,000000	0,000000	0,000000	0,000000	0,006906	0,00
11 Alimentación, bebidas y tabaco	0,208966	0,000000	0,000000	0,000000	0,019315	0,000000	0,000000	0,00
12 Textiles y prendas de vestir, cuero, calzado	0,002429	0,000205	0,000894	0,002009	0,006744	0,003658	0,000736	0,00
13 Papel y artículos de impresión	0,000234	0,000649	0,001473	0,014591	0,026851	0,005757	0,005522	0,00
14 Productos de Caucho y Plástico	0,005880	0,000268	0,001231	0,003062	0,019867	0,011273	0,021222	0,01
15 Otros Productos Manufacturados	0,000300	0,000708	0,000496	0,005529	0,009401	0,007066	0,003272	0,00
16 Edificios y obras de ingeniería	0,001471	0,005866	0,001044	0,005015	0,002527	0,002786	0,001797	0,00
17 Servicios de Recuperación y Reparación, Comercio al por Menor	0,035301	0,008851	0,142325	0,035839	0,024180	0,056585	0,035046	0,03
18 Alojamiento y Restauración	0,001557	0,008353	0,004109	0,015300	0,010334	0,010475	0,015784	0,00
19 Servicios de Transporte Terrestre	0,022771	0,004247	0,036775	0,030673	0,027633	0,017433	0,018071	0,00
20 Servicios de Transporte Marítimo y por Avión	0,000228	0,002420	0,002948	0,004190	0,003570	0,001780	0,001665	0,00
21 Servicios de Transporte Auxiliares	0,003588	0,001823	0,001684	0,002502	0,003604	0,003991	0,002829	0,00
22 Comunicaciones	0,000774	0,001918	0,003806	0,008654	0,011493	0,006132	0,008014	0,00
23 Créditos y Seguros	0,005190	0,010015	0,013355	0,014703	0,025814	0,021219	0,022570	0,01
24 Otros Servicios de Mercado	0,032506	0,043148	0,036315	0,042628	0,068070	0,047210	0,064159	0,04
25 Otros Servicios No de Mercado	0,000000	0,000000	0,000000	0,000000	0,000000	0,000000	0,000000	0,00

tio98

Matriz (I-A)

1	2	3	4	5	6	7	8
Productos de		Metales y					

Paso 2.

- La primera matriz es la matriz de coeficientes técnicos de producción, que ocupa el rango C5:AA29.
- Cada una de las celdas de este rango es un coeficiente técnico. Su cálculo se realiza mediante la fórmula =tio98!letracolumnanumerofila/tio98!letracolumna$32, con letracolumna que varía entre C y AA; y numerofila entre 5 y 29. La fila 32 está fijada (símbolo $), ya que corresponde a la producción efectiva de cada una de las ramas de actividad:

$$a_{ij} = \frac{x_{ij}}{w_j}$$

De esta forma, cada coeficiente se calcula como el cociente entre la transacción de la misma coordenada de la hoja tio98, y su correspondiente producción efectiva. Así por ejemplo, la fórmula para el primer coeficiente técnico será =tio98!C5/tio98!C$32.

- La segunda matriz, que abarca el rango C35:AA59, es una matriz intermedia para obtener la matriz inversa de Leontief. En concreto, se trata de la matriz diferencia entre la matriz identidad *I* y la matriz de coeficientes técnicos *A* calculada anteriormente:

$$(I\text{-}A)$$

Para calcular esta matriz, se construye en sus celdas la fórmula =-celdacoef, siendo celdacoef el rango del coeficiente técnico correspondiente calculado anteriormente. En los elementos de la diagonal principal de esta matriz la fórmula pasa a ser =1-celdacoef.

- La tercera matriz, situada en el rango C66:AA99, es la matriz inversa de Leontief, que se calcula como la inversa de la matriz calculada anteriormente:

$$(I\text{-}A)^{-1}$$

Para calcular esta matriz, hay que situarse en la primera celda del rango C66, y teclear la fórmula =MINVERSA(C35:AA59). Posteriormente hay que marcar todo el rango de la matriz C66:AA99, situarse en la barra de escritura y pulsar a la combinación de teclas ctrl. + mayúsculas + intro.

- Las matrices anteriores han sido calculadas a partir de la tabla input-output de 1998 en miles de millones de pesetas. Puesto que los coeficientes son valores relativos, calculando estas matrices con la tabla input-output en millones de euros se obtendrá, lógicamente, idénticos resultados.

4 Identificación de Características Estructurales (I).

4.1. *Enfoque descriptivo del análisis Input-Output.*

En los capítulos 4, 5 y 6 se engloban un conjunto de técnicas o herramientas de análisis caracterizadas por extraer información de una tablas estadísticas elaboradas.

La denominación de *enfoque descriptivo* atiende al objetivo de conocimiento de la estructura económica representada por la tabla input-output al que atiende dicho conjunto de técnicas.

Desde esta perspectiva, pueden diferenciarse dos grupos de técnicas de análisis:

- identificación de las características estructurales inherentes a la tabla,
- identificación del cambio en la estructura producido entre diferentes puntos del tiempo (estática comparativa).

La información proveniente de estas técnicas permite llevar a cabo comparaciones entre dos períodos diferentes del tiempo o entre dos economías, dado que las características estructurales de un sistema económico constituyen un patrón diferenciador respecto a otra realidad [Szyrmer (1985)]. Esta estructura evoluciona normalmente de acuerdo con la magnitud del cambio de los coeficientes estructurales y viene motivado por diversos factores de tipo tecnológico, precios relativos, etc. [Vaccara (1970), pp 238-241].

Asimismo, este nivel de análisis permite construir vectores de información que serán incluidos en la especificación de complejos modelos de ajuste y coherencia del sistema input-output, como es el caso de los márgenes de variabilidad estructuralmente admisibles, tal y como se verá en el capítulo 9.

Para una exposición más sistemática de las técnicas y algoritmos que quedan englobados en el enfoque descriptivo se plantea el gráfico 5, en el que las matrices input-output en el momento 0 y t se obtienen a partir de tablas estadísticas referentes a dos momentos históricos diferentes: $A(0)$ y $X(0)$, y el momento posterior $A(t)$ y $X(t)$. Adicionalmente, las tablas a estimar para un momento no histórico (proyección) viene reflejada mediante el conjunto de matrices $A(t+1)$ y $X(t+1)$ y su estudio se reserva para los capítulos 8, y 9.

Gráfico 05

Análisis Descriptivo de Sistemas I/O

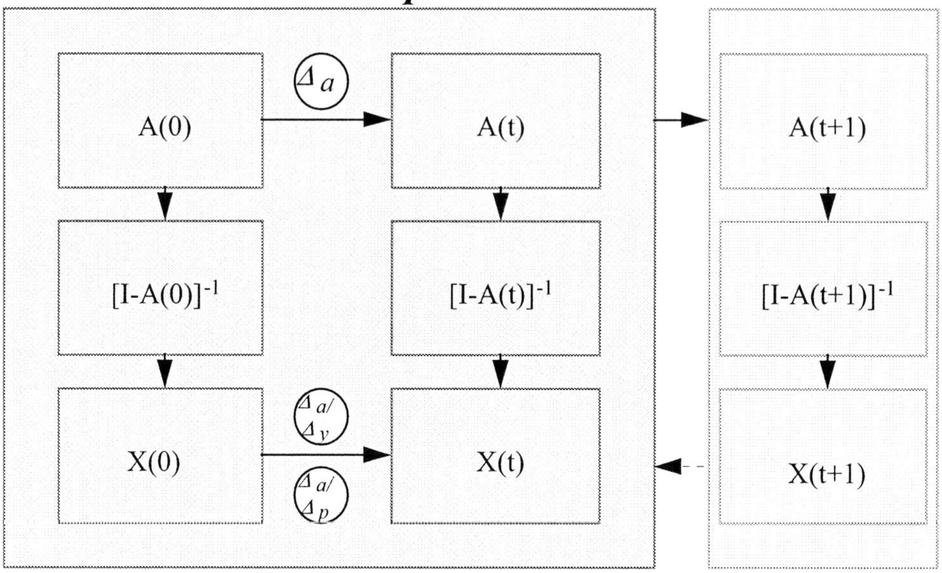

Desde una óptica del gráfico vertical, podemos agrupar un conjunto de técnicas que tratan de *identificar las características estructurales de la tabla* en cualquier momento histórico. Dichas características determinan los comportamientos de las ramas de actividad en relación a los agregados económicos (valores añadidos, producción efectiva, etc.) ante impactos externos al sistema (cambios en la demanda final, en precios, cambios tecnológicos, etc.).

Desde una óptica horizontal, se trata *de identificar los cambios producidos en la estructura del sistema input-output* entre dos realidades siguiendo un ejercicio de estática comparativa. La identificación de los cambios puede situarse, a su vez, desde el punto de vista de cambio en las características tecnológicas (matriz *A*); o bien desde el punto de vista de cambios en la producción (matriz *X*).

En ambos tipos de análisis la evolución de los patrones estructurales suele darse lentamente y se corresponden con cambios reales del sistema representado por la TIO.

En el cuadro 4 se detallan las diferentes técnicas agrupadas en los dos tipos de análisis referenciados al principio del epígrafe. En los próximos capítulos se desarrollan cada una de las técnicas y aparecen algoritmos propuestos en la literatura, que son resumidos y presentados en forma de fichas técnicas.

***Cuadro 04**. Nivel Descriptivo del análisis input-output. Técnicas de análisis.*

Tipo de Análisis	***Técnicas***	***Algoritmos***
Identificación de las Características Estructurales	Identificación de Coeficientes Más Importantes	- Análisis de Sensibilidad - Campos de Influencia - Multiplicador y output potenciales - Grado de Representación
	Clasificación de Sectores	- Triangularización - Clasificación basada en el cálculo de Multiplicadores
	Identificación de Cadenas Productivas	- Cálculo de ligazones y encadenamientos - Cálculo de la matriz inversa de Leontief - Análisis Input-Output Cualitativo
	Conectividad Sectorial	- Indicadores del Grado de Conectividad
Identificación del Cambio Estructural	Análisis de Descomposición Estructural	- Separación efectos tecnológicos/ efectos demanda final - Separación efectos tecnológicos/ efecto-precios
	Verificación del Cambio Estructural	-Valoración de la magnitud del cambio en los coeficientes - Test de Estabilidad de los coeficientes

4.2. *Identificación de las Características Estructurales.*

Este tipo de análisis engloba un conjunto de técnicas cuyo objetivo común es la captación de las características estructurales fundamentales de la tabla en estudio. La mayoría de ellas trazan su punto de partida en los coeficientes técnicos directos:

$$a_{ij} = \frac{x_{ij}}{w_j} \qquad \text{con i=(1,2,...,n) y j=(1,2,...,n)}$$

donde, como ya se vio, x_{ij} es el elemento típico de la matriz de relaciones intersectoriales X, w_j la producción (efectiva) total de la rama j-ésima.

La matriz estructural A recoge la totalidad de los coeficientes técnicos:

$$A = \begin{bmatrix} a_{11} & a_{12} & \dots & a_{1n} \\ a_{21} & a_{22} & \dots & a_{2n} \\ \dots & \dots & \dots & \dots \\ a_{n1} & a_{n2} & \dots & a_{nn} \end{bmatrix}$$

Las diferentes técnicas de identificación de características estructurales pueden agruparse en los siguientes tipos:

- *Identificación de Coeficientes más importantes:* Estas técnicas persiguen la clasificación de los elementos de la matriz de transacciones intermedias X discriminando entre los que influyen de una manera notable sobre el conjunto del sistema económico de los que apenas tienen influencia sobre los demás elementos.
- *Clasificación de Sectores:* Estos algoritmos pretenden ordenar las actividades productivas según su importancia en el contexto del sistema económico global. Para ello puede recurrirse a técnicas de jerarquización tales como la triangularización de sectores o la cuantificación del grado de influencia de unas actividades sobre la producción de otras.
- *Identificación de Cadenas Productivas,* con este tipo de técnicas se determina la forma en que los cambios en los agregados económicos se difunden a lo largo del sistema productivo, dada una estructura tecnológica. Para ello se cuantifican los vínculos entre ramas de actividad, o bien se utilizan técnicas de análisis cualitativo que se basan en la formulación de un filtro que discrimina relaciones importantes y no-importantes.

- *Conectividad Sectorial,* técnicas que miden el grado de concentración de la malla de relaciones técnicas de la matriz intersectorial desde un punto de vista global del sistema.

Las conclusiones de la aplicación de estas técnicas a la tabla input-output permite extraer conclusiones sobre:

- *Evaluación* de cambios en los agregados de la tabla input-output como consecuencia de cambios en los coeficientes input-output (celdas).
- *Identificación y caracterización* de los efectos de cambios en los agregados económicos sobre la estructura productiva.
- *Obtención de información relevante* cara a la modelización del cambio estructural con el fin de lograr ajustes y proyecciones de la estructura productiva coherentes.

En las siguientes secciones se detalla el planteamiento de cada una de estas técnicas.

4.3. *Identificación de coeficientes más importantes (MIC).*

La identificación de coeficientes importantes recoge un conjunto de técnicas que parten de la definición de coeficiente técnico importante como aquel coeficiente cuya variación provoca cambios significativos en la estructura productiva de la tabla [Schintke y Stäglin (1988), p. 43].

El proceso de identificación de coeficientes importantes viene justificado por su utilidad en procesos de proyección de tablas input-output y de comparaciones internacionales [Jílek (1971), p. 86]. En efecto, empíricamente se demuestra cómo un reducido número de coeficientes absorben la mayor parte de las relaciones productivas puestas en juego en la tabla input-output [Hewings (1984), p. 319; Schintke y Stäglin (1988), p. 49]. Por lo tanto, el esfuerzo modelizador y/o de análisis comparativo deberá centrarse en estos coeficientes.

Usualmente, los cambios en la estructura productiva vienen valorados en términos de las producciones sectoriales, o bien en términos de las variaciones en el valor de los multiplicadores de demanda[15].

A partir de una tabla estadística input-output puede plantearse la identidad contable[16]:

$$w = (I-A)^{-1} y$$

con:

w	*vector de producción (efectiva)*
A	*matriz de coeficientes técnicos*
y	*vector de demanda final*

Cualquier cambio en un coeficiente de la matriz A, manteniendo el mismo vector de demanda final, conducirá a una nueva matriz A^*, y por lo tanto a la identidad:

$$w^* = (I-A^*)^{-1} y$$

El vector de variaciones en la producción vendrá dado por:

$$\Delta w = w^* - w$$

Si alguno de los elementos de dicho vector de cambio son superiores a un valor prefijado, se confirmará que el coeficiente técnico que experimentó el cambio debe ser identificado como importante.

---

15 La especificación de los multiplicadores de demanda se detalla en el capítulo 5.

16 Como se vio en el capítulo 3.

Operativamente, estas técnicas se basan en el *análisis de sensibilidad*, que cuantifica el impacto de las variaciones experimentadas por los coeficientes técnicos sobre las variables output del sistema (básicamente producción efectiva) sin necesidad de recalcular la matriz inversa de Leontief $(I-A)^{-1}$.

Sherman y Morrison (1950) establecen las bases del Análisis de Sensibilidad al formalizar el desarrollo matemático que permite calcular las variaciones experimentadas por los elementos de una matriz inversa *b* cuando varía algún elemento de la matriz de partida *a*, sin que requiera el recálculo de la inversa. Dicha formalización se sintetiza en la fórmula:

$$B_{rj} = b_{rj} - \frac{b_{rR} b_{Sj} \Delta a_{RS}}{1 + b_{SR} \Delta a_{RS}} \qquad r=1,2,\ldots,n \qquad s=1,2,\ldots,n$$

donde:

a_{ij}	*elementos de la matriz de partida a*
b_{ij}	*elementos de la matriz inversa* $b=(a_{ij})^{-1}$
A_{ij}	*elementos de la matriz A, que difiere de a en el elemento* $A_{RS}=a_{RS}+\Delta a_{RS}$
B_{ij}	*elementos de la matriz inversa* $B=(A)^{-1}$

Evans (1954) introduce este tipo de cálculo en el ámbito de la matriz de Leontief $(I-A)^{-1}$. A partir de este autor, una secuencia de autores desarrollan una serie de propuestas operativas que tratan de identificar los coeficientes técnicos más importantes de la estructura productiva de una tabla estadística.

Cabe destacar las propuestas de Jílek (1971) y Schintke y Stäglin (1988). Ambas propuestas, fundamentadas en el análisis de sensibilidad, además de identificar los coeficientes importantes calculan márgenes de variabilidad sobre los coeficientes, traspasados los cuales se provocan cambios en las producciones sectoriales mayores a un límite prefijado.

Entre las principales técnicas de identificación de coeficientes importantes cabe destacar las expuestas en el cuadro 5. A continuación se muestran, en forma de fichas técnicas, sus desarrollos operativos correspondientes.

***Cuadro 05**. Técnicas de Identificación de Coeficientes Importantes*

Referencia	***Técnica***	***Operativa***	***Ficha técnica***
Evans (1954)	Análisis de Sensibilidad	Calcula el error en los elementos de la matriz inversa de Leontief de un cambio, bien en un elemento de la matriz de coeficientes técnicos, bien en toda una fila de coeficientes.	(4.3.1)
Jílek (1971)	Análisis de Sensibilidad	Se calculan los límites de variación tolerables de los coeficientes, entendidos como aquellos que provocan cambios en la producción del sector comprador en más de un porcentaje crítico establecido.	(4.3.2)
Jensen y West (1980) West (1982)	Análisis de Sensibilidad Generalizado	Se calculan los cambios producidos en la matriz inversa de Leontief y en la suma por columnas de ésta (multiplicadores de demanda) motivados por múltiples cambios en los elementos de la matriz de coeficientes técnicos. Estos cambios producen un efecto sinérgico que hace que el efecto total sobre los elementos de la inversa y sobre los multiplicadores no sea la mera suma de los efectos de cambios individuales en los coeficientes.	(4.3.3)
Schintke y Stäglin (1988)	Análisis de Sensibilidad	Se identifican los coeficientes cuyas variaciones relativas provocan una mayor desviación en términos de producción total de las ramas de actividad.	(4.3.4)

(Cuadro 05. Continuación)

Referencia	***Técnica***	***Operativa***	***Ficha técnica***
Hewings et al (1989); Sonis y Hewings (1989); y Sonis y Hewings (1992)	Campos de Influencia	Generalización del análisis de sensibilidad mediante el concepto de "campo de influencia" en la medición de los efectos de los cambios en los coeficientes técnicos de producción sobre los componentes de la inversa de Leontief.	F (4.3.5)
Songlin y Gould (1991)	Multiplicador y Output potenciales	Miden la influencia de los cambios en los coeficientes técnicos (matriz *A*) sobre la matriz inversa de Leontief (*B*) y sobre el vector de output (*x*) mediante los conceptos de *multiplicador potencial* y *output potencial*.	F (4.3.6)
Cassetti (1995) Guillen et al (1996)	Grado de Representa-tividad	Para un determinado α (porcentaje del "poder multiplicador" captado por la matriz con k coeficientes técnicos, respecto al "poder multiplicador" de la matriz original de coeficientes), se identifican los coeficientes mínimos necesarios para recoger dicho porcentaje del total de relaciones inherentes a los multiplicadores de demanda de la TIO.	F (4.3.7)
Siebe (1996)	Desviaciones Relativas de la Producción Sectorial	Para un determinado coeficiente, se proponen dos medidas de importancia: el cálculo del error máximo provocado en la producción de un sector; o bien la suma de los errores provocados en las producciones sectoriales de todos los sectores.	F (4.3.8)

4.3.(1). Análisis de Sensibilidad. Evans (1954).

Referencia:

EVANS, W.D. (1954) *"The effect of structural matrix errors on interindustry relation estimates."* Econometrica, vol 22 (pp. 461-480).

Objetivo:

Determinar el efecto de cambios en el valor de los coeficientes técnicos de la TIO.

Metodología:

Aplica la fórmula desarrollada por Sherman y Morrison (1950) al marco específico del análisis Input-Output.

Operativa:

Una vez planteado el modelo de demanda, calcula el error en los elementos de la matriz inversa de Leontief (*B*) de un cambio, bien en un elemento de la matriz de coeficientes técnicos, bien en toda una fila de coeficientes:

$$\Delta b_{jk} = \frac{b_{ji} b_{rk} \Delta a_{ir}}{1 - b_{ri} \Delta a_{ir}}$$

para el caso de cambio en un solo coeficiente a_{ir}, y

$$\Delta b_{jk} = \frac{b_{ji} \sum_{r} b_{rk} \Delta a_{ir}}{1 - \sum_{r} b_{ri} \Delta a_{ir}}$$

para cambios en una fila de coeficientes.

4.3.(2). Identificación de Coeficientes más Importantes de Jílek (1971).

Referencia:

JÍLEK, M. (1971) *"The selection of most important input coefficients"*. Economic Bulletin for Europe, nº23 (pp. 86-105).

Objetivo:

Identificar los coeficientes técnicos cuya variación provocan mayores cambios en la producción sectorial.

Metodología:

Se identifican los coeficientes cuyos límites tolerables son menores. El límite tolerable es el porcentaje de variación del coeficiente a partir del cuál la producción del sector comprador (j) varía en más de una tasa crítica (usualmente e 1%).

Operativa:

Cálculo del límite tolerable del coeficiente:

$$r_{ij} = \frac{1}{a_{ij}\left[\alpha_{ji} + 100\max\left(\alpha_{pi} / w_p\right) w_j\right]}$$

con:

r_{ij}	*valor máximo (o límite tolerable) de variación del coeficiente técnico a_{ij}, en porcentaje, que no provoca cambios superiores a p en la producción de i*
x_{ij}	*compras intermedias de la rama j a la rama i*
a_{ij}	*coeficiente técnico definido como x_{ij}/x_j*
α_{ij}	*elemento de la matriz inversa $(I-A)^{-1}$*
w_j	*producción efectiva del sector j*
p	*sector que proporciona el máximo ratio*

4.3.(3). Análisis de Sensibilidad Generalizado. Jensen y West (1980) y West (1982).

Referencia:

JENSEN, R.C.; WEST, G.R. (1980) *"The Effect of Relative Coefficient Size on Input-Output Multipliers."* Environment and Planning A, vol.12 (pp. 659-670).

WEST, G.R. (1982) *"Sensitivity and Key Sector Analysis in Input-Output Models."* Australian Economic Papers. Diciembre (pp. 365-378).

Objetivo:

Determinar el efecto de cambios en el valor de los coeficientes técnicos de la TIO.

Metodología:

Se calculan los cambios provocados por variaciones simultáneas de coeficientes técnicos en la matriz inversa de Leontief

Operativa:

Se calcula el error en los elementos de la matriz inversa de Leontief (*B*) de cambios, en los elementos de la matriz de coeficientes técnicos:

$$(I-A-P)^{-1} = B+(I-BP)^{-1}BPB = B+E$$

$$E = E_1 + E_2 + E_3 + \ldots = BPB + (BP)^2 B + (BP)^3 B + \ldots$$

$$e_{(s)ij} = b_{ik} a_{kl} p_{kl} b_{lj} \left(b_{lk} a_{kl} p_{kl}\right)^{s-1}$$

con:

A	*matriz de coeficientes técnicos*
P	*matriz de errores*
B	*matriz inversa de Leontief*
E	*matriz de cambios totales en B ante los cambios en P*
e	*error relativo en cada etapa productiva*
b	*elemento de la matriz inversa de Leontief*
a	*coeficiente técnico*
p	*cambio relativo en a*

Los cambios simultáneos en los coeficientes a_{ij} producen un efecto sinérgico que hace que el efecto total sobre los elementos de la inversa y sobre los multiplicadores no sea la mera suma de los efectos de cambios individuales en los coeficientes.

4.3.(4). Identificación de Coeficientes más Importantes de Schintke y Stäglin (1988).

Referencia:

SCHINTKE, J. Y STÄGLIN, R. (1988) *"Important Input Coefficients in Market Transactions Tables and Production Flow Tables".* Incluido en Ciaschini, M. Ed. (1988) (pp. 45-60).

Objetivo:

Identificar los coeficientes técnicos cuya variación provocan mayores cambios en la producción sectorial.

Metodología:

Se identifican los coeficientes cuyas variaciones relativas provocan una mayor desviación en términos de producción de las ramas de actividad de la TIO. Un coeficiente a_{ij} será importante si un porcentaje de variación menor que el 100% (u otro porcentaje establecido) en su cuantía provoca un cambio mayor que un nivel prefijado p % en el output de algún sector o rama. Así, puede cuantificarse tanto la sensibilidad de un coeficiente a_{ij} como su grado de importancia relativa, entendida como influencia en el output sectorial.

Operativa:

Grado de importancia relativa del coeficiente:

$$\omega_{ij}(p) = a_{ij}\left(\alpha_{ji}p + 100 \max_{k=1,\ldots,n} \frac{\alpha_{ki}w_j}{w_k}\right) = a_{ij}\left(\alpha_{ji}p + 100\frac{\alpha_{ii}w_j}{w_i}\right)$$

con:

ω_{ij}	*grado de importancia del coeficiente a_{ij}*
p	*porcentaje máximo de variación absoluta que provocará sobre la producción de cualquiersector x_j (es decir, "límite tolerable" de error)*
x_{ij}	*compras intermedias de la rama j a la rama i*
a_{ij}	*coeficiente técnico definido como x_{ij}/x_j*
α_{ij}	*elemento de la matriz inversa $(I-A)^{-1}$*
w_j	*producción efectiva del sector j*

Sensibilidad del coeficiente:

$$r_{ij} = \frac{p}{W_{ij}}$$

con: *r_{ij} valor máximo (o límite) de variación del coeficiente técnico a_{ij}, en porcentaje, que no provoca cambios superiores a p en la producción de i*

4.3.(5). Determinación de Campos de Influencia.

F

Referencias:

HEWINGS, G.J.D.; FONSECA, M.; GUILHOTO, J.; SONIS, M. (1989) *"Key Sectors and Structural Change in the Brazilian Economy: A Comparison of Alternative Approaches and Their Policy Implications."* Journal of Policy Modeling, 11 (1), (pp. 67-90).

SONIS, M.; HEWINGS, G.J.D. (1989) *"Error and Sensitivity Input-Output Analysis: A New Approach."* Incluido en MILLER, R.E.; POLENSKE, K.R.; ROSE, A.Z. (Eds.) (1989).

SONIS, M.; HEWINGS, G.J.D. (1992) *"Coefficient Change in Input-Output Models: Theory and Applications."* Economic Systems Research, vol. 4, nº2.

Objetivo:

Determinar el efecto de cambios simultáneos en el valor de los coeficientes técnicos de la TIO.

Metodología:

Generalización del análisis de sensibilidad mediante el concepto de "Campo de Influencia" en la medición de los efectos de cambios simultáneos en los coeficientes técnicos de producción sobre los componentes de la Inversa de Leontief.

Operativa:

Polinomial de los cambios incrementales e_{ij} :

$$Q(E) = \frac{\Delta(E)}{\Delta} = 1 - \sum_{i1j1} b_{j1i1} e_{i1j1} + \sum_{k=2}^{n} (-1)^k \sum_{\substack{i_r \neq i_s \\ j_r \neq j_s}}{}' B_{0r} \begin{pmatrix} j\ j_2 \ldots j_k \\ i_1 i_2 \ldots i_k \end{pmatrix} e_{i1j1} e_{i2j2} \ldots e_{ikjk}$$

con:

$A=\{a_{ij}\}$	*matriz de coeficientes técnicos*
$E=\{e_{ij}\}$	*matriz de variaciones en los coeficientes técnicos*
$C=I-A$	
$C(E)=I-A-E$	
Δ	*determinante de C*
$\Delta(E)$	*determinante de C(E)*
$B=C^{-1}$	
$B(E)=C(E)^{-1}$	

$B_{0r} \begin{pmatrix} j\ j_2 \ldots j_k \\ i_1 i_2 \ldots i_k \end{pmatrix}$ *determinante (kxk) que incluye las componentes de B ordenados según el grupo de columnas $i_1, i_2, \ldots, i_k$ y filas $j_1, j_2, \ldots, j_k$*

En la suma Σ' los productos de cambios $e_{i1j1}e_{i2j2}\ldots e_{ikjk}$ que difieren de cada uno de los demás sólo en el orden de los factores son incluidos sólo una vez.

Nuevos elementos de la inversa de Leontief :

$$B(E) = B + \frac{1}{Q(E)} \left[\sum_{k=1}^{n} \sum_{\substack{i_r \neq 1_s \\ j_r \neq j_s}}{}' F \begin{pmatrix} i_1 \ldots i_k \\ j_1 \ldots j_k \end{pmatrix} e_{j1i1} \ldots e_{jkik} \right]$$

donde los *campos de influencia* $F\begin{pmatrix} i_1 \ldots i_k \\ j_1 \ldots j_k \end{pmatrix}$ de orden k de los cambios $e_{i1j1}e_{i2j2}\ldots e_{ikjk}$ son matrices (nxn) de elementos:

$$f_{ij}\begin{pmatrix} i_1 \ldots i_k \\ j_1 \ldots j_k \end{pmatrix} = (-1)^k \left[B_{0r}\begin{pmatrix} i_1 \ldots i_k i \\ j_1 \ldots j_k j \end{pmatrix} - b_{ij} B_{0r}\begin{pmatrix} i_1 \ldots i_k \\ j_1 \ldots j_k \end{pmatrix} \right] \qquad i,j = 1, \ldots, n$$

4.3.(6). Cálculo del Multiplicador y el Output Potencial.

F

Referencia:

SONGLIN, X.; GOULD, P. (1991) *"The Grad Field of Input-Output Models and the Nature of Coefficients."* Economic Systems Research, vol. 3, nº4 (pp. 367-378).

Objetivo:

Determinar el efecto de cambios en el valor de los coeficientes técnicos de la TIO.

Metodología:

Aplicación de los conceptos de *multiplicador potencial* y *output potencial*, respectivamente.

El multiplicador potencial mide la influencia en los elementos de $B=(I-A)^{-1}$ ante cambios infinitesimales de los elementos de A.

El output potencial mide la influencia de los cambios en A sobre el vector de producción *w*, para un vector de demanda final dado, *y*.

Operativa:

Multiplicador potencial.

Para la variación de un solo elemento de *A* se tiene:

$$\frac{\partial b_{ij}}{\partial a_{kl}} = b_{ik} b_{lj}$$

Para el caso de cambios en más de un elemento de *A*, queda como

$$\nabla b_{ij} = \sum_{k=1}^{n} \sum_{l=1}^{n} b_{ik} b_{lj} \mu_{kl}$$

con

μ_{kl} *vector unitario ortogonal correspondiente al elemento* a_{kl}

Para el caso de toda la matriz inversa de Leontief:

$$\nabla B = \sum_{k=1}^{n} \sum_{l=1}^{n} \mu_{kl} \begin{bmatrix} b_{ik} b_{l1} & b_{ik} b_{l2} & \dots & b_{ik} b_{lj} & \dots & b_{ik} b_{ln} \\ \vdots & \vdots & \vdots & \vdots & \vdots & \vdots \\ b_{ik} b_{l1} & b_{ik} b_{l2} & \dots & b_{ik} b_{lj} & \dots & b_{iik} b_{ln} \\ \vdots & \vdots & \vdots & \vdots & \vdots & \vdots \\ b_{nk} b_{l1} & b_{nk} b_{l2} & \dots & b_{nk} b_{lj} & \dots & b_{nk} b_{ln} \end{bmatrix}$$

Output potencial

$$\nabla x_i = \sum_{k=1}^{n} \sum_{l=1}^{n} b_{ik} x_l \mu_{kl} + \sum_{j=1}^{n} b_{ij} y_j$$

o, alternativamente,

$$\nabla x_i = \sum_{j=1}^{n} \left(y_j \nabla b_{ij} + b_{ij} y_j \right)$$

lo que, aplicando un vector de incrementos infinitesimales en la demanda final, ∇y, servirá para el cálculo de la sensibilidad de la producción ante cambios simultáneos en la tecnología y en la demanda final.

4.3.(7). Grado de Representatividad de Cassetti.

F

Referencia:

CASSETTI, M. (1995) *"A New Method for the Identification Patterns in Input-Output Matrices".* Economic Systems Research., vol 7, nº4 (pp. 363-381).

GILLEN, W.J.; GUCCIONE, A.; CASSETTI, M. (1996) *"Cassetti's New Meted for the Identification of Patterns in Input-Output Matrices: An Alternative Formulation."* Economic Systems Research, vol. 8, nº3 (pp. 299-302).

Objetivo:

Identificación de los coeficientes más importantes.

Metodología:

Parte de la definición del "grado de representatividad",

$$\alpha(A^{(k-1)}) = \min_j \left[\frac{c_j^{(k)}}{c_j} \right]$$

siendo A^k una matriz constituida por k elementos de la matriz de coeficientes técnicos de producción y el resto de elementos nulos; y c_j el multiplicador de demanda de la rama j. Para un determinado α (porcentaje del "poder multiplicador" captado por la matriz con k coeficientes, respecto al "poder multiplicador" de la matriz original de coeficientes, *A*), el método identifica los coeficientes mínimos necesarios para recoger dicho porcentaje del total de relaciones inherentes a los multiplicadores de demanda.

Operativa:

Se parte de una matriz $A^k=\{0\}$, y se van añadiendo, para A^{k-1}, A^{k-2}, ... A^0 los coeficientes a_{rs} que más incrementan el porcentaje de representatividad $\alpha(A^k)$, es decir, tales que incremeten el grado de representatividad hasta $\alpha^*(A^{k-1})$, con

$$\alpha^*(A^{(k-1)}) = \max_{a_{rs} \notin A^{(k)}} \alpha(A^{(k-1)}) \qquad 1 \leq r,s \leq n$$

Estos coeficientes vienen asociados a los sectores que más influyen sobre la totalidad del sistema. Guillen et al (1996) relacionan el método de Cassetti con el concepto de error proporcional global. En concreto,

$$I - \alpha(A^k) = \max_y (\|By - B^k y\| / \|By\|)$$

con:

$B=(I-A)^{-1}$	
y	*vector de demanda final*
$\|\ \|$	*norma*

es el menor límite superior del error proporcional global que resulta de una simplificación, respecto a todos los cambios posibles de la demanda final. Así, para una matriz A^k dada,

$$1/\alpha(A^k) = \|B(I - A^k)\|$$

implica un esquema para obtener el mínimo k consistente con algún límite superior de $1/\alpha(A^k)$.

4.3.(8). Identificación de Transacciones más Importantes de Siebe (1996).

Referencia:

SIEBE, T. (1996) *"Important Intermediate Transactions and Multi-Sectoral Modelling."* Economic Systems Research, vol. 8, nº2 (pp. 183-193).

Objetivo:

Identificar las transacciones cuya variación provocan mayores cambios en la producción sectorial.

Metodología:

Se identifican las transacciones intermedias cuyas variaciones relativas provocan una mayor desviación en términos de producción de las ramas de actividad de la TIO. Para medir los cambios relativos en las producciones se proponen dos alternativas: elegir la máxima desviación provocada en un sector, o bien la suma de las desviaciones de todos los sectores.

Operativa:

Cambio provocado en el vector de producción efectiva por una variación en la transacción (l,m):

$$\Delta w_{lm} = \Delta(I - A)^{-1} y$$

con:

Δw_{lm}	*vector de variaciones en la producción efectiva por un cambio en la transacción (l,m)*
A	*matriz de coeficientes técnicos*
$(\Delta w_{lm})_k$	*variación en la producción efectiva del sector k por un cambio en la transacción (l,m)*
w_k	*producción efectiva del sector k*

Medidas de variación de la producción (importancia del coeficiente):

$$MAX_{lm} = \max_k \left| \frac{(\Delta w_{lm})_k}{w_k} \right|$$

$$SUM_{lm} = \sum_{k=1}^{n} \left| \frac{(\Delta w_{lm})_k}{w_k} \right|$$

4.4. *Resumen.*

- El *enfoque descriptivo* del análisis input-output integra un conjunto de técnicas que atienden al objetivo de conocimiento de la estructura económica representada por la tabla input-output.
- Dentro del enfoque descriptivo del análisis input-output pueden diferenciarse dos grupos de técnicas: *identificación de las características estructurales inherentes a la tabla* e *identificación del cambio en la estructura producido entre diferentes puntos del tiempo o diferentes ámbitos* (estática comparativa).
- Las diferentes técnicas de identificación de características estructurales pueden agruparse en los siguientes tipos:
    - *Identificación de Coeficientes más importantes:* Estas técnicas persiguen la clasificación de los elementos de la matriz de transacciones intermedias.
    - *Clasificación de Sectores:* Estos algoritmos pretenden ordenar las actividades productivas según su importancia en el contexto del sistema económico global.
    - *Identificación de Cadenas Productivas,* con este tipo de técnicas se determina la forma en que los cambios en los agregados económicos se difunden a lo largo del sistema productivo, dada una estructura tecnológica.
    - *Conectividad Sectorial,* técnicas que miden el grado de concentración de la malla de relaciones técnicas de la matriz intersectorial desde un punto de vista global del sistema.
- La identificación de coeficientes importantes recoge un conjunto de técnicas que parten de la definición de coeficiente técnico importante como aquel coeficiente cuya variación provoca cambios significativos en la estructura productiva de la tabla.
- El proceso de identificación de coeficientes importantes viene justificado por su utilidad en procesos de proyección de tablas input-output y de comparaciones internacionales.
- Operativamente, las técnicas de identificación de coeficientes importantes se basan en el *análisis de sensibilidad,* que cuantifica el impacto de las variaciones experimentadas por los coeficientes técnicos sobre las variables output del sistema.

C. *Identificación de los coeficientes más importantes de la TIO de 1998.*

En la siguiente práctica se procede a la identificación de los coeficientes técnicos más importantes de la tabla input-output de 1998 agregada a 25 ramas de actividad, siguiendo la metodología de Schintke y Stäglin (1988).

Paso 1.

Abrimos el libro ice1_1998.xls. Las dos primeras hojas se corresponden a la tabla input-output de 1998 y al cálculo de coeficientes técnicos e inversa de Leontief, tal y como se mostró en el capítulo anterior. Nos situamos en la tercera hoja del libro, esto es, en schintke.

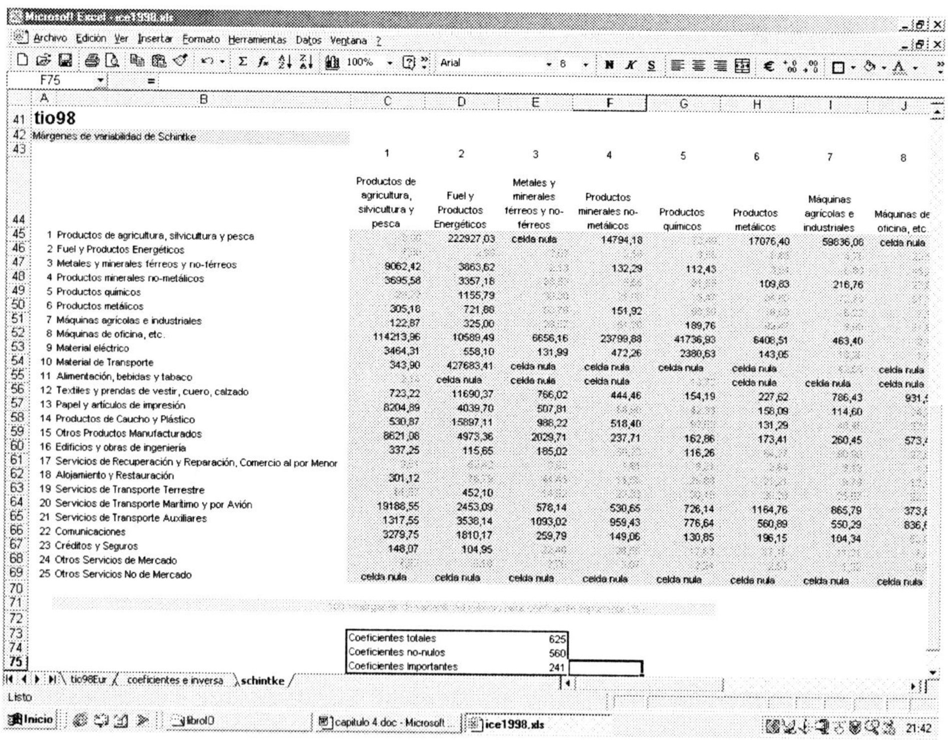

tio98

Márgenes de variabilidad de Schintke

	1	2	3	4	5	6	7	8
	Productos de agricultura, silvicultura y pesca	Fuel y Productos Energéticos	Metales y minerales férreos y no-férreos	Productos minerales no-metálicos	Productos químicos	Productos metálicos	Máquinas agrícolas e industriales	Máquinas de oficina, etc.
1 Productos de agricultura, silvicultura y pesca		222927,03	celda nula	14794,18		17076,40	59836,06	celda nula
2 Fuel y Productos Energéticos								
3 Metales y minerales férreos y no-férreos	9062,42	3863,62		132,29	112,43			
4 Productos minerales no-metálicos	3695,58	3357,18				109,83	216,76	
5 Productos químicos		1155,79						
6 Productos metálicos	305,18	721,88		151,92				
7 Máquinas agrícolas e industriales	122,87	325,00			189,76			
8 Máquinas de oficina, etc.	114213,96	10589,49	6656,16	23799,88	41736,93	6408,51	463,40	
9 Material eléctrico	3464,31	558,10	131,99	472,26	2380,63	143,05		
10 Material de Transporte	343,90	427683,41	celda nula	celda nula	celda nula	celda nula		celda nula
11 Alimentación, bebidas y tabaco		celda nula	celda nula	celda nula		celda nula	celda nula	celda nula
12 Textiles y prendas de vestir, cuero, calzado	723,22	11690,37	766,02	444,46	154,19	227,62	786,43	931,[illegible]
13 Papel y artículos de impresión	8204,89	4039,70	507,81			158,09	114,60	
14 Productos de Caucho y Plástico	530,87	15897,11	988,22	518,40		131,29		
15 Otros Productos Manufacturados	8621,08	4973,36	2029,71	237,71	162,86	173,41	260,45	573,[illegible]
16 Edificios y obras de ingeniería	337,25	115,65	185,02		116,26			
17 Servicios de Recuperación y Reparación, Comercio al por Menor								
18 Alojamiento y Restauración	301,12							
19 Servicios de Transporte Terrestre		452,10						
20 Servicios de Transporte Marítimo y por Avión	19188,55	2453,09	578,14	530,65	726,14	1164,76	865,79	373,[illegible]
21 Servicios de Transporte Auxiliares	1317,55	3538,14	1093,02	959,43	776,64	560,89	550,29	836,[illegible]
22 Comunicaciones	3279,75	1810,17	259,79	149,06	130,85	196,15	104,34	
23 Créditos y Seguros	148,07	104,95						
24 Otros Servicios de Mercado								
25 Otros Servicios No de Mercado	celda nula	celda nula	celda nula	celda nula	celda nula	celda nula	celda nula	celda nula

Coeficientes totales	625
Coeficientes no-nulos	560
Coeficientes importantes	241

Paso 2.

En la hoja hay dos matrices: la que calcula el grado de importancia de los coeficientes de la tabla (rango C5:AA29), y la que muestra los márgenes de variabilidad estructuralmente admisibles (rango C45:AA69).

En cuanto a la primera matriz, se calcula el grado de importancia de cada coeficiente para una variación de la producción efectiva fijada en la celda B31 (1% por defecto). Para este cálculo ha de cuantificarse, para cada coeficiente, la fórmula de Schintke:

$$\omega_{ij}(p) = a_{ij}\left(\alpha_{ji}p + 100\frac{\alpha_{ii}w_j}{w_i}\right)$$

Para ello, intervienen en las fórmulas la matriz de coeficientes técnicos, la matriz inversa de Leontief transpuesta y el vector de elementos diagonales de la inversa de Leontief, situados en la hoja coeficientes e inversa; y los vectores de producción efectiva por filas y por columnas, situados en la hoja tio98Eur. Así, la fórmula de cálculo del grado de importancia para el primer coeficiente técnico es:

='coeficientes e inversa'!C5*('coeficientes e inversa'!C96*schintke!B31+100*'coeficientes e inversa'!$AC66*tio98Eur!$AL5/tio98Eur!C$32)

Los elementos de la matriz de márgenes admisibles de variabilidad se obtienen como el valor inverso del grado de importancia correspondiente, multiplicado por cien:

$$r_{ij} = \frac{p}{W_{ij}}$$

Por ejemplo, para el cálculo del margen de variabilidad admisible del primer coeficiente (celda C45), se realiza la siguiente fórmula:

=1/C5*100

Que, para una variación de la producción efectiva admisible del 1%, alcanza un valor del 8,00%. Esto quiere decir que el este coeficiente no puede variar más de un 8% sin que alguna de las producciones sectoriales varía más de un 1%.

Un coeficiente será más importante (más influyente sobre la economía global) cuanto menor sea su variabilidad admisible. Un coeficiente poco importante será aquel que hará variar la producción efectiva de alguna rama de actividad sólo al experimentar una variación de gran magnitud.

Si se considera coeficiente importante aquel cuya variabilidad admisible máxima es menor del 100%, se tiene un número de coeficientes importantes de 241 (celda E75), lo que supone un 43% del total de coeficientes no-nulos de la tabla.

5 Identificación de Características Estructurales (II).

5.1. *Clasificación de sectores productivos.*

La tabla input-output (TIO) muestra el tejido de relaciones productivas propia de una economía, desagregando por ramas de actividad. Algunas de estas actividades se consideran las más importantes en el sentido de asumir el mayor peso en el conjunto de relaciones puestas en juego. Partiendo de esta idea, se han desarrollado técnicas que permiten clasificar las ramas de actividad de una tabla input-output. La clasificación que se obtenga así es una característica estructural diferenciadora del sistema real representado.

Pueden distinguirse dos conjuntos de técnicas o algoritmos, según se fundamenten en la *triangularización de matrices*; o en el *cálculo de multiplicadores*.

En los algoritmos de **triangularización de matrices**, el problema se plantea como, a partir de una matriz de transacciones X o de coeficientes A dada, lograr una nueva matriz mediante el cambio de orden en filas y columnas de la primera, tal que la suma de los elementos situados a un lado de la diagonal principal alcance el valor máximo posible, y los elementos al otro lado de la diagonal principal sean nulos.

No existe una triangularización perfecta, ya que para que existiera esta solución, todas las relaciones intersectoriales serían en un solo sentido (jerarquizadas), es decir, si $a_{ij}>0$; debería cumplirse que $a_{ji}=0$ $\forall i,j$. En cambio, en todo sistema económico existen relaciones circulares o de ida y vuelta. Por tanto, ha de recurrirse a algoritmos que proporcionen soluciones que, si bien cuasi-perfectas, sean óptimas, que por lo general no son únicas.

La fundamentación teórica de la triangularización consiste en el planteamiento de la hipótesis de que existe un único sector principal o clave del que dependen todos los demás. De este sector dependerán a su vez otros sectores de segundo nivel, que a su vez dominarán a unos sectores de tercer nivel y así sucesivamente, estableciendo una jerarquía de tipo triangular.

Chenery y Watanabe (1958) establecen de forma pionera un procedimiento de triangularización basado en el valor alcanzado por sus conocidos ratios de compras y ventas intermedias entre compras y ventas totales.

Posteriormente, diversos autores han desarrollado procedimientos basados en la maximización de una medida que informe sobre el nivel de ordenación sectorial (*grado de linealidad*).

Precisamente, los procedimientos basados en la maximización del *grado de linealidad* posibilitan en la resolución del problema la aplicación de técnicas de programación lineal, como es el caso de la propuesta de Grötschel et al (1984)[17].

La ordenación sectorial obtenida es una característica propia de la estructura productiva del sistema económico, lo que servirá como garantía de que los resultados obtenidos en procesos de ajuste y proyección de la tabla input-output son estructuralmente coherentes Estos procesos se abordan en los capítulos 8 y 9.

El cuadro 6 recoge el grupo de técnicas de clasificación de sectores basado en la triangularización de matrices, desarrollándose algunas de ellas como fichas técnicas:

Cuadro 06. *Técnicas de triangularización de matrices input-output.*

Referencia	***Técnica***	***Operativa***	***Ficha técnica***
Chenery y Watanabe (1958)	Cálculo de ratios	Los cambios en la demanda final actúan desde los sectores superiores hacia los inferiores; siendo las reacciones en dirección opuesta muy limitadas. Se parte de la colocación inicial superior de los sectores que presentan menor ratio compras intermedias/compras totales y/o mayor ratio ventas intermedias/ventas totales. Los sectores cambian de posición (ascienden) si su incremento en el segundo ratio es mayor que el decremento experimentado en el primero. Proponen, para la obtención de una solución aproximada, el método iterativo de Gauss-Seidal.	6.2.(1)
Korte y Oberhofer (1970)	Ránkings Óptimos	Desarrollan dos algoritmos de triangularización, para lo cual definen los conceptos de *ránking óptimo absoluto* y *ránking óptimo relativo.*	5.1.(1)
Lamel et al (1971)	Optimización del Grado de linealidad	Plantean el problema de la triangularización como la permutación de filas y columnas tal que se maximice la suma de los elementos situados bajo la diagonal principal, lo que implica la optimización del *grado de linealidad* λ.	5.1.(2)

[17] Experimentos llevados a cabo por el profesor Vazquez Muñíz, de la Universidad Autónoma de Madrid, demuestran la obtención de una solución óptima mediante este procedimiento de triangularización.

(Cuadro 06. Continuación)

Referencia	***Técnica***	***Operativa***	***Ficha técnica***
Drabek (1984)	Optimización del Grado de linealidad	Propone someter a la matriz de relaciones intersectoriales a un filtro tal que se eliminen aquellas transacciones poco relevantes. Ello se justifica por el hecho de que poderosas relaciones en un sentido suelen llevar asociadas relaciones en sentido opuesto de pequeña o nula magnitud. Estas pequeñas transacciones, que originan problemas de relaciones circulares, elevan el *grado de circularidad.*	F 5.1.(3)
Grötschel et al (1984)	Optimización del grado de linealidad mediante programació n matemática	Definen el problema en términos de programación lineal. El fin es encontrar una permutación simultánea de filas y columnas de *A* tal que la suma de entradas que están sobre la diagonal principal sea lo mayor posible.	F 5.1.(4)
Fukui (1986) y Haltia (1992)	Permutación de Cambio Circular	Se utiliza el concepto de *permutación de cambio circular*, entendida como cambio de posición de dos elementos de una permutación dada, manteniendo todos los demás elementos fijos, para optimizar el grado de linealidad.	F 5.1.(5)

El segundo conjunto de técnicas de clasificación de sectores se basa en el **cálculo de multiplicadores**, cuyo desarrollo conceptual inicial se debe a Rasmussen (1956) y Hirschman (1958)[18].

[18] Obras citadas en Hewings et al (1989) [p. 70]

Se establece una jerarquía de ramas de actividad en función de su capacidad para influir en las demás ramas, es decir, en la totalidad del sistema productivo [Muñoz Cidad (1988); p. 461].

Este enfoque de ordenación de ramas de actividad se distingue de la triangularización en que contempla todo tipo de relaciones directas e indirectas entre actividades, es decir, tiene en cuenta no sólo las relaciones de tipo jerárquico; sino también las de tipo circular.

Como desventaja, cabe señalar que estas técnicas, generalmente, ordenan los sectores mediante la valoración de las columnas de coeficientes (funciones de producción o compras), bien directamente o a través del cálculo de los multiplicadores de demanda, obviando el grado de importancia atribuido a las filas correspondientes (funciones de distribución o ventas), por lo que más que una clasificación de sectores se obtiene una clasificación de las tecnologías correspondientes.

A continuación se muestran los *multiplicadores input-output* basados en la matriz tecnológica de Leontief. Posteriormente, en el cuadro 7, se exponen algunas de las técnicas de clasificación de sectores basadas en el cálculo de éstos, detallándose al final del epígrafe algunos de los desarrollos operativos en forma de fichas técnicas.

<u>*Multiplicador de la Demanda.*</u>

Sea $(I-A)^{-1}$ la matriz tecnológica de Leontief:

$$(I-A)^{-1}=\begin{bmatrix}\alpha_{11} & \alpha_{12} & \dots & \alpha_{1n}\\ \alpha_{21} & \alpha_{22} & \dots & \alpha_{2n}\\ \dots & \dots & \dots & \dots\\ \alpha_{n1} & \alpha_{n2} & \dots & \alpha_{nn}\end{bmatrix}$$

Los elementos de la matriz cuantifican los requerimientos directos e indirectos de producción necesarios para satisfacer un incremento en la demanda final.

De esta manera, la columna j-ésima evaluará la capacidad de las distintas ramas de actividad para difundir a lo largo del tejido productivo el incremento de una unidad en la demanda final de la rama de actividad j-ésima.

Esta capacidad se cuantifica mediante el *multiplicador de demanda* MD_j:

$$MD_j=\sum_{i=1}^{n}\alpha_{ij}$$

que mide el esfuerzo hacia atrás de cada rama sobre el conjunto de la economía (*efecto difusión*).

<u>*Multiplicador de una expansión uniforme de la demanda final.*</u>

La fila i-ésima de la matriz *(I-A)*$^{-1}$ evaluará la capacidad de la rama de actividad i-ésima para absorber, en términos de producción, el incremento de una unidad en la demanda final de cada una de las n ramas de actividad del sistema.

Esta capacidad se cuantifica mediante el *multiplicador de una expansión uniforme de la demanda final* MUD_i:

$$MUD_i = \sum_{j=1}^{n} \alpha_{ij}$$

que indica el efecto hacia adelante de cada rama sobre el conjunto de la economía (*efecto absorción*).

El cuadro 7 resume las conclusiones a las que se puede llegar mediante el estudio directo de los multiplicadores del modelo de demanda[19].

Cuadro 07. *Efecto de los multiplicadores basados en el modelo de demanda.*

MD_j	MUD_i	**Efecto**
Bajo	bajo	Escasa capacidad de estímulo del sistema productivo ante variaciones de la demanda final
Alto	bajo	Efecto difusión
Bajo	alto	Efecto absorción
Alto	alto	Acentuada capacidad de estímulo del sistema productivo ante variaciones de la demanda final

En el siguiente cuadro se exponen algunas técnicas de clasificación de sectores basadas en el cálculo de éstos multiplicadores:

[19] Cuadro extraído de Tarancón Morán (1996).

***Cuadro 08**. Técnicas de clasificación de sectores basadas en los multiplicadores de demanda.*

Referencia	***Técnica***	***Operativa***	***Ficha técnica***
Rasmussen (1956)	Índices de dispersión	Se proponen dos coeficientes, el índice de poder de dispersión y el índice de sensibilidad de dispersión para recoger la capacidad de los sectores para difundir o absorber la actividad productiva, respectivamente.	5.1.(6)
Schintke y Stäglin (1988)	Grado de importancia de las actividades productivas	Establecen una clasificación de ramas de actividad atendiendo a la importancia de las columnas de inputs en relación a su influencia sobre la producción del sistema en términos de variación o error admisible. Para ello definen el grado de importancia de una (columna) actividad.	5.1.(7)
Cassetti (1995)	Grado de Representa-tividad	Para un α (porcentaje del "poder multiplicador total" de la tecnología del sistema captado por una matriz A^k con los coeficientes técnicos de sólo determinados sectores), el método identifica los sectores mínimos (los más importantes) necesarios para recoger ese porcentaje del total de relaciones de la matriz de Leontief.	5.1.(8)

5.1.(1). Triangularización de Korte y Oberhofer (1970).

Referencia:

KORTE, B.; OBERHOFER, W. (1970) *"Triangularizing Input-Output Matrices and the Structure of Production."* European Economic Review. Summer (pp. 483-511).

Objetivo:

Triangularización de la TIO.

Metodología:

Desarrollan dos algoritmos de triangularización, para lo cual definen los conceptos de *ránking óptimo absoluto* y *ránking óptimo relativo.*

Operativa:

Ránking óptimo absoluto

Sucesión de sectores $j_1, j_2, ..., j_n$ tal que se maximiza la suma:

$$\sum_{v<\mu} x_{j_v i_\mu}$$

Ránking óptimo relativo

Sucesión de sectores $j_1, j_2, ..., j_n$ tal que para cada grupo de sectores $j_v, j_{v+1}, ..., j_\mu$ (con $v \leq \mu$), la suma de las ventas a otro grupo $j_{\mu+1}, j_{\mu+2}, ..., j_\rho$ (con $\rho > \mu$) es mayor o igual a la suma de las demandas al segundo grupo desde el primer grupo de sectores.

5.1.(2). Triangularización de Lamel et al (1970).

Referencia:

LAMEL, J.; RICHTER, J.; TEUFELSBAUER, W. (1971) *"Triangulation."* Economic Bulletin for Europe, nº23 (pp. 59-75).

Objetivo:

Triangularización de la TIO.

Metodología:

Plantean el problema de la triangularización como la permutación de filas y columnas tal que se maximice la suma de los elementos situados bajo la diagonal principal, lo que implica la optimización del grado de linealidad λ.

Operativa:

Minimización del Grado de linealidad:

$$\lambda = \frac{\sum_{i<j} x_{ij}}{\sum_{i>j} x_{ij}} \qquad \text{con } i,j=1,2,\ldots,n$$

Varía entre 0 y 1 (0 en el caso de la triangularización perfecta, que implica una estructura totalmente jerarquizada).

5.1.(3). Triangularización de Drabek (1984).

Referencia:

DRABEK, Z. (1984) *"A Comparison of technology in central-planned and market type economies."* European Economic Review, nº25. North-Holland (pp. 293-318).

Objetivo:

Triangularización de la TIO.

Metodología:

Propone someter a la matriz de relaciones intersectoriales a un filtro tal que se eliminen aquellas transacciones poco relevantes. Ello se justifica por el hecho de que poderosas relaciones en un sentido suelen llevar asociadas relaciones en sentido opuesto de pequeña o nula magnitud. Estas pequeñas transacciones, que originan problemas de relaciones circulares, elevan el *grado de circularidad.*

Operativa:

Minimización del Grado de circularidad:

$$\lambda = \frac{\sum_{i<j} x_{ij}}{\sum_{i>j} x_{ij}} \qquad \text{con } i,j=1,\ 2,\ \ldots,\ n$$

Previa eliminación de las reaciones x_{ij} menos importantes.

5.1.(4). Triangularización óptima de Grötschel et al (1984)

Referencia:

GRÖTSCHEL, M.; JÜNGER, M.; REINELT, G. (1984) *"Optimal Triangulation of Large Real World Input-Output Matrices."* Statistische Hefte, nº25 (pp. 261-295).

Objetivo:

Triangularización de la TIO.

Metodología:

Definen el problema en términos de programación lineal. El fin es encontrar una permutación simultánea de filas y columnas de *A* tal que la suma de entradas que están sobre la diagonal principal sea lo mayor posible.

Operativa:

En términos lineales, con $m=n(n-1)$, puede definirse el programa:

$$\alpha_0 = \max\left\{\sum_{i\neq j}^{n} a_{ij} x_{ij}\right\}$$

sujeto a:

$x_{ij}\geq 0 \qquad 1\leq i,j\leq n \qquad i\neq j$

$x_{ij}+x_{ji}=1 \qquad 1\leq i\leq j\leq n$

$x_{ij}+x_{jk}+x_{ki}\leq 2 \qquad 1\leq i<j<k\leq n$

$x_{ik}+x_{kj}+x_{ji}\leq 2 \qquad 1\leq i<j<k\leq n$

$x\in\{0,1\}^n \quad x\in\Re^m$

Cada solución del programa determina una triangularización óptima de *A*, de manera que el sector i está en la k-ésima posición del órden óptimo lineal si y sólo si

$$\sum_{\substack{j=1\\ i\neq j}}^{n} x_{ji} = k-1$$

Alternativamente, puede especificarse el programa:

$$\alpha_1 = \max\left\{\sum_{i \neq j}^{n} a_{ij} x_{ij}\right\}$$

sujeto a:

$x_{ij} \geq 0$	$1 \leq i,j \leq n$	$i \neq j$
$x_{ij}+x_{ji}=1$	$1 \leq i \leq j \leq n$	
$x \in \Re^m$		

y el programa:

$$\alpha_2 = \max\left\{\sum_{i \neq j}^{n} a_{ij} x_{ij}\right\}$$

sujeto a:

$x_{ij} \geq 0$	$1 \leq i,j \leq n$	$i \neq j$
$x_{ij}+x_{ji}=1$	$1 \leq i \leq j \leq n$	
$x_{ij}+x_{jk}+x_{ki} \leq 2$	$1 \leq i<j<k \leq n$	
$x_{ik}+x_{kj}+x_{ji} \leq 2$	$1 \leq i<j<k \leq n$	
$x \in \Re^m$		

Dado $\alpha = \sum_{i \neq j}^{n} a_{ij}$ se tienen las siguientes medidas de *linealidad*:

- $\lambda=\alpha_0/\alpha$ grado de linealidad
- $\lambda^*=\alpha_1/\alpha$ grado teórico de linealidad
- $\lambda'=\alpha_2/\alpha$ grado fraccional de linealidad

Los autores demuestran la relación $\lambda \leq \lambda' \leq \lambda^*$. El *grado de linealidad teórico* es un límite superior al que debe tender el *grado de linealidad* en la búsqueda del orden óptimo. Tiene como ventaja su fácil cálculo; pero los autores opinan que no es un buen límite, ya que es demasiado grande. Así, los autores proponen utilizar como límite superior-objetivo el *grado de linealidad fraccional*; pues es siempre menor o igual (más preciso) y su costo relativo en el cálculo no es mucho mayor.

5.1.(5). Triangularización de Fukui (1986) y Haltia (1992).

Referencia:

FUKUI, Y. (1986) *"A More Powerful Method for Triangularizing Input-Output Matrices and the Similarity of Production Structures."* Econometrica, vol. 54, nº6 (pp. 1425-1433).

HALTIA, O. (1992) *"A Triangularization Algorithm without Ringshift Permutation."* Economic System Research, vol. 3, nº3.

Objetivo:

Triangularización de la TIO.

Metodología:

Se utiliza el concepto de *permutación de cambio circular*, entendida como cambio de posición de dos elementos de una permutación dada, manteniendo todos los demás elementos fijos, para optimizar el grado de linealidad.

Operativa:

Maximizar el *grado de linealidad*

$$\lambda = \frac{\sum_{i>j} x_{ij}}{\sum_{i \neq j} x_{ij}}$$

mediante el tanteo de una serie de permutaciones parciales dadas.

Haltia (1992) parte de la identidad:

$$\sum x_{ij} + \sum x_{ji} = \sum \min(x_{ij}, x_{ji}) + \sum \max(x_{ij}, x_{ji})$$

Aplicada a una permutación (π), hace posible la definición de la variable de triangularización β_π:

$$\sum x_{\pi(i)\pi(j)} - \sum \min(x_{ij}, x_{ji}) = \beta_\pi$$

$$\sum \max(x_{ij}, x_{ji}) - \sum x_{\pi(j)\pi(i)} = \beta_\pi$$

tal que su campo de variación es

$$0 \leq \beta_\pi \leq \sum \max(x_{ij}, x_{ji}) - \sum \min(x_{ij}, x_{ji}) \qquad j>i$$

Se define el *ratio de triangularidad*:

$$g(\beta_\pi) = \frac{\sum x_{\pi(i)\pi(j)}}{\sum x_{\pi(j)\pi(i)}} = \frac{\sum \min(x_{ij}, x_{ji}) + \beta_\pi}{\sum \max(x_{ij}, x_{ji}) - \beta_\pi}$$

que es minimizado para lograr la triangularización óptima.

Alternativamente, puede optimizarse el *grado de linealidad* (en la definición de Fukui (1986)) $\lambda(\beta_\pi)$:

$$\lambda(\beta_\pi) = \frac{\sum x_{\pi(j)\pi(i)}}{\sum \min(x_{ij}, x_{ji}) + \sum \max(x_{ij}, x_{ji})} = \frac{\sum \max(x_{ij}, x_{ji}) - \beta_\pi}{\sum \min(x_{ij}, x_{ji}) + \sum \max(x_{ij}, x_{ji})}$$

con lo que el objetivo será maximizar el *grado de linealidad* (que vale 0 en el caso de una triangularización perfecta); o bien minimizar β_π. Para ello, se desarrolla el algoritmo de triangularización ALG4.

5.1.(6). Índices de Rasmussen (1956).

Referencia:

RASMUSSEN, P.N. (1956) *Studies in Intersectoral Relations.* New Holland. Amsterdam.

Objetivo:

Clasificación de ramas de actividad mediante el cálculo de índices de Rasmussen.

Metodología:

Se proponen dos coeficientes, el índice de poder de dispersión y el índice de sensibilidad de dispersión para recoger la capacidad de los sectores para difundir o absorber la actividad productiva, respectivamente.

Operativa:

Índice de poder de dispersión:

$$PDD_j = \frac{\dfrac{\sum_{i=1}^{n} \alpha_{ij}}{n}}{\dfrac{\sum_{i=1}^{n}\sum_{j=1}^{n} \alpha_{ij}}{n^2}}$$

Índice de sensibilidad de dispersión:

$$SDD_i = \frac{\dfrac{\sum_{j=1}^{n} \alpha_{ij}}{n}}{\dfrac{\sum_{i=1}^{n}\sum_{j=1}^{n} \alpha_{ij}}{n^2}}$$

5.1.(7). Clasificación de ramas de actividad de Schintke y Stäglin (1988).

Referencia:

SCHINTKE, J. Y STÄGLIN, R. (1988) *"Important Input Coefficients in Market Transactions Tables and Production Flow Tables".* Incluido en CIASCHINI, M. Ed. (1988).

Objetivo:

Clasificación de ramas de actividad mediante el cálculo del algoritmo de Schintke y Stäglin (1988).

Metodología:

Establecen una clasificación de ramas de actividad atendiendo a la importancia de las columnas de inputs en relación a su influencia sobre la producción del sistema en términos de variación o error admisible. Para ello definen el grado de importancia de una (columna) actividad.

Operativa:

Grado de importancia de una (columna) actividad:

$$W^{(j)}(p) = \|A_j\| \left(\|C_{j\rightarrow}\| p + 100 \max_{k=1,\dots,n} \|C_{k\rightarrow}\| x_j / x_k \right)$$

con:

con:	p	*porcentaje de error tolerable admitido*
	$\|\|A_j\|\|$	*norma de la columna j-ésima de coeficientes técnicos*
	$\|\|C_{j\rightarrow}\|\|$	*norma de la fila j-ésima de la matriz inversa de Leontief*

Para un límite tolerable preestablecido muy pequeño ($0<p<<<100$), el grado de importancia sectorial (por columnas) puede aproximarse como:

$$W^{(j)}(p) \approx 100 \|A_j\| \|C_{M\rightarrow}\| x_j / x_M = 100 \|X_j\| \|C_{M\rightarrow}\| / x_M$$

con: $\|C_{M\rightarrow}\| / x_M = \max_{k=1,\dots,n} \|C_{k\rightarrow}\| / x_k$

X_j *consumos intermedios del sector j-ésimo*

5.1.(8).	**Clasificación de ramas de actividad de Cassetti (1995).**

Referencia:

CASSETTI, M. (1995) *"A New Method for the Identification Patterns in Input-Output Matrices".* Economic Systems Research., vol 7, nº4 (pp. 363-381).

Objetivo:

Clasificación de ramas de actividad mediante el cálculo del grado de representatividad.

Metodología:

Para un determinado α (porcentaje del "poder multiplicador total" de la tecnología del sistema captado por una matriz A^k que cuenta con los coeficientes técnicos de sólo determinados sectores), el método identifica los sectores mínimos (que serán los más importantes) necesarios para recoger dicho porcentaje del total de relaciones inherentes a la totalidad de los multiplicadores de demanda.

Operativa:

Grado de representatividad:

$$\alpha(A^{(k-1)}) = \min_j \left[\frac{c_j^{(k)}}{c_j} \right]$$

con c_j el multiplicador de demanda de la rama j,

Para una sucesión creciente α_1, α_2, α_3, ... se obtendrá una sucesión de sectores j_I, j_{II}, j_{III}, ... ordenados según su poder multiplicador.

5.2. *Identificación de rutas productivas.*

Las técnicas de *identificación de rutas productivas* tienen como objetivo la captación de las principales cadenas de transmisión de los efectos en la producción provocados por impactos o variaciones de la demanda final, dada una tabla estadística input-output. Esto es, dada la identidad básica de la tabla input-output:

$$w = (I-A)^{-1}\, y$$

con:

w	*vector de producción (efectiva)*
A	*matriz de coeficientes técnicos*
y	*vector de demanda final*

ante un cambio en el vector de demanda final se obtendrá un nuevo vector

$$y^* = y+\Delta y$$

que dará origen al vector de producción:

$$w^* = (I-A)^{-1}\, y^*$$

El vector de variación en la producción se definirá como:

$$\Delta w=w^*-w$$

La composición del vector de variaciones en la producción dependerá de la forma en que la estructura técnica transmite los impactos, esto es, de las rutas productivas propias de la estructura económica representada por la tabla input-output. Las técnicas de identificación de rutas productivas intentan destacar las principales conexiones demanda - producción de la tabla input-output.

Estas técnicas son complementarias al estudio de la conectividad, que se abordará en el siguiente epígrafe. La diferencia estriba en que la identificación de rutas productivas se centra en la forma en que los sectores vienen ligados por sus características técnicas, mientras que el análisis de conectividad se centra en la medida de la intensidad de estas conexiones desde el punto de vista global mediante un índice de concentración [Szyrmer (1985)].

Las técnicas más sencillas de identificación de rutas productivas se basan en el **establecimiento de ligazones** [Muñoz Cidad (1988); p. 460]. El establecimiento de ligazones intenta cuantificar la relación entre dos ramas productivas desde el punto de vista de la relación de compras y ventas que establecen entre sí, alcanzando valores que oscilan entre 0 y 1.

Cuando una variación de la demanda final supone un incremento en las ventas de una actividad, esto a su vez generará una cadena de compras y ventas entre las distintas ramas relacionadas con la inicial, formándose las cadenas marcadas por los diferentes tipos de ligazón.

Pueden definirse las siguientes ligazones:

Ligazón Específica de demanda de la rama p con la rama q

$$LED_{pq} = \frac{x_{qp}}{\sum_{q} x_{qp}}$$

Ligazón Específica de oferta de la rama p con la rama q

$$LEO_{pq} = \frac{x_{pq}}{\sum_{q} x_{pq}}$$

Ligazón Específica de demanda de la rama q con la rama p

$$LED_{qp} = \frac{x_{pq}}{\sum_{p} x_{pq}}$$

Ligazón Específica de oferta de la rama q con la rama p

$$LEO_{qp} = \frac{x_{qp}}{\sum_{p} x_{qp}}$$

Una valoración global de la relación entre dos ramas de actividad se obtendrá mediante el cálculo del coeficiente de Streit (1969)[20]. Este coeficiente promedia los cuatro tipos de ligazones para evaluar globalmente el grado de dependencia directa entre dos ramas productivas [Muñoz Cidad (1988); p. 463]:

$$STR_{pq} = \frac{1}{4}\left(LED_{pq} + LEO_{pq} + LED_{qp} + LEO_{qp}\right)$$

El coeficiente toma valores entre 0 y 1, indicando la proximidad a 1 mayor dependencia entre las ramas productivas consideradas.

Como inconveniente de la definición de rutas productivas mediante el cálculo de encadenamientos está el hecho de que esta técnica tiene en cuenta sólo las relaciones productivas directas entre ramas de actividad. Pero una variación en la demanda de una rama provoca transacciones productivas entre los sectores tanto directas como indirectas, que quedan formalmente cuantificadas en la *matriz inversa de Leontief.*

---

[20] Obra citada en Muñoz Cidad (1988)

En concreto, las repercusiones directas e indirectas en la producción de las ramas de actividad de la variación en la demanda final de la rama de actividad j vienen recogidas en la columna j-ésima de dicha matriz[21]. El problema estriba en la dificultad de distinguir mediante el cálculo de la inversa las rutas importantes de las que apenas tienen repercusiones dentro de la actividad productiva global de la economía.

Debido a esta dificultad se han desarrollado, dentro de la identificación de rutas productivas, la aplicación de las **técnicas de análisis input-output cualitativo (QIOA)**.

El análisis se basa en la transformación de la matriz de coeficientes técnicos (o de transacciones intermedias) en una matriz de elementos nulos o unitarios, mediante la aplicación de un "filtro" que discrimina los coeficientes asociados a transacciones importantes de los coeficientes asociados a transacciones de escasa importancia. Esta matriz representa las principales rutas productivas asociadas a los "efectos directos" de la tecnología sobre el sistema[22].

Para identificar las rutas productivas asociadas a los "efectos totales" de la tecnología se recurre a un álgebra especial, *álgebra booleriana*, obteniéndose una matriz de elementos nulos y unitarios que recoja los "efectos indirectos" de la tecnología sobre el sistema.

Bon (1989) muestra los fundamentos del álgebra matricial-cualitativo mediante el establecimiento de las "reglas de signos" correspondientes a las operaciones suma y producto:

[p]+[q]	+	0	-
+	+	+	?
0	+	0	-
-	?	-	-

[p]x[q]	+	0	-
+	+	0	-
0	0	0	0
-	-	0	+

Las distintas aportaciones en el desarrollo de las técnicas input-output abordan la problemática de la búsqueda de un filtro adecuado que permita diferenciar, en una tabla estadística, las transacciones importantes de las que no lo son.

Una aportación innovadora es la propuesta de Aroche-Reyes (1996), que propone la utilización de la técnica de identificación de coeficientes importantes de Schintke y Stäglin (1988) para destacar las principales transacciones de la tabla input-output que originan las principales rutas productivas del sistema.

La determinación de estas rutas productivas aporta las siguientes ventajas:

- Constituye una característica propia del sistema real representado mediante la tabla input-output.

[21] Un caso especial de identificación de rutas productivas mediante el cálculo de la inversa de Leontief lo constituye el estudio sobre la terciarización de la economía, que es detallado como ficha técnica 5.2.(1).

[22] Una aplicación de la determinación de las principales rutas productivas se muestra en Antielle; Fontela y Guillet (2000) [pp. 8-11], donde se aplican filtros tanto a la matriz de coeficientes técnicos como a la matriz de los coeficientes construidos como el cociente de cada transacción intermedia entre el valor del total de transacciones.

- Identificará, en los estudios de evaluación de impactos, las ramas de actividad principalmente afectadas por cambios en el vector de demanda final, lo que contribuirá, en las investigaciones aplicadas, a centrar el esfuerzo en conseguir información relevante sobre las características técnicas de dichas ramas productivas.

Entre las principales contribuciones a la identificación de rutas productivas mediante técnicas de análisis input-output cualitativo destacan las recogidas en el cuadro 9. Los desarrollos operativos se detallan en forma de fichas técnicas:

Cuadro 09*. Técnicas de análisis input-output cualitativo*

Referencia	***Técnica***	***Operativa***	***Ficha técnica***
Bon (1989)	Cálculo de la Inversa Cualitativa a partir de un filtro de coeficientes	Muestra los fundamentos del álgebra matricial-cualitativo. De esta manera, dada una matriz de coeficientes cualitativa (con elementos 1 los asociados a los elementos correspondientes de la matriz de coeficientes o de transacciones intermedias original que han superado el filtro preestablecido, y 0 los demás elementos) puede pasar a calcularse la *inversa de Leontief cualitativa.*	F 5.2.(2)
Schnabl (1994)	Cálculo de la Inversa Cualitativa a partir de un filtro de coeficientes	Propone someter la matriz de transacciones intermedias X a un "filtro" tal que se genera una matriz W_0 cuyos elementos sean 1 o 0 según se supere o no un filtro preestablecido. A partir de esta matriz puede generarse la serie de matrices $W^k=W_0W^{k-1}$ tal que $w_{il}^k=1$ *si y sólo si* $w_{ij}^{k-1}=1$ *y* $w_{jl}^{k-1}=1$. La matriz $D=W_0+W^2+W^3+...+W^{m-2}$ cuyos elementos $d_{ij}=1$ según la regla *1+#1=1*, mostrará la cadena de relaciones directas e indirectas entre los sectores de la tabla.	F 5.2.(3)
De Mesnard (1995)	Filtrado de las sucesivas matrices de coeficientes	Propone aplicar un filtro adecuado a la serie de matrices de coeficientes A, A^2, A^3...; *obteniendo una serie de matrices* Z, Z^2, Z^3... de manera que $z_{ij}^{(k)}=1$ *si y sólo si* $a_{ij}^{(k)}>$*filtro.*	F 5.2.(4)
Aroche-Reyes (1996)	Filtrado mediante el algoritmo de Schintke y Stäglin (1988)	Propone la utilización del enfoque de los límites tolerables de SCHINTKE y STÄGLIN (1988), de manera que los elementos de la matriz W asociados a "coeficientes importantes" toman valor 1, siendo 0 el resto de elementos.	F 5.2.(5)

5.2.(1). Índices de Terciarización de la economía.

Referencia:

CAÑADA MARTÍNEZ, A. (1994) *"Las tablas input-output como sistema de información de la actividad industrial: una caracterización general."* Economía Industrial. Septiembre-Octubre (pp. 15-33).

Objetivo:

Cuantificación del proceso por el cual se presenta un progresivo aumento en la demanda de servicios por parte de las ramas de actividad del sector industrial.

Metodología:

Si se supone el sistema económico dividido en dos grandes sectores, Industria y Servicios, podrá particionarse la matriz A de coeficientes técnicos como se muestra a continuación:

$$A = \begin{bmatrix} A^{II} & | & A^{IS} \\ -- & | & -- \\ A^{SI} & | & A^{SS} \end{bmatrix}$$

Los elementos de A^{SI} representarán las compras de las ramas de actividad industriales a las ramas del sector servicios.

Operativa:

Indicador de terciarización directa:

$$TD_j = \sum_{i=1}^{n} a_{ij}^{SI}$$

Por otro lado, podría también particionarse la matriz de Leontief:

$$(I-A)^{-1} = \Delta = \begin{bmatrix} \Delta^{II} & | & \Delta^{IS} \\ -- & | & -- \\ \Delta^{SI} & | & \Delta^{SS} \end{bmatrix}$$

Los elementos de Δ^{SI}, α^{SI}_{ij}, representarán los requerimientos de producción de las ramas de actividad industriales a las ramas del sector servicios para cubrir un incremento unitario en la demanda final

Indicador de terciarización total:

$$TT_j = \sum_{i=1}^{n} \alpha_{ij}^{SI}$$

5.2.(2). Análisis I/O cualitativo. Bon (1989)

F

Referencia:

BON, R. (1989) *"Qualitative Input-Output Análisis."* Incluido en MILLER, R.E.; POLENSKE, K.R.; ROSE, A.Z. (Eds.) (1989).

Objetivo:

Cálculo de la matriz inversa cualitativa.

Metodología:

Muestra los fundamentos del álgebra matricial-cualitativo. Dada una matriz de coeficientes cualitativa (con elementos 1 los asociados a los elementos correspondientes de la matriz de coeficientes o de transacciones intermedias original que han superado el filtro preestablecido, y 0 los demás elementos) puede pasar a calcularse la *inversa de Leontief cualitativa.*

Operativa:

Dada una matriz de coeficientes cualitativa (con elementos 1 los asociados a los elementos correspondientes de la matriz de coeficientes o de transacciones intermedias original que han superado el filtro preestablecido, y 0 los demás elementos) puede pasar a calcularse la *inversa de Leontief cualitativa* como:

$$[(I-A)^{-1}]=[A^n] \qquad n \leq m$$

con: m *rango de la matriz de coeficientes (o transacciones intermedias)*

Desarrollando la matriz inversa,

$$[(I-A)^{-1}]=[I+A+A^2+...+A^k]$$

tal que para $n>k$ no se producen nuevas entradas unitarias.

5.2.(3). Análisis I/O cualitativo. Schnabl (1994)

Referencia:

SCHNABL, H. (1994) *"The evolution of the production structures, analysed by a multi-layer procedure."* Economic Systems Research, vol. 6, nº1 (pp. 51-68).

Objetivo:

Cálculo de la matriz inversa cualitativa.

Metodología:

Propone someter la matriz de transacciones intermedias X a un "filtro" tal que se genera una matriz W_0 cuyos elementos sean 1 o 0 según se supere o no un filtro preestablecido. La matriz $D=W_0+W^2+W^3+...+W^{m-2}$ mostrará la cadena de relaciones directas e indirectas entre los sectores de la tabla.

Operativa:

Filtrado de X: se genera una matriz W_0 cuyos elementos sean:

- $w_{ij}^0 = 1 \quad si\ t_{ij} \geq filtro$
- $w_{ij}^0 = 0 \quad si\ t_{ij} < filtro$

A partir de esta matriz puede generarse la serie de matrices:

$$W^k=W_0 W^{k-1} \qquad \text{tal que} \qquad w_{il}^k=1 \qquad si\ y\ sólo\ si\ w_{ij}^{k-1}=1\ y\ w_{jl}^{k-1}=1$$

La matriz:

$D=W_0+W^2+W^3+...+W^{m-2}$ (para una matriz de m sectores)

cuyos elementos $d_{ij}=1$ según la regla $1+\#1=1$, mostrará la cadena de relaciones directas e indirectas entre los sectores de la tabla.

Filtro propuesto (enfoque de 'cuantitativismo'): Parte de la identidad:

$$X=A[(I-A)^{-1}y]=A[(I+A+A^2+...)y]=A(y)+A(Ay)+A(A^2y)+...=X_0+X_1+X_2+...$$

Cada matriz X_k puede ser filtrada, obteniéndose la correspondiente serie de matrices boolerianas W^1, W^2, ... cuyos elementos sí superan el filtro propuesto. El problema se centra en la dificultad en encontar un significado a las matrices X_k.

5.2.(4). Análisis I/O cualitativo. De Mesnard (1995)

Referencia:

DE MESNARD, L. (1995) *"A Note on Qualitative Input-Output Análisis."* Economic Systems Research, vol. 7, nº4 (pp. 439-445).

Objetivo:

Cálculo de la matriz inversa cualitativa.

Metodología:

Plantea el problema de *la no transitividad.* Dada una matriz A de coeficientes técnicos, la transitividad se traduce en que $w_{il}^2=1$ *si* $w_{ij}^1=1$*(es decir* $a_{ij}>$*filtro) y* $w_{jl}^1=1(a_{jl}>$*filtro).* Es decir, supone que una relación productiva entre dos sectores indirecta (por ejemplo, en la segunda etapa productiva, es decir, en A^2) es importante (supera el filtro pre-establecido) si son importantes las relaciones productivas asociadas en etapas anteriores (en el ejemplo, en la matriz A). Pero puede demostrarse que el coeficiente asociado

$$a_{il}^2 = \sum_{j=1}^{n} a_{ij} a_{jl}$$

no necesariamente supera el filtro. Este problema surge por la pérdida de información sufrida al transformar la matriz A (o X, alternativamente) en una matriz de elementos 1 y 0.

Operativa:

Propone aplicar un filtro adecuado a la serie de matrices de coeficientes A, A^2, A^3...; *obteniendo una serie de matrices* Z, Z^2, Z^3... de manera que

$$z_{il}^{(k)}=1 \text{ si y sólo si } a_{il}^{(2)}>\text{filtro}.$$

En general, $Z^2 \neq W^2$, $Z^3 \neq W^3$...

5.2.(5). Análisis I/O cualitativo en base a la identificación de Coeficientes Importantes.

Referencia:

AROCHE REYES, F. (1996) *"Important Coefficients and Structural Change: A Multi-layer Approach."* Economic Systems Research, vol. 8, nº3 (pp. 235-246).

Objetivo:

Cálculo de la matriz inversa cualitativa.

Metodología:

Filtrado mediante el algoritmo de Schintke y Stäglin (1988)

Operativa:

Propone la utilización del enfoque de los límites tolerables de Schintke y Stäglin (1988), de manera que, para una variación admisible en la producción sectorial *p* y un límite tolerable en la variación de los coeficientes, *s*, los elementos de la matriz *W* asociados a "coeficientes importantes" (es decir, de sensibilidad menor que *s*) toman valor 1, siendo 0 el resto de elementos. Las ventajas de la utilización de este filtro se centra en que es graduable y en que, de partida, tiene en cuenta el conjunto de relaciones directas e indirectas inherentes a *A*, con lo que se evitan problemas asociados a la *transitividad*.

5.3. *Conectividad Sectorial.*

El estudio de la *conectividad sectorial* tiene como objetivo la medición de la intensidad con que los sectores de la economía están ligados entre sí, formando agrupaciones o complejos, mediante las relaciones de orden técnico-productivo explicitadas en la matriz de transacciones intermedias de la tabla input-output.

El interés de la medición de la conectividad radica en que, con un alto grado de conectividad, los cambios en algunos elementos del sistema afectan en gran medida al resto de elementos; mientras que un sistema con bajo grado de conectividad supone que los cambios en algún elemento del sistema no tienen gran propagación entre el resto de los elementos.

Existe cierta confusión en la literatura sobre el concepto de 'conectividad'. Szyrmer (1985) recoge una serie de factores incluidos en su concepto:

- Número de conexiones entre sectores que se dan a lo largo de las sucesivas etapas de la actividad productiva,
- número de sectores que intervienen en dichas conexiones,
- intensidad o importancia de dichas conexiones.

La problemática de la elaboración de los índices de conectividad se resume en dos puntos [Hamilton y Jensen (1983)]:

- Reducción a un solo valor de la medida de las características estructurales de la tabla input-output anteriormente enunciadas, lo que implica una elevada pérdida de información.
- Falta de una definición formal (no meramente intuitiva) del concepto a medir, como se ha comentado arriba, lo que a veces lleva a la paradoja de no saber lo que se está midiendo.

Aún así, la cuantificación de estos índices de conectividad está justificada por la utilidad que aportan en aplicaciones como: análisis de la naturaleza de la economía analizada (nivel de apertura, de especialización industrial, etc.), como contribución a la estimación de modelos, o como indicadores del nivel de desarrollo económico [Hamilton y Jensen (1983)].

Las medidas propuestas son numerosas, partiendo del trabajo pionero de Chenery y Watanabe (1958), que proponen las clásicas medidas de interdependencia en la producción, constituidas por los ratios entre compras intermedias y producción total, y entre ventas intermedias y ventas totales.

Szyrmer (1985 y 1986) comenta, en dos importantes síntesis, un total de 25 medidas de conectividad propuestas en la literatura.

Dietzenbacher (1992) propone una medida basada en el valor del autovalor dominante.

Asami y Smith (1995) comparan las medidas refernciadas por Szyrmer (1985 y 1986) y proponen sus propias medidas de conectividad.

En Martínez Aguado et al. (1998) se propone una medida de conectividad basada en la metodología de determinación del grado de representatividad de Cassetti (1995). Esta medida es utilizada en Vázquez y Tarancón (1999) como prueba de validación de la coherencia estructural alcanzada en un ajuste de tabla input-output con información limitada.

Todas estas medidas se recogen en el cuadro 10, detallándose las operativas en forma de fichas técnicas.

***Cuadro 10**. Medidas de Conectividad.*

Autor / recopilador de la técnica	***Técnica***	***Referencias***	*Fichas técnica*
Índices de Interconectividad de Hamilton y Jensen.	Indices de Chenery y Watanabe	Chenery y Watanabe (1958)	6.2.(1)
	Multiplicador Medio del Output	Hamilton y Jensen (1983)	5.3.(1)
	Porcentaje de coeficientes no-nulos	Peakot y Dosser (1957) Hamilton y Jensen (1983)	
	Media de coeficientes intermedios	Jensen y West (1980) Hamilton y Jensen (1983)	
	Determinante de (I-A)	Wong (1954) Lantner (1972) Hamilton y Jensen (1983)	
Indice de interconexión de Yan y Ames	Media del número de etapas necesarias para que se realice una conexión productiva i-j	Yan y Ames (1965) Hamilton y Jensen (1983) Blin y Murphy (1974)	5.3.(2)
Ind. de complejidad de Bosserman	Medida del número de rutas productivas de longitud 'p'.	Bosserman (1982)	5.3.(3)
Medidas de conectividad de Finn	Output Total del Sistema	Hannon (1973) Finn (1976, 1980)	5.3.(4)
	Cadena de flujo media	Finn (1976, 1980)	
	Indice de Ciclo	Finn (1976, 1980)	
	Indice de flujo intermedio directo	Finn (1980)	

(Cuadro 10. Continuación)

Autor / recopilador de la técnica	***Técnica***	***Referencias***	***Fichas técnica***
Indice de diversidad de Zucchetto	Aplica la fómula de Shannon (1948) a las transacciones intermedias normalizadas por la suma total de transacciones.	Zucchetto (1981)	5.3.(5)
Índices estructurales de Ulanowicz	Capacidad de desarrollo	Ulanowicz (1980,1981)	5.3.(6)
	Indice de ascendencia	Ulanowicz (1980,1981)	
	Indice de tributo	Ulanowicz (1981)	
	Indice de redundancia	Ulanowicz (1980,1981)	
Medidas de conectividad de Szyrmer	Indice específico de Simplicidad	Szyrmer (1986)	5.3.(7)
	Indice específico de Complejidad	Szyrmer (1986)	
	Indice específico de Conectividad	Szyrmer (1986)	
	Indice técnico de Simplicidad	Szyrmer (1986)	
	Indice técnico de Complejidad	Szyrmer (1986)	
	Indice técnico de Conectividad	Szyrmer (1986)	
	Ind. tipo-Shannon de Simplicidad	Szyrmer (1986)	
	Ind. tipo-Shannon de Complejidad	Szyrmer (1986)	
	Ind. tipo-Shannon de Conectividad	Szyrmer (1986)	
Medida de Conectividad de Dietzembacher	Cálculo del autovalor dominante.	Dietzembacher (1992)	5.3.(8)
Medidas Ratio-Aditivas de Asami y Smith	Proponen medidas basadas en la descomposición de la matriz de transacciones intermedias en una matriz diagonal de intraconsumos, y una matriz de diagonal nula de interconsumos	Asami y Smith (1995)	5.3.(9)
Medida de Conectividad basadas en el Grado de representatividad de Cassetti.	Se calcula un índice de Gini que relaciona el grado de representatividad alcanzado con el número de elementos de la matriz de coeficientes técnicos de producción considerada.	Martínez Aguado et al. (1998) Vázquez y Tarancón (1999)	5.3.(10)

5.3.(1). Índices de Conectividad Sectorial. Propuesta de Hamilton y Hensen (1983).

Referencias:

SZYRMER, J.M. (1985) *"Measuring connectedness of input-output models: 1. Survey of the measures."* Environment and Planning A, vol 17, (pp. 1591-1612).

HAMILTON, J.R. Y JENSEN, R.C. (1983) *"Summary measures of interconnectedness for input-output models."* Environment and Planning A, vol 15, (pp. 55-65).

LANTNER, R. (1972) *"Reserche sur l'interpretation de déterminant d'une matrice input-output."* Revue d'Economie Politique, nº2, (pp. 435-442).

Objetivo:

Obtención de índices de conectividad de la TIO en análisis.

Metodología:

Discusión de una serie de índices de conectividad sectorial.

Operativa:

- Porcentaje de transacciones intermedias: Chenery-Watanabe (ver 6.2.(1)).

$$I_{PTI} = \frac{u'Xu}{u'w}$$

- Media de los multiplicadores de Demanda.

$$I_{MMD} = \frac{u'(I-A)^{-1}u}{n}$$

- Porcentaje de coeficientes técnicos no-nulos.

$$I_{CNN} = \frac{n(a_{ij} > 0)}{n^2}$$

- Valor medio de los coeficientes técnicos (por sector productivo).

$$I_{MSC} = \frac{u'Au}{n}$$

- Determinante de la matriz de la matriz de Leontief.

$$I_{DL} = |I - A|$$

5.3.(2).

Índices de Conectividad Sectorial. Propuesta de Yan y Ames (1965).

Referencias:

SZYRMER, J.M. (1985) *"Measuring connectedness of input-output models: 1. Survey of the measures."* Environment and Planning A, vol. 17, (pp. 1591-1612).

YAN, C.S. Y AMES, E. (1965) *"Economic interrelatedness."* Review of Economic Studies, nº 32, (pp. 299-310).

Objetivo:

Obtención de un índice de conectividad de la TIO en análisis.

Metodología:

Índice basado en el promedio de etapas necesarias para que se realice una conexión productiva entre los sectores i y j.

Operativa:

- Construcción de la matriz O^{YA}, cuyos elementos recogen el número mínimo de etapas (autoproductos de la matriz A) para que se establezca una conexión correspondiente a su elemento de A asociado.
- Cálculo del índice:

$$I_{YA} = \frac{1}{n^2}\sum_{i=1}^{n}\sum_{j=1}^{n}\left(\frac{1}{o_{ij}}\right)$$

con $o_{ij} = min[k>0/a^k_{ij} \neq 0]$

5.3.(3). Índices de Conectividad Sectorial. Índice de Complejidad de Bosserman (1981).

Referencias:

SZYRMER, J.M. (1985) *"Measuring connectedness of input-output models: 1. Survey of the measures."* Environment and Planning A, vol. 17, (pp. 1591-1612).

BOSSERMAN, E. (1981) *"Complexity measures for evaluation of ecosystem networks."* International Society for Ecological Modeling Journal, nº 4, (pp. 37-59). Obra citada.

Objetivo:

Obtención de un índice de conectividad de la TIO en análisis.

Metodología:

Índice basado en el número de rutas productivas de longitud 'p'.

Operativa:

- Construcción de la matriz $M^{(p)}$, definida como:

$$M^{(1)} = K$$
$$M^{(2)} = M^{(1)} + K^2$$
$$\dots$$
$$M^{(p)} = M^{(p-1)} + K^p$$

con: K matriz de conectividad directa, con elemento $k_{ij} = 1$ si $a_{ij}>0$, y $k_{ij} = 0$ si $a_{ij}=0$.

El elemento $m(p)_{ij}$ valdrá 1 si su valor asociado en $M^{(p)} = M^{(p-1)} + K^p$ es mayor que 0.

- Cálculo del índice:

$$I_{BOSS} = \frac{\sum_{p=1}^{n} u' M^{(p)} u}{n^3}$$

5.3.(4) Índices de Conectividad Sectorial. Propuesta de Finn (1976, 1980).

Referencias:

SZYRMER, J.M. (1985) *"Measuring connectedness of input-output models: 1. Survey of the measures."* Environment and Planning A, vol 17, (pp. 1591-1612).

Objetivo:

Obtención de índices de conectividad de la TIO en análisis.

Metodología:

Discusión de una serie de índices de conectividad sectorial.

Operativa:

- Output total del sistema.

$$I_{OTS} = u'q$$

- Longitud de flujo media.

$$I_{LFM} = \frac{I_{OTS}}{u'w}$$

- Índice de ciclo.

$$I_C = \frac{1}{u'x}\sum_{j=1}^{n}\left(1-\frac{1}{b_{jj}}\right)x_j$$

con b_{jj} *elemento j-ésimo de la diagonal principal de* $B=(I-A)^{-1}$

- Índice de flujo intermedio directo.

$$I_{FID} = 1 - I_c$$

5.3.(5). Índices de Conectividad Sectorial. Índice de Diversidad de Zucchetto (1981).

Referencias:

SZYRMER, J.M. (1985) *"Measuring connectedness of input-output models: 1. Survey of the measures."* Environment and Planning A, vol. 17, (pp. 1591-1612).

Objetivo:

Obtención de un índice de conectividad de la TIO en análisis.

Metodología:

Aplica la fórmula de Shannon (1948) a las transacciones intermedias normalizadas por la suma total de transacciones.

Operativa:

- Cálculo del índice:

$$I_Z = -\sum_{i,j} \frac{x_{ij}}{\sum_{i,j} x_{ij}} \ln\left(\frac{x_{ij}}{\sum_{i,j} x_{ij}}\right)$$

5.3.(6) Índices de Conectividad Sectorial. Índices estructurales de Ulanowicz (1980, 1981).

Referencias:

SZYRMER, J.M. (1985) *"Measuring connectedness of input-output models: 1. Survey of the measures."* Environment and Planning A, vol 17, (pp. 1591-1612).

Objetivo:

Obtención de índices de conectividad de la TIO en análisis.

Metodología:

Discusión de una serie de índices de conectividad sectorial.

Operativa:

- Índice de capacidad de desarrollo.

$$I_{DC} = -(u'q)\sum_{i=1}^{n} \frac{v_i}{u'q} \ln\left(\frac{v_i}{u'q}\right)$$

- Índice de ascendencia.

$$I_{NA} = (u'q)\sum_{k=1}^{n}\sum_{j=1}^{n} h_{kj} g_k \ln\left[\frac{h_{kj}}{\sum_{k=1}^{n} h_{ij} g_i}\right]$$

con: $h_{ij}=z_{ij}/x_i$

$$g_i = \frac{v_i}{u'q}$$

- Índices de tributo y disipación.

$$I_T = -(u'q)\sum_i b_i^e g_i \ln g_i \qquad I_D = -(u'q)\sum_i b_i^d g_i \ln g_i$$

con b_i^e *cantidad de output transferido al exterior del sistema (exportado)*
b_i^d *cantidad de output disipado (retribución de los factores productivos)*

- Índice de redundancia.

$$I_R = -(u'q)\sum_{i=1}^{n}\sum_{j=1}^{n} h_{ij} g_i \ln\left[\frac{h_{ij} g}{\sum_{k=1}^{n} h_{kj} g_k}\right]$$

5.3.(7). Índices de Conectividad Sectorial. Índices de Szyrmer (1986).

Referencias:

SZYRMER, J.M. (1986) *"Measuring connectedness of input-output models: 2. Total flow concept."* Environment and Planning A, vol 18, (pp. 107-121).

Objetivo:

Obtención de índices de conectividad de la TIO en análisis.

Metodología:

Elaboración y discusión de una serie de índices de conectividad sectorial.

Operativa:

- *Medida específica de conectividad.*

$$I_{SMC} = \frac{1}{n^2}(u' < w >^{-1} Ku)$$

donde $K = (B - I)(\tilde{B})^{-1} < w >$

con <w> *matriz del output total (producción) diagonalizada*

$\tilde{B}$ *matriz de los elementos diagonales de B*

B *matriz inversa de Leontief*

- *Medida técnica de conectividad*

$$I_{TMC} = \frac{1}{n}\sum_{j=1}^{n}\left(\frac{b_j - 1}{a_j b_{jj}}\right)$$

- *Medida de conectividad de Szyrmer (basada en la medida de Shannon)*

$$I_{SC} = -\sum_{i=1}^{n}\sum_{j=1}^{b} m_{ij}\ln(m_{ij})$$

con $m_{ij} = \dfrac{k_{ij}}{u'w}$

5.3.(8). Medida de Conectividad Sectorial de Dietzembacher (1992).

Referencia:

DIETZEMBACHER, E. (1992) *"The Measurement of Interindustry Linkages. Key Sectors in Netherlands."* Economic Modelling, vol. 9 (pp. 419-437).

Objetivo:

Obtención de un índice de conectividad de la TIO en análisis.

Metodología:

Dietzembacher (1992) muestra como los valores del autovector asociado al autovalor dominante de la matriz de coeficientes técnicos o de la matriz inversa de Leontief son apropiados para medir las conexiones intersectoriales. Dicho autovalor puede considerarse una medida global de la intensidad de las conexiones.

Operativa:

La formulación de las medidas es:

$$d_{ij} = \frac{x_{ij}}{w_i} \qquad fl_i = \frac{\sum_j d_{ij}}{\sum_{ij} d_{ij}}$$

$$a_{ij} = \frac{x_{ij}}{w_j} \qquad bl_j = \frac{\sum_i a_{ij}}{\sum_{ij} a_{ij}}$$

$$D(fl) = \lambda(fl)$$

$$(bl)'A = \lambda(bl)'$$

con:

d_{ij}	D	*coeficientes de distribución (elemento y matriz)*
a_{ij}	A	*coeficientes técnicos (elemento y matriz)*
fl_i	fl	*capacidad de encadenamiento hacia adelante (elemento y vector)*
bl_j	bl	*capacidad de encadenamiento hacia atrás de la rama j (elemento y vector)*
λ		*autovalor dominante*

5.3.(9). Medidas de Conectividad Sectorial Ratio-Aditivas de Asami y Smith (1995).

Referencia:

ASAMI, Y; SMITH, T.E. (1995) *"Additive-Ratio Measures of Interactivity in Input-Output Systems"*. Journal of Regional Science, vol 35, nº1 (pp. 85-115).

Objetivo:

Obtención de un índice de conectividad de la TIO en análisis.

Metodología:

Asamy y Smith (1995) proponen una serie de medidas *ratio-aditivas* de tipo ordinal caracterizadas por cumplir 3 propiedades (*continuidad, minimalidad y monotonicidad*) y 6 axiomas (*similaridad, simetricidad, interdependencia, reductibilidad, dominancia entre sectores y sector neutro*) deseables en la medición de la conectividad sectorial.

Operativa:

La formulación de las medidas es:

$$I_n(W,B,y) = \frac{u'(\lambda W + B)u}{u'y}$$

con:

I_n	*Medida de un sistema de n ramas de actividad*
W	*Matriz diagonal de intra-consumos*
B	*Matriz con 0 en la diagonal de relaciones intersectoriales*
λ	*Valor de sensibilidad de W, con $0 \leq \lambda \leq 1$*
y	*Vector de demanda final*
u	*Vector unitario*
X	*Matriz de transacciones intermedias*

o, generalizando,

$$I_n(W,B,y) = \phi\left[\frac{u'(\lambda W + B)Xu}{u'y}\right]$$

5.3.(10). Medida de Conectividad Sectorial basada en el grado de representatividad. Vázquez y Tarancón (1998).

Referencias:

CASSETTI, M. (1995) *"A New Method for the Identification Patterns in Input-Output Matrices".* Economic Systems Research., vol 7, nº4.

MARTÍNEZ AGUADO et al. (1998) *D9: Fundamentación Científica.* Proyecto ECONOMETRIST. Seminario de Economía Cuantitativa. UCLM.

VÁZQUEZ, A.; TARANCÓN, M.A. (1999) *"ANAIS: Una metodología para la estimación y Ajuste de Tablas Input-Output".* Documento de Trabajo. Seminario de Economía Cuantitativa. UCLM.

Objetivo:

Obtención de un índice de conectividad de la TIO en análisis.

Metodología:

Se propone el cálculo de un índice de concentración de *Gini* en el que se relacionan la concentración de coeficientes técnicos (número de relaciones) para los distintos grados de representatividad. Un valor próximo a 1 indica mínima concentración de las relaciones productivas, lo que indica una alta conectividad.

Operativa:

La formulación del índice es:

$$I^{c} = \frac{\sum \left[\alpha(A^{(k-1)}) - \left(\frac{k}{k(+)} \right) \right]}{\sum \alpha\left(A^{(k-1)}\right)}$$

con:

$\alpha(A^{(k-1)})$	*Grado de representatividad de Cassetti (porcentaje de las relaciones inherentes en la matriz inversa de Leontief*
k	*número mínimo de coeficientes no-nulos necesarios para alcanzar ese grado de representatividad*
$k(+)$	*número total de coeficientes técnicos no-nulos*

5.4. *Resumen.*

- La tabla input-output muestra el tejido de relaciones productivas propia de una economía, desagregando por ramas de actividad. Algunas de estas actividades se consideran las más importantes en el sentido de asumir el mayor peso en el conjunto de relaciones puestas en juego. Partiendo de esta idea, se han desarrollado técnicas que permiten clasificar las ramas de actividad de una tabla input-output.
- La base de la *triangularización* de matrices input-output consiste en el planteamiento de que existe un único sector principal. De este sector dependerán a su vez otros sectores de segundo nivel, que a su vez dominarán a unos sectores de tercer nivel y así sucesivamente, estableciendo una jerarquía de tipo triangular.
- El segundo conjunto de técnicas de clasificación de sectores se basa en el *cálculo de multiplicadores*, en las que se establece una jerarquía de ramas de actividad en función de su capacidad para influir en las demás.
- Las técnicas de *identificación de rutas productivas* tienen como objetivo la captación de las principales cadenas de transmisión de los efectos en la producción provocados por impactos o variaciones de la demanda final, dada una tabla input-output.
- El *establecimiento de ligazones* intenta cuantificar la relación entre dos ramas productivas desde el punto de vista de la relación de compras y ventas que establecen entre sí.
- Las *técnicas de análisis input-output cualitativo (QIOA)* se basan en la transformación de la matriz de coeficientes técnicos (o de transacciones intermedias) en una matriz de elementos nulos y/o unitarios, mediante la aplicación de un "filtro" que discrimina los coeficientes asociados a transacciones importantes de los coeficientes asociados a transacciones de escasa importancia. Esta matriz representa las principales rutas productivas asociadas a los "*efectos directos*" de la tecnología sobre el sistema.
- El estudio de la *conectividad sectorial* tiene como objetivo la medición de la intensidad con que los sectores o ramas de la economía están ligados entre sí, formando agrupaciones o complejos, mediante las relaciones de orden técnico-productivo explicitadas en la matriz de transacciones intermedias de la tabla input-output.

D. *Clasificación de sectores productivos en la TIO 1998.*

En la siguiente práctica se procede a la clasificación de los sectores productivos de la tabla agregada de 1998 mediante la valoración de los *multiplicadores de demanda.*

Paso 1.

Abrimos el libro ice2_1998.xls. Las dos primeras hojas se corresponden a la tabla input-output de 1998 y al cálculo de coeficientes técnicos e inversa de Leontief. La tercera hoja, rasmussen, es la que ofrece la clasificación de las ramas de actividad.

La hoja se compone de dos partes: la matriz inversa de Leontief, con el cálculo de multiplicadores y de los índices de Rasmussen (1956); y la tabla con la clasificación de las ramas de actividad según los índices anteriores.

Paso 2.

Centrándonos en la parte superior de la hoja rasmussen, la matriz inversa de Leontief ocupa el rango C5:AA29.

En el rango C31:AA31 se calculan los *multiplicadores de demanda* de las ramas de actividad como suma de los elementos de las columnas de la matriz inversa de Leontief:

$$MD_j = \sum_{i=1}^{n} \alpha_{ij}$$

En el rango C32:AA32 se calculan los *índices de poder de dispersión* de las ramas de actividad como el valor medio de los elementos de la columna, dividido por el valor medio del total de elementos de la matriz de Leontief:

$$PDD_j = \frac{\dfrac{\sum_{i=1}^{n} \alpha_{ij}}{n}}{\dfrac{\sum_{i=1}^{n}\sum_{j=1}^{n} \alpha_{ij}}{n^2}}$$

En el rango AC5:AC29 se calculan los *multiplicadores de una expansión uniforme de la demanda final* de las ramas de actividad como suma de los elementos de las filas de la matriz inversa de Leontief:

$$MUD_i = \sum_{j=1}^{n} \alpha_{ij}$$

En el rango AD5:AD29 se calculan los *índices de sensibilidad de dispersión* de las ramas de actividad como el valor medio de los elementos de la fila, dividido por el valor medio del total de elementos de la matriz de Leontief:

$$SDD_i = \frac{\dfrac{\sum_{j=1}^{n} \alpha_{ij}}{n}}{\dfrac{\sum_{i=1}^{n}\sum_{j=1}^{n} \alpha_{ij}}{n^2}}$$

Paso 3.

En la fila 35 de la hoja de cálculo se expone la tabla con la ordenación de las ramas de actividad según los índices anteriores.

En las dos primeras columnas se muestra la ordenación de ramas de actividad atendiendo a su capacidad para difundir a lo largo del tejido productivo el incremento de una unidad en la demanda final de la rama en cuestión.

Las ramas de actividad con un *índice de poder de dispersión* mayor que uno provocan un efecto difusión mayor que la media.

La rama con un índice mayor, es decir, con capacidad para provocar un mayor efecto difusión, es la rama 3 Metales y minerales férreos y no-férreos. En cambio, la rama 22 Comunicaciones es la que tiene menor capacidad para provocar efecto difusión.

En las dos siguientes columnas se muestra la ordenación de ramas de actividad atendiendo a su capacidad para absorber, en términos de producción, el incremento de una unidad en la demanda final de cada una de las n ramas de actividad del sistema.

Las ramas de actividad con un *índice de sensibilidad de dispersión* mayor que uno provocan un efecto absorción mayor que la media.

La rama con un índice mayor, es decir, con capacidad para provocar un mayor efecto absorción, es la rama 24 Otros servicios de mercado. En cambio, la rama 25 Otros servicios no de mercado es la que tiene menor capacidad para provocar efecto absorción.

En las dos últimas columnas se procede a ordenar las ramas de actividad atendiendo al valor medio de los índices anteriores.

Según esta clasificación, la rama con mayor capacidad de estímulo del sistema es la 2 Fuel y Productos Energéticos. La rama con menor capacidad de estímulo del sistema productivo es la 25 Otros servicios no de mercado.

E. Identificación de Rutas Productivas en la TIO 1998.

En la siguiente práctica se procede a la identificación de las principales rutas productivas presentes en la tabla agregada de 1998 mediante la técnica de Aroche-Reyes (1996) basada en el análisis cualitativo y en el algoritmo de identificación de coeficientes importantes de Schintke y Stäglin (1988).

Paso 1.

Abrimos el libro ice2_1998.xls. La práctica utiliza las hojas schintke y análisis cualitativo.

La primera de ellas identifica los coeficientes técnicos más importantes, tal y como se mostró en la práctica del capítulo anterior.

La segunda hoja calcula la matriz inversa de cualitativa y, a partir de ella, identifica las principales conexiones entre ramas de actividad.

Paso 2.

Puesto que la identificación de coeficientes importantes fue comentada en la práctica del capítulo anterior, nos centraremos en la segunda hoja, análisis cualitativo.

En primer lugar debe calcularse la matriz cualitativa *W* de valores 1, para las ransacciones importantes, y valores 0 para las transacciones menos importantes.

Aroche-Reyes (1996) propone la utilización del enfoque de los límites tolerables de Schintke y Stäglin (1988), de manera que, para una variación admisible en la producción sectorial del 1% y un límite tolerable en la variación de los coeficientes del 10%, los elementos de la matriz *W* asociados a "coeficientes importantes" (es decir, de sensibilidad menor que el 10%) toman valor 1, siendo 0 el resto de elementos. Las ventajas de la utilización de este filtro se centran en que es graduable y en que, de partida, tiene en cuenta el conjunto de relaciones directas e indirectas inherentes a la matriz de coeficientes técnicos *A*, con lo que se evitan problemas asociados a la transitividad.

Esta matriz se muestra en el rango B4:Z28. En la celda AA28 se cuenta la cantidad de elementos 1, que se corresponden con transacciones importantes.

Paso 3.

Los elementos unitarios de la matriz *W* indican que el coeficiente asociado a ese elemento es importante. Queda por determinar la forma en que la transacción entre las ramas i y j inherente al coeficiente imporante a_{ij} transmite su "poder de variación de la producción del sistema" a lo largo del tejido de relaciones intersectoriales. Para ello, puede procederse a calcular las transacciones que originan los coeficientes importantes en las sucesivas etapas del proceso productivo. A cada etapa del proceso productivo viene asociada una matriz binaria W^k, cuyos elementos unitarios indican las transacciones que en esa etapa productiva o iteración han provocado los coeficientes importantes considerados. Para ello, es preciso advertir que las relaciones derivadas de los coeficientes técnicos de producción vienen dadas, en una segunda etapa productiva, por:

$$A^2 = A \times A$$

del mismo modo, pueden cuantificarse las transacciones que tienen lugar en una tercera, cuarta..., k-ésima etapa:

$$A^3 = A \times A^2$$

$$A^4 = A \times A^3$$

...

$$A^k = A \times A^{k-1}$$

cuyo efecto total y conjunto sobre la producción viene recogido en la matriz inversa de Leontief:

$$(I-A)^{-1}=A^1 + A^2 + ... + A^k + ...$$

Análogamente, pueden calcularse las matrices binarias que muestran la forma de las relaciones productivas originadas por los coeficientes que han superado el filtro:

$$W^k = W \times W^{k-1}$$

con $W^1=W$, y de manera que, en cada etapa, si el elemento (i-j) de $W \times W^{k-1}$ es mayor que 0; $w^k_{ij} = 1$.

Así, el total de transacciones originadas por los coeficientes técnicos vendría recogida por la matriz inversa:

$$(I-W)^{-1} = W^1 + W^2 + ... + W^k + ...$$

con la transformación en valor 1 de todo elemento de la matriz inversa distinto de 0.

A nivel práctico, se omiten los inconvenientes derivados del cálculo de la matriz inversa mediante la suma de sólo las k primeras matrices, con k hasta que el número de relaciones originadas (número de elementos unitarios de W^k) permanece constante.

En el rango AC4:BA28 se calcula la matriz:

$$W^2 = W\,W$$

En el rango B33:Z57 se convierte en binaria la matriz anterior, transformando en valor 1 a todos los elementos no-nulos.

Esta matriz binaria vuelve a ser multiplicada por W en el rango AC33:BA57:

$$W^3 = W\,W^2$$

La última matriz binaria calculada es W^5. El criterio de parada ha sido la estabilidad en el número de elementos unitarios.

En el rango AC120:BA144 se calcula la matriz suma:

$$W^1 + W^2 + \ldots + W^5$$

Tras transformar en valores unitarios los elementos no-nulos de esta matriz se obtiene la matriz inversa cualitativa, presente en el rango B149:Z173:

$$(I-W)^{-1} = W^1 + W^2 + \ldots + W^k + \ldots$$

Paso 4.

En el rango B149:AE173 se desarrolla el modelo de demanda cualitativo, instrumento para determinar las principales conexiones de ramas de actividad:

$$w(bin) = (I-W)^{-1}\ y(bin)$$

donde *y(bin)* es un vector columna binario que indica la existencia o no de variaciones en la demanda final de las ramas del sistema (ramas impactantes); y *w(bin)* es un vector columna que muestra las ramas de actividad que varían de forma significativa su producción (efectiva), ante las variaciones de demanda anteriores (ramas impactadas).

El vector *y(bin)* ocupa el rango AB149:AB173; mientras que el vector *w(bin)* ocupa el rango AE149:AE173.

Para detectar las rutas productiva importantes originadas por cada rama de actividad, se activa el elemento correspondiente de *y(bin)* mediante el valor 1. El modelo responderá activando con valor 1 los elementos principalmente afectados del vector *w(bin)*.

Como ejemplo, si se activa el la rama impactante 1 Productos de la Agricultura, silvicultura y pesca (celda AB149); se activan como impactadas las ramas 1, 2, 11, 17 y 24.

6 Identificación del Cambio Estructural.

6.1. *Técnicas de identificación del cambio estructural.*

Las técnicas englobadas bajo el enfoque de la *identificación de características estructurales* buscan extraer los patrones estructurales de la tabla estadística referente a una economía en un momento determinado. Es, en este sentido, un tipo de análisis estático.

En cambio, bajo el enfoque de la *identificación del cambio estructural* se realiza un análisis de estática comparativa entre dos o más tablas estadísticas referentes a varias realidades económicas, o bien a varios períodos de tiempo.

La identificación del cambio estructural tiene como objetivo, por tanto, la verificación de la existencia de un cambio significativo en la estructura inherente a la tabla en estudio, así como la caracterización de ese cambio.

Si bien el análisis del cambio estructural es uno de los tipos de análisis más extendidos en el marco input-output, con una inabarcable literatura y casuística, cabe distinguir dos líneas de trabajo, según se comparen dos tablas estadísticas, o bien se extraigan conclusiones de toda una serie de tablas input-output, respectivamente :

- *Análisis de Descomposición Estructural,* que consiste en una serie de técnicas que intentan, una vez registrada una variación en la producción de una rama de actividad, discriminar entre variación motivada por cambios en los agregados económicos (variables) y cambios motivados en los coeficientes (estructura).
- *Verificación del Cambio Estructural,* que consiste en la aplicación de una serie de indicadores y test para la valoración del nivel de cambio experimentado por los coeficientes técnicos de la tabla input-output.

Los dos enfoques pueden considerarse complementarios. Mientras el primero aísla los efectos del cambio estructural sobre los agregados de la tabla input-output (producción efectiva, valor añadido, etc.), el segundo grupo de técnicas identifica el cambio estructural mediante la valoración de los cambios experimentados por los coeficientes técnicos de la tabla input-output.

La identificación de los patrones de cambio estructural puede aportar en procesos de ajuste y proyección de tabla input-output informaciones importantes como son:

- Identificación de los coeficientes sometidos a un cambio sistemático.
- Identificación de las ramas de actividad sometidas a intensos cambios tecnológicos.

Estas informaciones permitirán distinguir cambios en coeficientes y sectores motivados por razones tecnológicas, que pueden responder a patrones de comportamiento técnicamente establecidos o modelizables (curvas en "S", adopción progresiva de tecnologías líder, etc.).

En los siguientes epígrafes se abordan de forma sintética ambos grupos de técnicas de identificación del cambio estructural, detallándose sus desarrollos en forma de fichas técnicas.

6.2. *Análisis de descomposición estructural.*

Este tipo de técnicas tiene como objetivo la identificación de un cambio en la estructura productiva a través de la descomposición de las variaciones experimentadas por el vector de producción del sistema real representado mediante dos tabla input-output distintas. El cambio estructural aparece como una de las fuentes que originan estos cambios en la producción.

El *análisis de descomposición estructural* parte de la comparación de dos o más tabla input-output (pertenecientes a los períodos o ámbitos t y t+τ) para descomponer el cambio experimentado por la producción del sistema en variaciones originadas por factores exógenos o estructurales. En general, el análisis puede formularse en términos de la siguiente expresión:

$$\Delta w=\Delta[(I-A)^{-1}y]=\Delta(I-A)^{-1}\Delta y$$

de donde se deduce que los cambios en la producción pueden venir motivados por cambios en la tecnología $(\Delta(I-A)^{-1})$ o por cambios en la demanda final[23] (Δy) [Stäglin y Wessels (1972); p. 374].

Por otro lado, si se descompone la producción *(w)* en producción física *(q)* y precios *(p)*, éste pasa a ser un factor más que puede originar el cambio en los valores (nominales) de producción:

$$\Delta w=\Delta q\Delta p=\Delta(I-A)^{-1}\Delta y$$

Rose y Casler (1996) conciben el análisis de descomposición estructural como un ejercicio de estática comparativa en el que, a través de la especificación de una serie de ecuaciones, se identifican las fuentes de cambio de la producción sectorial (o de otra variable sectorial de interés, como valor añadido, requerimientos de factor trabajo, uso de energía, comercio internacional o uso de materiales). Estas fuentes son principalmente el cambio tecnológico, cambios en el nivel de demanda final, y cambios en los coeficientes de reparto de ésta; si bien puede incrementarse el grado de detalle.

Siguiendo a estos autores, las ecuaciones especificadas en el análisis deben cumplir dos propiedades deseables:

- Deben ser *mutuamente exclusivas.* Implica que no existen fuentes de cambio superpuestas o que expliquen la misma variación de cambio en la producción.

---

[23] Además, en el caso de la demanda final, puede distinguirse entre cambio en los coeficientes de reparto (matriz *H*), y cambios en los agregados económicos (vector *g*). Estos elementos se presentan en el capítulo 7 *Modelos input-output de coeficientes fijos.*

- Deben ser *completamente exhaustivas.* El conjunto de las ecuaciones (y por tanto de las fuentes especificadas) recogen toda la variación de la producción experimentada en el período analizado.

La segunda de las propiedades se cumple en todas las técnicas, debido a la deducción de las ecuaciones a partir de identidades.

La propiedad de *exclusividad*, en cambio, no está garantizada en la mayoría de las técnicas de descomposición estructural, debido a los desarrollos matemáticos, lo que acarrea dificultades en aspectos como la combinación de sumas y restas; a lo que hay que añadir problemas derivados de los precios y de la existencia de efectos conjuntos entre varias fuentes de cambio.

La literatura sobre el tema es especialmente amplia, tanto en aspectos formales y metodológicos, como en aplicaciones empíricas, lo que hace difícil una selección de las referencias básicas.

En la tabla 11 se exponen, partiendo del trabajo pionero de Chenery y Watanabe (1958) y de los primeros esfuerzos de formalización del análisis [Skolka (1989)], distintas metodologías propuestas en el análisis de descomposición estructural, que son desarrolladas a continuación en forma de fichas técnicas.

***Cuadro 11**. Análisis de Descomposición Estructural*

Referencia	***Metodología***	***Descomposición***	***Ficha Técnica***
Chenery y Watanabe (1958)	Comparan las TIO de t y t+τ, asignando al numerador y denominador los coeficientes técnicos del año final e inicial, respectivamente, y aplicando dichos coeficientes a las producciones sectoriales de uno u otro año	• Efecto tecnología • Efecto Demanda Final	6.2.(1)
Forsell (1988) y (1989)	• Modelo de Demanda Doméstica o Interior • Modelo de producción destinada a exportaciones • Modelo de producción importada	• Efecto del crecimiento general de la Economía • Efecto debido a cambios en la estructura de Demanda Final • Efecto motivado por el cambio de los Coeficientes Técnicos • cambios en la tecnología de un sector • cambios en los inputs primarios	6.2.(2)
Skolka (1988)	Modelo cerrado de demanda	• cambio motivado por variaciones en la demanda final • cambio originado por variaciones en los coeficientes técnicos	6.2.(3)

(Cuadro 11. Continuación)

Referencia	***Metodología***	***Descomposición***	***Ficha Técnica***
Urata (1988)	Modelo de Demanda	• Expansión de la demanda del consumo final • Expansión en la demanda de bienes de Inversión • Expansión en la demanda de exportaciones • Efecto sustitución de importaciones • Cambio de los coeficientes técnicos (tecnología).	6.2.(4)
Fujimagari (1989)	Modelo de Demanda con especificación de matriz de Coeficientes-Puente de la Demanda Final	• Cambios en la tecnología (coeficientes técnicos) • Proporción originada por la Demanda Final • variaciones en la estructura de la demanda (matriz de coeficientes-puente) • magnitud de la demanda final global (vector de demanda)	6.2.(5)
Kanemitsu y Ohnishi (1989)	• Modelo de Recursos Internos • Modelo de Importaciones • Modelo de Precios	Efectos del cambio tecnológico: • efecto-coste (modelo de precios) • efecto -recurso interno (modelo de recursos internos) • efecto importación (modelo de importaciones).	6.2.(6)
De Mesnard (1990)	Proyección de tipo biproporcional de la estructura tecnológica.	Efectos atribuibles a la tecnología: • efecto del cambio en la industria • efecto del cambio en los productos	6.2.(7)
Marengo (1992)	Modelo de demanda en que intervienen vectores de output total y de demanda final calculados como los vectores propios asociados a los valores propios máximos de A y $A(I-A)^{-1}$	• efectos provocados por cambios en las características tecnológicas y productivas (coeficientes técnicos) • efectos originados por cambios en la demanda final y en los precios	6.2.(8)

(Cuadro 11. Continuación)

Referencia	***Metodología***	***Descomposición***	***Ficha Técnica***
Derwhust (1993)	Intensidad del cambio estructural en términos de cambio en la matriz de transacciones intermedias	• cambios debidos a un crecimiento general • cambios debidos a diferencias en los ratios de crecimiento industrial • cambios motivados por una variación en la importancia relativa entre inputs y valor añadido (efecto fabricación) • cambios originados por variaciones en la importancia relativa en los inputs intermedios individuales (efecto sustitución) • cambios debidos a variaciones en el patrón de comercio	6.2.(9)
Schumann (1994)	Modelo de demanda semi-cerrado en el cuál distigue entre: • demanda final exógena • demanda final motivada por el multiplicador de demanda keynesiano	• cambio técnico (coeficientes técnicos) • variaciones motivadas por la fuente generadora de ingreso keynesiano e ingreso/venta.	6.2.(10)
Duchin y Lange (1995)	Modelo de demanda dinámico: • de cantidades • de precios • de ingreso	• cambios en precios e ingreso motivado por cambios tecnológicos • cambios en precios e ingreso motivado por cambios en los precios de los factores productivos.	6.2.(11)
Sonis et Al. (1996)	Campos de Influencia	• cambios motivados por variaciones en la tecnología • cambios motivados por la demanda final • efecto mixto o sinérgico	6.2.(12)
Wang (1996)	• modelo de demanda (identidad) para el año t • modelo (identidad) para el año $t+\tau$ • modelo estimado con los inputs del año $t+\tau$ utilizando la tecnología de t	• cambio en la producción motivado por la tecnología • cambio inducido por la demanda final	6.2.(13)

6.2.(1) Coeficientes de Chenery y Watanabe (1958).

Referencia:

CHENERY, H.B. y WATANABE, T. (1958) *"International Comparisons of the Structure of Production."* Econometrica, nº26 (4) (pp. 487-521).

Objetivo:

Descomposición de las variaciones en la producción en efecto tecnología y efecto demanda final.

Metodología:

Comparan las TIO de t=0 y t=1, asignando al numerador y denominador los coeficientes técnicos del año final e inicial, respectivamente, y aplicando dichos coeficientes a las producciones sectoriales de uno u otro año.

Operativa:

Los índices miden la potencia de los vínculos hacia adelante y hacia atrás existentes entre las distintas ramas de actividad. Son los siguientes:

$$\mu_j = \sum_{i=1}^{n} \frac{x_{ij}}{q_j} \qquad \omega_i = \sum_{j=1}^{n} \frac{x_{ij}}{v_i}$$

μ_j *mide el peso de las compras intermedias en la producción de j.*

ϖ_i *mide el peso de las ventas intermedias en el total de ventas de i.*

con:

q_j *suma por columnas de las compras intermedias*

v_i *suma por filas de las ventas intermedias*

6.2.(2) Análisis de Descomposición Estructural. Forsell (1988).

Referencias:

FORSELL, O. (1988) *"Growth and Changes in the Structure of the Finish Economy in the 1960s and 1970s."* Incluido en Ciaschini Ed. Input-Output Analysis. Chapman & Hall. New York.

FORSELL, O. (1989) *"The Input-Output Framework for Analysing Transmission of Technical Progress between Industries."* Economic Systems Research, vol. 1, nº4 (pp. 429-445).

Objetivo:

Descomposición de las variaciones en la producción.

Metodología:

Compara las TIO de t=0 y t=1, identificando los cambios en la producción provocados por el crecimiento económico general, cambios en la estructura de la demanda sectorial, y cambios en los coeficientes (tecnología).

Operativa:

$$w_1 = w_0 + B_0(g_y - 1)y_0 + B_0(y_1 - g_y y_0) + (B_1 - B_0)y_1$$

El primer sumando del lado derecho de la ecuación es la producción inicial, el segundo sumando representa el incremento de la producción atribuible al crecimiento económico general, el tercer sumando representa el incremento de la producción asociado a los cambios en la demanda sectorial, y el tercer sumando cuantifica el incremento de la producción ligado al cambio tecnológico.

El autor distingue, a su vez, entre demanda final interna, exportaciones e importaciones, para cada tipo de incremento de la producción.

Notación:

w	*producción efectiva*
$B=(I-A)^{-1}$	*matriz de Leontief*
g_y	*crecimiento medio de la demanda final por ramas de actividad*
y	*vector de demanda final por ramas de actividad*

6.2.(3) **Análisis de Descomposición Estructural. Skolka (1988).**

F

Referencia:

SKOLKA, J. (1988) *"Input-Output Structural Descomposition Analysis for Austria"*. Journal of Policy Modeling, nº 11 vol 1 (pp. 45-66).

Objetivo:

Descomposición de las variaciones en la producción efectiva, valor añadido y nivel de empleo.

Metodología:

Se comparan las TIO de t=0 y t=1, y se identifican los factores de cambio en las variables:

$\Delta w_j = w_j^1 - w_j^0$ cambio en la producción efectiva del sector j

$\Delta z_j = z_j^1 - z_j^0$ cambio en el valor añadido del sector j

$\Delta e_j = e_j^1 - e_j^0$ cambio en el nivel de empleo en el sector j

Operativa:

- Cambios en la Producción efectiva: en base al modelo de demanda, se descompone la variación de la producción en efecto de cambios en la demanda final y efecto tecnológico (cambios en los coeficientes técnicos).
- Cambios en el Valor Añadido: no pueden ser explicados tan sólo por el efecto demanda final y el efecto tecnológico. Hay que incluir como factores de cambio en su estructura las variaciones en la composición de la demanda final (estructura de la matriz Y), cambios en la contribución del valor añadido a la producción (cocientes z_j / w_j), y dependencia de las importaciones (tanto importaciones de bienes de demanda final como de bienes intermedios).
- Cambios en el Nivel de Empleo: a los factores anteriores hay que añadir la productividad del factor trabajo (cocientes z_j / e_j).

6.2.(4)	**Análisis de Descomposición Estructural. Urata (1988).**	F

Referencia:

URATA, S. (1988) *"Economic Growth and Structural Change in the Soviet Economy 1959-1972".* Incluido en Ciaschini, M. (ed.) Input – Output Analysis. Chapman & Hall. New York.

Objetivo:

Descomposición de las variaciones en la producción efectiva.

Metodología:

Planteamiento del modelo de demanda:

$$w = (I - \hat{D}A)^{-1}\left[\hat{D}(y^c + y^i) + y^e\right]$$

con:

w	*producción efectiva (nx1)*
y^c	*vector de demanda final del consumo (nx1)*
y^i	*vector de demanda final de la inversión (nx1)*
y^e	*vector de demanda final de la exportación (nx1)*
$\hat{D}$	*matriz (nxn) diagonal de elementos* $d_i = (w_i - y^e_i) / (y^c_i + y^i_i + v_i)$

Operativa:

Llamando $R_0 = (I - \hat{D}_0 A_0)^{-1}$ se tiene:

$$\Delta w = R_0\hat{D}_0(\Delta y^c) + R_0\hat{D}_0(\Delta y^i) + R_0(\Delta y^c) + R_0(\Delta\hat{D})(y_1^c + y_1^i + v_1) + R_0\hat{D}_0(\Delta A)w_1$$

El primer sumando del lado derecho de la ecuación es el efecto expansión del consumo final, el segundo sumando es el efecto expansión de la inversión, el tercer sumando es el efecto expansión de la exportación, el cuarto sumando es el efecto sustitución de las importaciones, el último sumando es el efecto del cambio tecnológico.

6.2.(5)

Análisis de Descomposición Estructural. Fujimagari (1989).

Referencia:

FUJIMAGARI, D. (1989) *"The sources of Changes in Canadian Industry Output"*. Economic System Research, vol 1, nº2 (pp. 187-201).

Objetivo:

Descomposición de las variaciones en la producción efectiva.

Metodología:

Se comparan las TIO de t=1 y t=0, y se identifican los factores de cambio en las variables anteriores en base al modelo de demanda:

$$w_t = (I - A_t)^{-1} H_t g_t = B_t H_t g_t$$

con:

w	*vector de producción efectiva*
I	*matriz identidad*
A	*matriz de coeficientes técnicos*
H	*matriz de reparto de la demanda final por ramas de actividad*
g	*vector de agregados de demanda final*

Operativa:

Se procede a calcular las siguientes expresiones:

$$\Delta w = [B_1 - B_0]H_0 g_0 + B_1[H_1 - H_0]g_0 + B_1 H_1[g_1 - g_0]$$

$$\Delta w = [B_1 - B_0]H_1 g_1 + B_0[H_1 - H_0]g_1 + B_0 H_{01}[g_1 - g_0]$$

La media aritmética de los primeros sumandos del lado derecho de las dos expresiones se toma como medida del efecto del cambio técnico (coeficientes) sobre la producción.

La media aritmética de los segundos sumandos se considera como una medida del efecto del cambio en el patrón de distribución de la demanda final sobre la producción.

La media aritmética de los terceros sumandos se adopta como una medida del efecto de la variación en la demanda final sobre la producción.

6.2.(6) Análisis del Cambio Tecnológico. Kanemitsu et al. (1989).

Referencia:

KANEMITSU, H.; OHNISHI, H. (1989) *"An Input-Output Analysis of Technological Changes in the Japanese Economy: 1970-1980".* Miller, Polenske, Rose (Eds.) Frontiers of Input - Output Analysis. Oxford University Press.

Objetivo:

Identificación de los efectos del cambio tecnológico.

Metodología:

Se parte de la identidad básica de la TIO para identificar los efectos del cambio tecnológico sobre la producción, los precios y las importaciones:

$$w + y^{im} = v + y^{i} + y^{ex}$$

con:

w	*producción efectiva (nx1)*
y^{im}	*importaciones (nx1)*
v	*ventas intermedias (nx1)*
y^{i}	*demanda final interna (nx1)*
y^{ex}	*exportaciones (nx1)*

Operativa:

En base a la identidad anterior, se plantean las ecuaciones siguientes, que se cuantifican para la estructura 0 y 1, y cuya diferencia sirve de estimación de los efectos:

$$w = \left[I - \left(I - \hat{M}\right)A\right]^{-1}\left[\left(I - \hat{M}\right)y^{i} + y^{ex}\right]$$

$$p = \left(p_m \hat{M} A + p_z\right)\left[I - \left(I - \hat{M}\right)A\right]^{-1}$$

$$y^{im} = \hat{M}A\left[I - \left(I - \hat{M}A\right)\right]^{-1}\left[\left(I - \hat{M}\right)y^{i} + y^{ex}\right] + \hat{M}y^{i}$$

con:

$\hat{M}$	*matriz diagonal (nxn) de coeficientes de importación con* $y^{im} = \hat{M}\left(v + y^{i}\right)$
A	*matriz (nxn) inversa de Leontief*
p	*vector de precios sectoriales (1xn)*
p_m	*vector de precios de las importaciones (1xn)*
p_z	*coste del valor añadido*

6.2.(7) Análisis del Cambio en las relaciones interinduatriales. De Mesnard (1990).

Referencia:

DE MESNARD, L. (1990) *"Biproportional Method for Analysing Interindustry Dynamics: the Case of France."* Economic Systems Research, vol. 2, nº3 (pp. 271-293).

Objetivo:

Identificación de los efectos del cambio en las relaciones intersectoriales (cambio tecnológico).

Metodología:

Proyección de la estructura de la TIO en t=0 a t=1, conocidos los márgenes de t=1. Los efectos de la matriz proyectada sobre los agregados económicos sectoriales se comparan con los efectos de la TIO en t=1.

Operativa:

Proyección de la estructura de t=0 a t=1 sujeto a los márgenes de t=1 mediante ajuste global de tipo biproporcional:

$$X^{*}=FX^{0}C$$

Sujeto a:

$$\sum_{j} x_{ij}^{*} = v_{i}^{1}$$

$$\sum_{i} x_{ij}^{*} = q_{j}^{1}$$

F y C son matrices diagonales de corrección de filas y columnas, respectivamente. Sus elementos son:

$$f_i = v_i^1 \left(\sum_j c_j x_{ij}^0 \right)^{-1}$$

$$c_j = q_j^1 \left(\sum_i c_i x_{ij}^0 \right)^{-1}$$

6.2.(8) Efectos del cambio tecnológico sobre la estructura productiva. Marengo (1992).

Referencia:

MARENGO, L. (1992) *"The demand for Intermediate Goods in an Input-Output Framework: a methodological note".* Economic Systems Research, vol 4, nº1 (pp 49-52).

Objetivo:

Medir la intensidad de la demanda de bienes intermedios motivada por cambios en los coeficientes técnicos, independientemente de los efectos motivados por cambios en la demanda final y en los precios relativos.

Metodología:

Se plantea el modelo de demanda:

$$pw = pAw + py$$

y se definen las medidas:

$$r = \frac{pAw}{pw} \qquad\qquad s = \frac{pAw}{py} = \frac{pA(I-A)^{-1}y}{py}$$

con:

w *vector de producción efectiva*

p *vector de precios*

A *matriz de coeficientes técnicos*

y *vector de demanda final por ramas de actividad*

Operativa:

r y s calculados como anteriormente tienen el inconveniente de incluir el efecto de los precios relativos y de la demanda final. Por ello, se definen w^* e y^*, que cumplen:

$$rw^* = Aw^*$$

$$sy^* = A(I-A)^{-1}y^*$$

w^* e y^* existen y son los vectores propios asociados con los valores propios máximos de A y de $A(I-A)^{-1}$, que son las medidas r y s independientes de los precios relativos y de la demanda final.

6.2.(9)	**Análisis de Descomposición Estructural. Dewhurst (1993).**	F

Referencia:

DEWHURST, J.H.L. (1993) *"Descomposition of Changes in Input-Output Tables".* Economic Systems Research, vol 5 nº 1 (pp. 41-53).

Objetivo:

Descomposición de las variaciones en los elementos de la matriz de transacciones intermedias.

Metodología:

Descomposición de la variación en el elemento i,j de la matriz de transacciones intermedias:

$$\Delta x_{ij} = x_{ij}^{1} - x_{ij}^{0}$$

Operativa:

- Cambio debido a un crecimiento económico general:

$$c1_{ij} = \frac{x_{ij}^{0}\left(w^{1} - w^{0}\right)}{w^{0}} = x_{ij}^{0} g$$

- Cambio debido a diferencias en los ratios de crecimiento sectorial:

$$g_j = \frac{q_j^1 - q_{ij}^0}{q_{ij}^0} \qquad\qquad c2_{ij} = x_{ij}^0 \left(g_j - g\right)$$

- Cambio debido a la variación en la relación inputs intermedios / valor añadido:

$$f_j = \frac{qi_j^1 + qm_j^1 - qi_j^0 - qm_j^0}{qi_j^0 + qm_j^0} \qquad\qquad c3_{ij} = x_{ij}^0 \left(f_j - g_j\right)$$

- Cambio debido a la variación en la importancia relativa de los inputs intermedios individuales:

$$f_{ij} = \frac{qi_{ij}^1 + qm_{ij}^1 - qi_{ij}^0 - qm_{ij}^0}{qi_{ij}^0 + qm_{ij}^0} \qquad\qquad c4_{ij} = x_{ij}^0 \left(f_{ij} - f_j\right)$$

- Cambio debido a variaciones en los patrones de comercio:

$$t_{ij} = \frac{x_{ij}^1 - x_{ij}^0}{x_{ij}^0} \qquad\qquad c5_{ij} = x_{ij}^0 \left(t_{ij} - f_{ij}\right)$$

Identidad básica:

$$c1_{ij} + c2_{ij} + c3_{ij} + c4_{ij} + c5_{ij} = \Delta x_{ij}$$

con:

x	*transacción intermedia*
w	*producción total*
q	*suma por columnas de transacciones intermedias*
qi	*suma por columnas de transacciones intermedias interiores*
qm	*suma por columnas de transacciones intermedias importadas*

6.2.(10). Análisis de Descomposición Estructural en base al modelo semi-cerrado de demanda. Schumann (1994).

F

Referencia:

SCHUMANN, J. (1994) *"Does it sense to Apply the Static Open Input-Output Model for Imputation and Structural Descomposition?"*. Economic Systems Research, vol 6, nº2 (pp. 171-178).

Objetivo:

Identificación de los distintos factores de variación en la producción.

Metodología:

Se plantea el modelo de demanda en el que se endogeniza el consumo para incorporar el multiplicador de consumo keynesiano (efecto Δrenta $\rightarrow$ Δconsumo $\rightarrow$ Δproducción $\rightarrow$ Δrenta):

$$w = [I - (A + cl')]y^{ex}$$

con:

w	*vector de producción efectiva (nx1)*
c	*vector de propensiones marginales a consumir por ramas (nx1)*
l	*vector de coeficientes de valor añadido sectorial (nx1)*
A	*matriz de coeficientes técnicos (nxn)*
y^{ex}	*vector de demanda final por ramas (excluido consumo) (nx1)*

Operativa:

Llamando $B=(I-A)^{-1}$ y $S=[I-(A+cl')]$ la variación en la producción se puede descomponer:

$$\Delta w = (S_1 - S_0)y_0^{ex} + S_1\left(y_1^{ex} - y_0^{ex}\right)$$

$$\Delta w = (B_1 - B_0)y_0^{ex} + \left[B_1c_1v_1'B_1\left(1 - v_1'B_1c_1\right)^{-1} - B_0c_0v_0'B_0\left(1 - v_0'B_0c_0\right)^{-1}\right]y_0^{ex} +$$
$$+ S_1\left(y_1^{ex} - y_0^{ex}\right)$$

El primer sumando del lado derecho recoge el efecto del cambio tecnológico, el segundo sumando el efecto del multiplicador keynesiano, y el tercero el efecto de la demanda final.

6.2.(11) Análisis estructural de Duchin y Lange (1995) en base al modelo dinámico de Duchin (1989).

Referencia:

DUCHIN, F. (1989) *"An Input-Output Approach to Analyzing the Future Economic Implications of Technological Change."* Miller, Polenske, Rose (eds.) Frontiers of Input-Output Analysis. Oxford University Press.

DUCHIN, F. y Lange, G.M. (1995) *"Technological Choices and Prices, and Their Implications for the US Economy, 1963-2000."* Economic Systems Research, vol. 4, nº1 (pp. 53-76).

Objetivo:

Análisis de los efectos sobre precios e ingreso de cambios en la tecnología o en los precios de los factores productivos.

Metodología:

Se plantean modelos dinámicos que incorporan en la especificación la inversión en stock de capital, y su coste financiero, y la posibilidad de variar las matrices de coeficientes (*A, R, B*).

Operativa:

Ecuaciones planteadas:

$$w(t) = A(t)w(t) + R(t)wt + B(t+1)[w(t+1)-w(t)]+y(t)$$

$$p(t)^w = p(t)^w A(t)' + p(t)^w R(t)' + p(t)^w[1-r(t-1)]B(t)' + p(t)^z$$

$$p(t)^z w(t)+r(t-1)p(t-1)^w B(t)w(t) = p(t)^w y(t)+[p(t)^w B(t+1)w(t+1)-p(t-1)^w B(t)w(t)]$$

con:

$w(t)$ *producción efectiva (nx1)*

$A(t)$ *matriz de coeficientes técnicos (nxn)*

$R(t)$ *matriz de coeficientes de capital de reposición del existente (nxn)*

$B(t)$ *matriz de coeficientes de requerimientos de nuevo capital (nxn)*

$y(t)$ *vector de demanda final, excluida la inversión en stock de capital (nx1)*

$p(t)^w$ *vector de precios de la producción sectorial (1xn)*

$r(t)$ *tasa de retorno del capital*

$p(t)^z$ *vector de coste de los inputs primarios (coste salarial) (1xn)*

6.2.(12)	**Análisis de Descomposición Estructural basado en la noción de campo de influencia. Sonis et al. (1996).**	**F**

Referencia:

SONIS, M.; HEWINGS, G.J.D.; GUO, J. (1996) *"Sources of Strucural Changes in Input-Output Systems: A Field of Influence Aproach".* Economic System Research, vol 8, nº1 (pp. 15-32).

Objetivo:

Identificación de los distintos factores de variación en la producción.

Metodología:

Se identifican tres componentes en los cambios en la producción sectorial, que a su vez se dividen en cambios originados en el propio sector o en otros sectores.

Operativa:

Variaciones en la producción efectiva:

$$\Delta w = B_0 \Delta y + \frac{1}{Q(E)} \sum_{k=1}^{n} \left[\sum_{\substack{i_r \neq i_s \\ j_r \neq j_s}}{}' F\begin{pmatrix} i_1 & \cdots & i_k \\ j_1 & \cdots & j_k \end{pmatrix} y_0 e_{j1i1} \ldots e_{jkik} \right] +$$

$$+ \frac{1}{Q(E)} \sum_{k=1}^{n} \left[\sum_{\substack{i_r \neq i_s \\ j_r \neq j_s}}{}' F\begin{pmatrix} i_1 & \cdots & i_k \\ j_1 & \cdots & j_k \end{pmatrix} \Delta y e_{j1i1} \ldots e_{jkik} \right]$$

El primer sumando del lado derecho de la ecuación recoge el cambio motivado por la demanda final, el segundo sumando recoge la contribución a la producción de cada campo de influencia antes de la variación en la demanda final, el tercer sumando recoge la contribución de todos los campos de influencia ponderados por la variación en la demanda final (efecto sinérgico).

Notación:

w	*vector de producción efectiva*
y	*vector de demanda final por ramas de actividad*
B	*matriz inversa de Leontief*
E	*matriz de variaciones en los coeficientes técnicos*
$Q(E)$	*polinomial de los cambios incrementales* e_{ij}
$F[...]$	*matriz de campos de influencia de las variaciones en los coeficientes* e_{ij}

6.2.(13) Análisis de Descomposición Estructural. Wang (1996).

F

Referencia:

WANG, E. C. (1996) *"A Multiplicative Descomposition Method to Identify the Sectoral Changes in Various Developmental Stages: Taiwan, 1966-91"*. Economic Systems Research, vol 8, nº1 (pp. 63-79).

Objetivo:

Identificación de los distintos factores de variación en la producción.

Metodología:

Se plantea el modelo de demanda en el que se identifican los cambios en la producción motivados por el cambio técnico, por el patrón de reparto de la demanda final, y por la magnitud de la demanda final:

$$w_{i0} = \sum_j a_{ij0} w_{j0} + \sum_k h_{ik0} g_{k0}$$ Identidad en el año de referencia

$$w_{i1} = \sum_j a_{ij1} w_{j1} + \sum_k h_{ik1} g_{k1}$$ Identidad en el año final

con:

w	*vector de producción efectiva*
I	*matriz identidad*
A	*matriz de coeficientes técnicos*
H	*matriz de reparto de la demanda final por ramas de actividad*
g	*vector de agregados de demanda final*

Operativa:

$$\overset{*}{w}_{i1} = \sum_j a_{ij0} w_{j1} + \sum_k h_{ik0} g_{k1} \qquad RS_{i1}^T = \frac{w_{i1}}{\overset{*}{w}_{i1}}$$ Medida del efecto estructural total

$$w_{i1}^a = \sum_j a_{ij1} w_{j1} + \sum_k h_{ik0} g_{k1} \qquad RS_{i1}^a = \frac{w_{i1}^a}{\overset{*}{w}_{i1}}$$ Medida del efecto tecnológico

$$w_{i1}^b = \sum_j a_{ij0} w_{j1} + \sum_k h_{ik1} g_{k1} \qquad RS_{i1}^b = \frac{w_{i1}^b}{\overset{*}{w}_{i1}}$$ Medida del efecto de la demanda final

con $$RS_{i1}^T = RS_{i1}^a + RS_{i1}^b - 1$$

6.3. *Verificación del cambio estructural.*

Las técnicas de *verificación del cambio estructural* tienen como objetivo comprobar la estabilidad de los elementos que componen la matriz de coeficientes técnicos. Pueden distinguirse, además, los siguientes tipos de técnicas:

- Técnicas de *valoración de la magnitud del cambio estructural,* basadas en la elaboración de indicadores de la intensidad del cambio en los coeficientes [Soofi (1992) [24]; Imansyah (2000); Antille et al. (2000)]; y *técnicas de contrastación del cambio estructural,* que incluyen tests de tipo estadístico sobre la existencia de cambio estructural [Watanabe (1961); Middelhoek (1970); Sevaldson (1970); Ostblöm (1992)].
- Técnicas que estudian la *estabilidad de los coeficientes considerados individualmente* [Watanabe (1961); Middelhoek (1970); Sevaldson (1970)]; y técnicas que estudian la *estabilidad de los coeficientes desde un punto de vista global* (matriz *A*) [Ostblöm (1992); Soofi (1992); Antille et al. (2000)].
- Por último, puede hacerse una distinción entre técnicas que utilizan como referencia dos tablas input-output (análisis biperíodo) [Soofi (1992); Imansyah (2000); Antille et al. (2000)]; frente a las que estudian el cambio de los coeficientes en base a una serie histórica de tablas input-output (análisis multiperíodo) [Watanabe (1961); Middelhoek (1970); Sevaldson (1970); Ostblöm (1992)].

Atendiendo a la primera clasificación de técnicas, pueden distinguirse aquellas que cuantifican la intensidad del cambio experimentado por la estructura productiva de la tabla input-output mediante la formulación de un indicador de la magnitud del cambio. En el cuadro 12 se muestran algunas de estas experiencias de valoración de la magnitud del cambio estructural, a partir de la recopilación de Imansyah (2000) [pp. 34-37], completada con alguna otra aportación. Sus desarrollos son detallados en forma de fichas técnicas.

[24] Obra citada en Fontela, López y Pulido (2000) [p. 3].

***Cuadro 12**. Técnicas de valoración de la magnitud del cambio estructural.*

Referencia	***Técnica***	***Operativa***	***Ficha técnica***
Chenery y Watanabe (1958)	Valoración del cambio en las columnas de coeficientes.	Cálculo de la suma de las desviaciones en valor absoluto de los coeficientes para cada columna. Comparación con el valor de desviación medio por medio de un cociente.	6.3.(1)
Isard y Romanoff (1968)	Valoración del cambio experimentado en cada coeficiente.	Cálculo del Índice de similitud de Leontief modificado.	6.3.(1)
Morrison y Smith (1972)	Valoración del cambio en las columnas de coeficientes.	Cálculo de las diferencias medias absolutas.	6.3.(1)
Butterfield y Mules (1980)	Valoración del cambio global de coeficientes.	Cálculo del porcentaje medio de error absoluto.	6.3.(1)
Knudsen y Fotheringham (1986)	Valoración del cambio global de coeficientes.	Cálculo de la raíz de la diferencias al cuadrado estandarizadas.	6.3.(1)
Lahr (1992)	Valoración del cambio global de coeficientes.	Cálculo de la desviación absoluta ponderada estandarizada.	6.3.(1)
Soofi (1992)	Valoración del cambio global de coeficientes.	Cálculo del índice de Similitud de Le Masne (1990).	6.3.(2)
Antille; Fontela y Guillet (2000)	Valoración del cambio sectorial de coeficientes.	Cálculo del índice de Concentración de Gini[25].	6.3.(3)

[25] En esta referencia también se calculan los *índices de correlación de Spearman y Kendall* como indicadores de la estabilidad de los coeficientes técnicos [pp. 4-5].

Por otro lado, algunas técnicas de verificación del cambio estructural se fundamentan en el establecimiento de test estadísticos que detectan los cambios sistemáticos de los coeficientes técnicos de la tabla input-output, distinguiéndolos de las variaciones puramente aleatorias que no constituyen un verdadero cambio estructural.

Estas técnicas, operativamente, se basan en la representación del comportamiento del coeficiente técnico correspondiente mediante una ecuación matemática (por ejemplo, una ecuación tendencial estimada mediante regresión lineal) y la contrastación de la significación de los parámetros obtenidos.

En el cuadro 13 se presentan algunas de estas técnicas de contrastación del cambio estructural. Los desarrollos operativos correspondientes se recogen en forma de fichas técnicas.

***Cuadro 13**. Técnicas de contrastación del cambio estructural.*

Referencia	***Técnica***	***Operativa***	***Ficha técnica***
Watanabe (1961)	Contraste de significación estadística de los parámetros del modelo neoclásico.	Propone un test de contrastación de la constancia de los coeficientes técnicos considerados individualmente. Parte del modelo de función de producción neoclásico $x_j=f(x_{1j}, x_{2j}, ..., x_{nj})$ donde $x_{1j}, x_{2j}, ..., x_{nj}$ son los factores de producción utilizados en la fabricación del output x_j (en unidades físicas).	6.3.(4)
Sevaldson (1970)	Estimación de ecuaciones tendenciales.	Propone representar el comportamiento del coeficiente mediante dos alternativas: • La media aritmética (supuesto de estabilidad) • Una ecuación lineal (supuesto de no estabilidad) Posteriormente compara la magnitud de las desviaciones típicas de los errores cometidos bajo ambos supuestos.	6.3.(5)
Middelhoek (1970)	Contraste de significación estadística de los parámetros del modelo de tendencia.	Propone representar el comportamiento del coeficiente mediante dos alternativas: • La media aritmética • Una ecuación lineal Realiza el test t de significación estadística de los parámetros de ambas especificaciones, y re-estima las ecuaciones dividiendo la muestra en dos submuestras, para valorar el cambio en la estructura.	6.3.(6)
Östblom (1992)	Verificación del comporta-miento sistemático de los cambios en la matriz A	Contrasta la hipótesis nula H_0 de permanencia estructural, que equivale a la hipótesis de que las diferencias entre los coeficientes (considerados en su conjunto) de las matrices de coeficientes correspondientes a dos períodos A^0 y A^1, e_{ij}, son puramente aleatorias, carecen de cambio sistemático, presentando una distribución de probabilidad normal. Para ello, plantea dos modelos alternativos de *cambio técnico*, centrados en la idea de que, si existe cambio técnico, los coeficientes de A^t, a^t, serán el resultado de combinar la antigua tecnología, A^0, con una nueva tecnología A^* en una proporción o "velocidad" c, con $0 \leq c \leq 1$.	6.3.(7)

6.3.(1) Valoración de la magnitud del Cambio Estructural. Recopilación de Imansyah (2000).

Referencia:

IMANSYAH, M.H. (2000) *"An Efficient Method for Constructing Regional Input-Output Table: A Horizontal Approach in Indonesia."* 13th International Conference on Input-Output Techniques. Macerata, Italia.

Objetivo:

Cálculo de índices de valoración de la semejanza entre coeficientes.

Metodología:

Cálculo de cocientes que valoran las diferencias entre los coeficientes valorados individualmente (*), por columnas (**) o globalmente (***).

Operativa:

Método de Chenery y Watanabe (1958):

$$CW_j = \frac{\sum_i a_{ij}^0 \left|a_{ij}^0 - a_{ij}^1\right|}{\frac{1}{2}\sum_i \left(a_{ij}^0 - a_{ij}^1\right)} \qquad (^{**})$$

Índice de Similitud de Leontief modificado:

$$S_{ij} = 1 - \frac{\left|a_{ij}^0 - a_{ij}^1\right|}{\left(a_{ij}^0 + a_{ij}^1\right)} \qquad (^{*})$$

Diferencias Medias Absolutas:

$$DMA_j = \frac{\sum_i \left|a_{ij}^0 - a_{ij}^1\right|}{n} \qquad (^{**})$$

Porcentaje Medio de Error Absoluto:

$$PMEA = \frac{1}{n^2}\sum_{ij}\left|\frac{a_{ij}^0 - a_{ij}^1}{a_{ij}^0}\right| \qquad (^{***})$$

Raíz del Cuadrado de las Diferencias Estándar:

$$RCDE = \frac{\sqrt{\frac{\sum_{ij}\left(a_{ij}^0 - a_{ij}^1\right)}{n^2}}}{\sum_{ij}\frac{a_{ij}^0}{n^2}} \qquad (^{***})$$

Desviación Absoluta Ponderada Estándar:

$$DAPS = \frac{\sum_{ij} a_{ij}^0 \sum_{ij}\left(a_{ij}^0 + a_{ij}^1\right)\left|a_{ij}^1 - a_{ij}^0\right|}{\sum_{ij} a_{ij}^2 \sum_{ij}\left(a_{ij}^1 + a_{ij}^0\right)} \qquad (^{***})$$

6.3.(2) Valoración de la magnitud del Cambio Estructural. Índice de Similitud de Le Masne.

Referencia:

SOFI, A. (1992) *"Industry Linkages, Indices of Variation and Structure of Production. An International Comparison".* Economic Systems Research, vol 4, nº4 (pp. 349-376). Obra citada.

FONTELA, E.; LÓPEZ, A.; PULIDO, A. (2000) *"Structural Comparison of Input-Output tables".* 13th International Conference on Input-Output Techniques. Macerata, Italia.

Objetivo:

Cálculo de un índice de semejanza global entre las matrices de coeficientes.

Metodología:

Cálculo del índice de Similitud de Le Masne.

Operativa:

Cálculo del índice:

$$S^{0-1} = 100\left(1 - 0.5\sum_{i=1}^{n+1}\left|a_i^0 - a_i^1\right|\right)$$

Un valor próximo a 100 indica un alto nivel de similitud entre las matrices A^0 y A^1.

6.3.(3)

Valoración de la magnitud del Cambio Estructural. Índice de Gini.

Referencia:

ANTILLE, G.; FONTELA, E; GUILLET, S. (2000) *"Changes in technical coefficients: The experience with Swiss I/O Tables."* 13th International Conference on Input-Output Techniques. Macerata, Italia.

Objetivo:

Cálculo de un índice de estabilidad sectorial entre las matrices de coeficientes A^0 y A^1.

Metodología:

Cálculo del índice de Similitud de Gini.

Operativa:

Cálculo del índice:

$$F_k = \sum_{l=1}^{k} \left(\frac{a_{lj}^1}{\sum_{i=1}^{N} a_{ij}^1} \right)$$

$$G_k = \sum_{l=1}^{k} \left(\frac{a_{lj}^0}{\sum_{i=1}^{N} a_{ij}^0} \right)$$

$$Gini_j^{0,1} = \sum_{i=1}^{N-1} F_i \cdot G_{i+1} - \sum_{i=1}^{N-1} F_{i+1} \cdot G_i$$

Un valor próximo a 0 indica un alto nivel de estabilidad en los coeficientes del sector j .

6.3.(4) Contrastación de la hipótesis de permanencia estructural. Watanabe (1961)

F

Referencia:

WATANABE, T. (1961) "*A Test of the constancy of input-output coefficients among countries.*" International Economic Review, vol. 2, nº3 (pp. 340-350).

Objetivo:

Contrastación de la hipótesis de permanencia estructural.

Metodología:

Propone un test de contrastación de la constancia de los coeficientes técnicos considerados individualmente. Parte del modelo de función de producción neoclásico

$$x_j = f(x_{1j}, x_{2j}, \ldots, x_{nj})$$

donde $x_{1j}, x_{2j}, \ldots, x_{nj}$ son los factores de producción utilizados en la fabricación del output x_j (en unidades físicas).

Operativa:

Parte del modelo de función de producción neoclásico

$$x_j=f(x_{1j}, x_{2j}, ..., x_{nj})$$

donde $x_{1j}, x_{2j}, ..., x_{nj}$ son los factores de producción utilizados en la fabricación del output x_j (en unidades físicas). Dados el vector de precios correspondiente $p_{1j}, p_{2j}, ..., p_{nj}$ y el precio del output p_j, el principio de maximización del beneficio bajo condiciones de competencia perfecta en el mercado puede expresarse como:

$$\frac{p_{ij}}{p_j}=\frac{\partial f}{\partial x_{ij}}$$

Dado que la información disponible se limita al producto de precio por cantidad, la condición puede expresarse como:

$$p_{ij}x_{ij}=c_{ij}(p_jx_j)$$

donde c_{ij} es una constante tal que $0<c_{ij}\leq 1$.

Para la validación estadística de la anterior expresión, puede especificarse la función de producción mediante una ecuación de tipo Cobb-Douglas:

$$\log(p_{ij}x_{ij})^k=\beta_{0ij}+\beta_{1ij}\log(p_jx_j)^k+\varepsilon_{ij}^k$$

con:

ε_{ij}	*variable aleatoria de ruido blanco*
k	*índice de matriz, con $A^1, A^2, ..., A^k, ..., A^t$*

Una vez estimado el modelo para las t matrices de coeficientes consideradas, se procede a contrastar si $\beta_{1ij}=1$. De ser así, la función es homogénea de primer grado, lo que implica que el coeficiente técnico, definido como

$$a_{ij}=\frac{p_{ij}x_{ij}}{p_jx_j}$$

no ha variado significativamente, o lo que es lo mismo, puede considerarse constante.

6.3.(5) Contrastación de la hipótesis de permanencia estructural. Sevaldson (1970).

Referencia:

SEVALDSON, P. (1970) *"The Stability of Input-Output Coefficients".* Carter y Brody (Eds.) *Applications of Input-Output Analysis.* North-Holland (pp. 207-237).

Objetivo:

Verificación de la estabilidad de los coeficientes técnicos (estructura) considerados individualmente.

Metodología:

Propone representar el comportamiento del coeficiente mediante dos alternativas:

- La media aritmética (supuesto de estabilidad)
- Una ecuación lineal (supuesto de no estabilidad)

Posteriormente compara la magnitud de las desviaciones típicas de los errores cometidos bajo ambos supuestos.

Operativa:

Especificación de las representaciones del comportamiento del coeficiente:

- Hipótesis de estabilidad:

$$a(t)_{ij} = \overline{a}_{ij} + \varepsilon(t)_{ij}$$

- Hipótesis de no estabilidad:

$$a(t)_{ij} = \alpha + \beta \cdot t + u(t)_{ij}$$

Los cálculos se realizan con una serie de TIO a precios constantes. Se comparan las varianzas de los residuos de ambas especificaciones para identificar la hipótesis que mejor se adapta al comportamiento del coeficiente.

6.3.(6) Contrastación de la hipótesis de permanencia estructural. Middelhoek (1970).

Referencia:

MIDDELHOEK, P. (1970) *"Test of the marginal stability of Input-Output Coefficients".* CARTER Y BRODY (Eds.) Applications of Input-Output Analysis. North-Holland (pp. 260-274).

Objetivo:

Verificación de la estabilidad de los coeficientes técnicos (estructura) considerados individualmente.

Metodología:

Propone representar el comportamiento del coeficiente mediante dos alternativas:

- La media aritmética.
- Una ecuación lineal.

Y valora la representatividad de los parámetros estimados mediante el contraste t.

Operativa:

Especificación de las representaciones del comportamiento del coeficiente:

$$a(t)_{ij} = \bar{a}_{ij} + \varepsilon(t)_{ij}$$

$$a(t)_{ij} = \alpha + \beta \cdot t + u(t)_{ij}$$

Tras contrastar la significatividad estadística de los parámetros, se puede obtener la siguiente clasificación de los coeficientes (cuadro p. 268 modificado):

(*)	$\beta(t=0) = \beta(t=1)$	$\beta(t=0) \neq \beta(t=1)$
$\alpha \neq 0$ $\beta \neq \bar{a}_{ij}$	Permanencia estructural	Cambio estructural
$\alpha = 0$ $\beta = \bar{a}_{ij}$	Permanencia estructural	Cambio estructural

(*) Los parámetros pata t=1 y para t=0 se estiman al dividir la muestra en dos subperíodos.

6.3.(7)	**Contrastación de la hipótesis de permanencia estructural. Östblom (1992)**

Referencia:

ÖSTBLOM, G. (1992) *"Technological Change, Projection of the Technology Matriz and the Hipotesis of Negative Coefficient Changes: Parametric and Non-parametric Test with Swedish Input-Output Data."* Economic Systems Research, vol. 4, nº3 (pp. 235-243).

Objetivo:

Verificación del comportamiento sistemático de los cambios en la matriz A

Metodología:

Contrasta la hipótesis nula H_0 de permanencia estructural, que equivale a la hipótesis de que las diferencias entre los coeficientes (considerados en su conjunto) de las matrices de coeficientes correspondientes a dos períodos A^0 y A^1, e_{ij}, son puramente aleatorias, carecen de cambio sistemático, presentando una distribución de probabilidad normal. Para ello, plantea dos modelos alternativos de *cambio técnico*, centrados en la idea de que, si existe cambio técnico, los coeficientes de A^t, a^t, serán el resultado de combinar la antigua tecnología, A^0, con una nueva tecnología A^* en una proporción o "velocidad" c, con $0 \leq c \leq 1$.

Operativa:

Puede especificarse el modelo:

$$a^t = ca^0 + (1-c)a^*$$

con lo que se obtienen las diferencias:

$$e = a^t - a^0 = (c-1)(a^t - a^*)$$

Alternativamente, puede plantearse el modelo:

$$a^t = ca^0 + (1-c)a^*$$

y $\qquad a^* = \mu a^0 \qquad \mu > 0$

con lo que las diferencias pasarán a ser:

$$e = (c-1)(1-\mu)a^0$$

Para un coeficiente determinado, la diferencia entre coeficientes e_{ij} puede descomponerse en una componente sistemática y una componente aleatoria:

$$e_{ij} = e + \varepsilon_{ij}$$

con $\qquad \varepsilon_{ij} \sim N(0, \sigma^2)$

Bajo la hipótesis nula, para ambos modelos, $e=0$, con lo que $e_{ij} = \varepsilon_{ij}$, es decir, los cambios en los coeficientes técnicos no vienen inducidos por un cambio tecnológico; sino que son puramente aleatorios. Para proceder a la contrastación de la hipótesis, propone un test paramétrico y dos tests no-paramétricos:

- *Contraste estadístico de significatividad*

Se parte de H_0: no existencia de efecto sistemático de cambio.

Se define el estadístico siguiente que, bajo H_0, sigue una distribución t-Student de m-1 grados de libertad:

$$t_{m-1} \approx \frac{\overline{e}}{\frac{S_e}{\sqrt{m}}}$$

siendo S_e la varianza muestral de las diferencias e_{ij}, y m el número de coeficientes técnicos.

- *Contraste no-paramétrico de signos de Fisher*

Parte del planteamiento de que, con una probabilidad igual de signos positivos y negativos, entre los m coeficientes de la matriz en estudio, el número h de $e_{ij}>0$ no debe exceder significativamente de la media (m/2) o, lo que es lo mismo, la variable tipificada:

$$h^* = \frac{h-(m/2)}{\sqrt{m/4}}$$

debe de ser, en valor absoluto, menor que el valor tabulado de una variable N(0,1), para un margen de significación α dado, lo cual querrá decir que no existe comportamiento sistemático de cambio estructural y que, las variaciones producidas en los coeficientes, son de tipo aleatorio.

- *Contraste de rangos de Wilcoxon*

Se parte de la hipótesis H_0 de no existencia de diferencias predominantemente positivas, lo que quiere decir (si tampoco existen diferencias predominantemente negativas) que la evolución de los coeficientes de A^0 y A^1 ha sido aleatoria.

Se ordenan las diferencias de coeficientes , en valor absoluto, de menor a mayor, asignando a cada una un número de rango. A cada rango se le atribuye el signo de la diferencia que representan y se suman sólo los rangos positivos, r^+_j.

Bajo H_0, dicha suma deberá ser próxima a $m(m+1)/4$, con lo que podemos establecer el estadístico:

$$WX^* = \frac{\sum_j r_j^+ - [(n+1)/4]}{\sqrt{n(n+1)(2n+1)/24}}$$

que, bajo H_0, no superará el valor tabulado para un nivel de significación α de una N(0,1). Si es así, se procederá a calcular el estadístico con los rangos de diferencias negativas, r_j

6.4. *Resumen.*

- La identificación del cambio estructural tiene como objetivo la verificación de la existencia de un cambio significativo en la estructura inherente a la tabla en estudio.
- La identificación de los patrones de cambio estructural puede aportar en procesos de ajuste y proyección de tablas input-output informaciones importantes como son la *identificación de los coeficientes sometidos a un cambio sistemático*; y la *identificación de las ramas de actividad sometidas a intensos cambios tecnológicos*.
- El *análisis de descomposición estructural* parte de la comparación de dos o más tablas input-output para descomponer el cambio experimentado por la producción del sistema en variaciones originadas por factores exógenos o estructurales.
- Las técnicas de *verificación del cambio estructural* tienen como objetivo comprobar la estabilidad de los elementos que componen la matriz de coeficientes técnicos.

F. *Análisis de descomposición estructural de las TIO 1990 y 1998.*

En la siguiente práctica se procede al análisis de descomposición estructural de las tablas input-output agregadas de 1990 y 1998. Se procederá a registrar el efecto sobre la producción efectiva de los cambios en la estructura de la demanda final, y el efecto tecnológico (cambios en las relaciones técnico-productivas de la tabla). Para ello se ha seguido la metodología presente en Wang (1996).

Paso 1.

Abriremos el libro cambio_9098.xls. En la práctica se utilizarán las siguientes hojas de cálculo:

- Tio90eur, que contiene la tabla input-output de la economía española de 1990, agregada a las 25 ramas de actividad de Eurostat.
- Tio98eur, que contiene la tabla input-output de la economía española de 1998, agregada a las 25 ramas de actividad de Eurostat.
- Coeficientestio90eur, con las matrices de coeficientes técnicos y de reparto de la demanda final correspondientes a la tabla de 1990.
- Coeficientestio98eur, con las matrices de coeficientes técnicos y de reparto de la demanda final correspondientes a la tabla de 1998.
- Descomposición, con el desarrollo y los resultados del análisis de descomposición estructural del período 1990-1998, a la luz de ambas tablas input-output.

Paso 2.

En la hoja coeficientestio90eur nos encontramos dos matrices de datos. Ambas matrices se han calculado del siguiente modo:

- La matriz que ocupa el rango C5:AA29 es la matriz de coeficientes técnicos A, definidos como cada valor de la matriz de transacciones intermedias de la hoja tio90eur dividido entre la producción efectiva presente en la misma columna de la misma hoja tio90eur:

$$a_{ij} = \frac{x_{ij}}{w_j}$$

- La matriz contigua (rango AC5:AK29) es la matriz de coeficientes de reparto de las componentes de la demanda final por ramas de actividad. Cada elemento es calculado como el cociente entre el valor de la matriz de demanda final correspondiente de la hoja tio90eur y la suma de los elementos de su columna (sumas calculadas en la fila AC30:AK30):

$$h_{ik} = \frac{y_{ik}}{g_k}$$

En la hoja coeficientestio98eur se calculan ambas matrices, referidas a la tabla input-output de 1998.

Paso 3.

En la hoja de cálculo Descomposición se calculan los distintos vectores que dan lugar a la medición de los efectos estructurales.

- En el rango A1:AP29 se calcula el *efecto estructural global*, mediante el cálculo de la producción de cada rama con la estructura tecnológica y demanda final presente en 1990, ante el nivel de producción y demanda final de 1998:

$$w_{i1}^{*} = \sum_j a_{ij0} w_{j1} + \sum_k h_{ik0} g_{k1}$$

En la columna C se sitúa el vector w^*, en las columnas D a AB aparece la matriz A de coeficientes técnicos de 1990, en la columna AC se encuentra el vector w de producción de 1998, en las columnas AD a AL se presenta la matriz H de coeficientes de reparto de la demanda final de 1990, en la columna AM se sitúa el vector g de componentes de la demanda final de 1998. Por último, en la columna AP está calculado la medida del efecto estructural total como:

$$RS_{i1}^{T} = \frac{w_{i1}}{w_{i1}^{*}}$$

- En el rango A32:AP60 se calcula el *efecto tecnológico*, mediante el cálculo de la producción de cada rama con la estructura de demanda final presente en 1990, ante la estructura tecnológica y el nivel de producción y demanda final de 1998:

$$w_{i1}^{a} = \sum_j a_{ij1} w_{j1} + \sum_k h_{ik0} g_{k1}$$

En la columna C se sitúa el vector w^a, en las columnas D a AB aparece la matriz A de coeficientes técnicos de 1998, en la columna AC se encuentra el vector w de producción de 1998, en las columnas AD a AL se presenta la matriz H de coeficientes de reparto de la demanda final de 1990, en la columna AM se sitúa el vector g de componentes de la demanda final de 1998. Por último, en la columna AP está calculado la medida del efecto tecnológico como:

$$RS^a_{i1} = \frac{w^a_{i1}}{w^*_{i1}}$$

- En el rango A63:AP91 se calcula el *efecto de demanda final*, mediante el cálculo de la producción de cada rama con la estructura tecnológica (coeficientes técnicos) presente en 1990, ante la estructura de la demanda final y el nivel de producción y demanda final de 1998:

$$w^b_{i1} = \sum_j a_{ij0} w_{j1} + \sum_k h_{ik1} g_{k1}$$

En la columna C se sitúa el vector w^b, en las columnas D a AB aparece la matriz A de coeficientes técnicos de 1990, en la columna AC se encuentra el vector w de producción de 1998, en las columnas AD a AL se presenta la matriz H de coeficientes de reparto de la demanda final de 1998, en la columna AM se sitúa el vector g de componentes de la demanda final de 1998. Por último, en la columna AP está calculado la medida del efecto de la demanda final como:

$$RS^b_{i1} = \frac{w^b_{i1}}{w^*_{i1}}$$

- En el rango A94:F122 se comparan las medidas de los distintos efectos y se verifica la condición[26]:

$$RS^T_{i1} = RS^a_{i1} + RS^b_{i1} - 1$$

Según estas medidas, el mayor efecto atribuible al cambio estructural total se produce en la rama de actividad 8 máquinas de oficina, etc., el mayor efecto motivado por el cambio tecnológico se experimenta en la rama 22 comunicaciones, y el mayor efecto asociado al cambio en la estructura de la demanda final se produce de nuevo en la rama 8 máquinas de oficina, etc..

[26] Los coeficientes de reparto de transferencias entre ramas de actividad no pueden ser calculados, puesto que su suma, por definición es 0. Por eso, se ha optado por sumar esta columna a la de PISB y calcular unos coeficientes de reparto globales para estas dos magnitudes.

G. *Valoración de la magnitud del Cambio Estructural 1990-1998 en base al índice de Gini.*

En la siguiente práctica se procede a la valoración de la magnitud del cambio estructural experimentado por las tablas input-output agregadas de 1990 y 1998. Para ello se ha construido, para cada rama de actividad, un índice de *Gini*, siguiendo la metodología presentada por Antille, Fontela y Guillet (2000).

Paso 1.

Abriremos el libro cambio_9098.xls. En la práctica se utilizarán las siguientes hojas de cálculo:

- Tio90eur, que contiene la tabla input-output de la economía española de 1990, agregada a las 25 ramas de actividad de Eurostat.
- Tio98eur, que contiene la tabla input-output de la economía española de 1998, agregada a las 25 ramas de actividad de Eurostat.
- Coeficientestio90eur, con las matrices de coeficientes correspondientes a la tabla de 1990.
- Coeficientestio98eur, con las matrices de coeficientes correspondientes a la tabla de 1998.
- Gini, con el desarrollo y los resultados del cálculo del índice de Gini para la valoración de la magnitud de los coeficientes técnicos de las tablas de 1990 y 1998, por ramas de actividad.

Paso 2.

En la hoja coeficientestio90eur nos encontramos, en el rango C5:AA29 la matriz de coeficientes técnicos *A*, definidos como cada valor de la matriz de transacciones intermedias de la hoja tio90eur dividido entre la producción efectiva presente en la misma columna de la misma hoja tio90eur:

$$a_{ij} = \frac{x_{ij}}{w_j}$$

En la hoja coeficientestio98eur se calcula la matriz de coeficientes técnicos correspondientes a la tabla input-output de 1998.

Paso 3.

En la hoja Gini se muestran los cálculos para hallar el índice de Gini de estabilidad estructural para cada rama de actividad.

En el rango C5:AA29 se calculan los coeficientes técnicos de 1990 normalizados por columnas, como la división del coeficiente técnico original entre su suma por columnas, dato presente en el rango C31:AA31 de la hoja coeficientestio90eur.

En el rango C37:AA61 se calculan las sumas acumulativas por columnas de los coeficientes de 1990 normalizados:

$$G_k = \sum_{l=1}^{k} \left(\frac{a_{lj}^0}{\sum_{i=1}^{N} a_{ij}^0} \right)$$

En los rangos C69:AA93 y C101:AA125 se realizan los cálculos anteriores para el caso de la tabla input-output de 1998:

$$F_k = \sum_{l=1}^{k} \left(\frac{a_{lj}^1}{\sum_{i=1}^{N} a_{ij}^1} \right)$$

En el rango C133:AA160 se calcula el primer sumando del índice a construir:

$$\sum_{i=1}^{N-1} F_i \cdot G_{i+1}$$

En el rango C164:AA190 se calcula el segundo sumando del índice a construir:

$$\sum_{i=1}^{N-1} F_{i+1} \cdot G_i$$

Por último, en el rango C192:AA192 se establecen los índices de Gini para cada rama de actividad como:

$$Gini_j^{0,1} = \sum_{i=1}^{N-1} F_i \cdot G_{i+1} - \sum_{i=1}^{N-1} F_{i+1} \cdot G_i$$

Un valor próximo a 0 indica una gran estabilidad estructural de la rama de actividad. Según esto, la rama más estable en el período 1990-1998 es 25 Otros servicios no de mercado, mientras que la rama de actividad que presenta un mayor cambio conjunto en su estructura productiva (columna de coeficientes técnicos) es la rama 20 Servicios de transporte marítimo y por avión.

7 Modelos input-output de coeficientes fijos.

7.1. *Enfoque modelizador del análisis input-output.*

El *enfoque modelizador* del análisis input-output supone, dentro del análisis económico, el paso al nivel de interacción con la realidad. Esto se concreta en los objetivos expuestos en el capítulo 3 de *simulación y evaluación de impactos* y *proyección*, tomando como herramienta básica de trabajo la tabla estadística input-output.

El objetivo de *simulación y evaluación de impactos* se basa en el estudio de los efectos que tiene el cambio en la magnitud de los distintos elementos de la tabla input-output (vector de demanda final, coeficientes técnicos y de reparto de la demanda, precios, etc.) sobre los principales agregados económicos de la economía representada por la tabla.

El objetivo de *proyección* de la tabla input-output busca adaptar la tabla estadística a un ámbito temporal o económico cambiante, tomando como referencia las informaciones disponibles sobre esa nueva situación (opiniones de expertos, cifras de las Cuentas Económicas, previsiones de tipo macroeconométrico), de manera que la tabla proyectada se ajuste en el mayor grado posible a la nueva situación económica y productiva planteada.

En ambos casos, el enfoque modelizador del análisis input-output debe centrarse en la consecución de mecanismos matemáticos que permitan trabajar sobre la tabla estadística en condiciones de cambio en sus elementos (bien sean agregados económicos, coeficientes técnicos, precios, etc.), de manera que se puedan cuantificar los efectos que sobre la tabla input-output ejercen dichos cambios.

La construcción de modelos que posibiliten abordar estos objetivos experimenta una mayor complejidad a medida que se intenta representar con mayor fidelidad el proceso de cambio experimentado por la economía representada en la tabla estadística tomada como referencia.

En este sentido, según los elementos considerados susceptibles de cambio, pueden distinguirse dos grandes enfoques de modelización:

- *Modelos input-output bajo hipótesis de permanencia estructural:* se asumen cambios en las variables del sistema (agregados económicos).
- *Modelos del cambio estructural:* se asume el cambio en los parámetros estructurales del sistema (matrices de coeficientes estructurales).

Ambos tipos de modelización son complementarios. El primer tipo de modelos relaciona las distintas variables económicas, lo que lo hace apto para el estudio de impactos, simulación y predicción. Tiene como inconveniente la asunción de la hipótesis de permanencia estructural (parámetros fijos), lo que origina sesgos en los resultados en el caso de procesos sometidos a cambio tecnológico, e incumplimiento de las condiciones de coherencia del sistema contable cuando existe información sobre el valor de los agregados económicos que inciden en la tabla input-output.

En este contexto surge el segundo tipo de modelización como un incremento en la complejidad de los modelos a fin de relajar la hipótesis restrictiva de permanencia estructural. Los modelos de cambio estructural suponen un mecanismo corrector cuyos objetivos se centran en dar coherencia a los modelos input-output mediante el planteamiento de escenarios de trabajo más realistas.

Es en este segundo tipo de modelos en donde se desarrollan metodologías que plantean un marco flexible de modelización con capacidad de integrar informaciones referentes a distintos elementos de la tabla estadística (agregados económicos, coeficientes técnicos, elementos de la demanda final, valores de las matrices de la tabla input-output, etc.), detectar las posibles incoherencias entre informaciones y proponer cambios que posibiliten una solución conjunta.

En los siguientes capítulos se presentan ambos tipos de modelización. En este capítulo 7 se plantean los *modelos input-output de coeficientes fijos*, distinguiendo entre modelos estáticos y modelos que incorporan una componente dinámica en su especificación.

En el capítulo 8 se aborda la problemática de la *modelización del cambio estructural*. Se plantean dos enfoques, según se construyan modelos que incorporan directamente el cambio en la estructura de la tabla estadística, o bien se modelice este cambio de forma indirecta mediante la especificación de mecanismos que corrijan los errores generados en el cálculo de los efectos que el cambio de estructura provoca sobre los agregados de la tabla input-output.

Por último, el capítulo 9 ofrece un enfoque de modelización que integra los anteriores para lograr un marco de análisis flexible en el que todo tipo de informaciones que inciden en la tabla input-output son incluidas en la especificación de los modelos, a fin de lograr resultados más realistas.

7.2. *Modelos input-output de coeficientes fijos.*

Los modelos input-output especificados bajo la *hipótesis de permanencia estructural* cuantifican los efectos que, dada una estructura productiva, provocan sobre los agregados económicos de la tabla input-output los cambios en el vector de demanda final o en los vectores de precios, de forma detallada por ramas de actividad.

La hipótesis de permanencia estructural se plasma en los modelos especificados en forma de constancia de los coeficientes input-output calculados para el año de elaboración de la tabla estadística.

Este enfoque presenta el inconveniente de que los resultados deducidos con los modelos de coeficientes fijos no garantizan la coherencia estadística con la información proveniente de las cuentas económicas (agregados), ni con los resultados de la simulación de un modelo macroeconómico (previsiones). Además, no incorporan en su especificación los procesos de cambio tecnológico que pueden darse en uno o varios sectores de la economía.

Dentro de los modelos input-output de coeficientes fijos puede hacerse una distinción entre modelos *estáticos* y *dinámicos*.

Los primeros establecen la relación entre demanda final y producción para el año en análisis (modelo de cantidades), o bien la relación entre el coste de los factores primarios y los precios finales de producción.

Los modelos dinámicos surgen de la especificación de retardos en los niveles de producción, de manera que se explicita la variación en la producción de bienes de capital que es necesaria para atender a la producción futura [Leontief (1953)[27]], o bien relacionan coste de los factores y tasa de retorno del capital con precios de la producción sectorial [Ciaschini (1989), Duchin (1989)].

A continuación se detalla la especificación de los principales modelos input-output de coeficientes fijos, en las vertientes estática y dinámica.

---

[27] Ob. Cit. en Duchin (1989). También se detalla el modelo dinámico en la versión traducida al castellano Leontief (1975)

7.3. *Modelos input-output de corte estático.*

Los modelos input-output *estáticos* muestran la "fotografía" de las relaciones inherentes al sistema económico representado por la tabla input-output de referencia sin incluir en su especificación ninguna referencia a momentos distintos del tiempo (variables desplazadas).

Según el modelo incluya o no de forma explícita los vectores de precios, podrán distinguirse modelos de precios y modelos de cantidades.

Comenzaremos a exponer el modelo de cantidades, por resultar más sencilla su formalización.

Modelo de cantidades.

El modelo de demanda en cantidades parte de la relación:

$$w_i = x_{i1} + x_{i2} + \ldots + x_{in} + y_{i1} + y_{i2} + \ldots + y_{im}$$

Definidos los coeficientes técnicos de producción como:

$$a_{ij} = \frac{x_{ij}}{w_j}$$

la expresión anterior se transforma en:

$$w_i = a_{i1}w_1 + a_{i2}w_2 + \ldots + a_{in}w_n + y_{i1} + y_{i2} + \ldots + y_{im}$$

o bien, en expresión matricial:

$$w = Aw + Yu$$

con:

w	*vector columna de producción efectiva (nx1)*
A	*matriz de coeficientes técnicos (nxn)*
Y	*matriz de demanda final (nxk)*
u	*vector columna unitario (kx1)*

Si se calcula el vector de demanda final por ramas de actividad *y*:

$$y = Yu$$

puede expresarse el vector de producción efectiva como:

$$w=(I-A)^{-1}\, y$$

La expresión anterior constituye una identidad para el año de referencia. Para años posteriores, y bajo la hipótesis de permanencia estructural (constancia de los parámetros estructurales), esta expresión se transforma en el modelo de demanda[28] expresado en cantidades:

$$w=(I-A)^{-1}y+\varepsilon$$

con:

ε *vector columna de errores (nx1)*

Si, por otro lado, se definen los coeficientes de reparto de los agregados de la demanda final:

$$h_{ik}=\frac{y_{yk}}{g_k}$$

la expresión de la producción efectiva queda de la forma:

$$w=(I-A)^{-1}\, Hg$$

con:

H *matriz (nxm) de reparto de las clases de demanda final por ramas de actividad*

g *vector columna (mx1) de agregados de la demanda final*

y el modelo de demanda en cantidades:

$$w=(I-A)^{-1}\, Hg+\varepsilon$$

expresión que relaciona el vector de agregados de la demanda final por tipos de agregado con la producción efectiva.

Modelo de precios.

Definidas las magnitudes en términos de cantidades y precios, se tiene la identidad:

$$w_j p_j^w = x_{1j}p_j^w + x_{2j}p_j^w + \ldots + x_{nj}p_j^w + z_{1j}p_1^z + z_{2j}p_2^z + \ldots + z_{pj}p_p^z$$

Dividiendo por la producción efectiva (en cantidades),

$$p_j^w = a_{1j}p_j^w + a_{2j}p_j^w + \ldots + a_{nj}p_j^w + l_{1j}p_1^z + l_{2j}p_2^z + \ldots + l_{pj}p_p^z$$

---

28 Análogamente puede plantearse el modelo de cantidades horizontal o de oferta, que parte de la definición de los coeficientes de distribución como el cociente entre las ventas intermedias de la rama i a la rama j y las ventas totales de la rama i

se obtienen los coeficientes técnicos y los coeficientes de contribución de los inputs primarios a una unidad de producción efectiva:

$$l_{dj} = \frac{z_{dj}}{w_j}$$

La expresión anterior, en forma matricial, es:

$$p^w = A'p^w + L'p^z$$

con:

p^w	*vector columna (nx1) de precios de producción de las ramas de actividad*
A'	*matriz traspuesta de coeficientes técnicos (nxn)*
p^Z	*vector columna de coste (precio) de los inputs primarios (px1)*
L'	*matriz traspuesta de distribución de los inputs primarios por ramas de actividad (nxp)*

La expresión final resultante es:

$$p^w = (I-A')^{-1} L'p^z$$

Esta expresión constituye una identidad para el año de referencia. Para años posteriores, e incluyendo en la especificación el término de error, constituye el modelo input-output que relaciona el vector de precios de producción con los precios de los inputs primarios (remuneración de los factores productivos)[29]:

$$p^w = (I-A')^{-1} L'p^z + \varepsilon$$

con:

ε	*vector fila de errores*

[29] Análogamente se puede especificar la relación de precios por el lado de la demanda, que relaciona los precios sectoriales con los deflactores de los agregados económicos.

7.4. *Modelos input-output de corte dinámico.*

El planteamiento de los modelos *dinámicos* parte de la especificación de forma explícita de la producción destinada a satisfacer las necesidades de bienes de capital requeridos para las producciones futuras (esperadas), a diferencia de los modelos estáticos, que incorporan estos requerimientos de bienes de capital en el vector de demanda final como conocidos (fijados a priori).

El vector de demanda final no incluirá este aumento del stock de capital productivo, que es especificado de una forma independiente.

Por otro lado, la inversión en bienes de capital productivo acarrea un coste de retribución de este factor productivo, que incide junto al coste de los inputs primarios (modelo estático de precios) en el precio de la producción sectorial.

En definitiva, los modelos dinámicos suponen un incremento en la complejidad de la especificación al incorporar variables desplazadas relacionadas con la componente de la demanda final inversión.

A continuación se muestran los modelos dinámicos de cantidades y de precios, respectivamente.

<u>*Modelo de cantidades.*</u>

El modelo de demanda en cantidades dinámico parte de la relación:

$$w(t)_i = x(t)_{i1} + x(t)_{i2} + \ldots + x(t)_{in} + \left[k(t+1)_{i1} - k(t)_{i1}\right] + \left[k(t+1)_{i2} - k(t)_{i2}\right] +$$
$$+ \ldots + \left[k(t+1)_{in} - k(t)_{in}\right] + y(t)_{i1} + y(t)_{i2} + \ldots + y(t)_{im}$$

con:

- $w(t)_i$ *producción efectiva del sector i en el período t*
- $x(t)_{ij}$ *ventas intermedias del sector i al sector j en el período i (excluidos bienes de capital) en el período t*
- $k(t)_{ij}$ *valor del stock de capital del bien producido por el sector i necesario para afrontar la producción del bien generado por el sector j en el período t*
- $y(t)_{ik}$ *ventas del sector i a la categoría k de demanda final en el período t*

Definidos los coeficientes técnicos de producción[30] como:

$$a_{ij} = \frac{x(t)_{ij}}{w(t)_j}$$

y los *coeficientes de capital* como:

$$b_{ij} = \frac{k(t)_{ij}}{w(t)_j}$$

la expresión anterior se transforma en:

$$\begin{aligned} w(t)_i &= a(t)_{i1} w(t)_1 + a(t)_{i2} w(t)_2 + \ldots + a(t)_{in} w(t)_n + \\ &+ b_{i1}[w(t+1)_1 - w(t)_1] + b_{i2}[w(t+1)_2 - w(t)_2] + \\ &+ \ldots + b_{in}[w(t+1)_n - w(t)_n] + y(t)_{i1} + y(t)_{i2} + \ldots + y(t)_{im} \end{aligned}$$

o bien, matricialmente:

$$w(t) = Aw(t) + B[w(t+1)-w(t)]+Y^*(t)u$$

con:

$w(t)$	*vector columna de producción efectiva (nx1)*
A	*matriz de coeficientes técnicos (nxn)*
B	*matriz de coeficientes de capital (nxn)*
$Y^*(t)$	*matriz de demanda final, excluida la inversión en stock de capital (nxp)*
u	*vector columna unitario (px1)*

Si se calcula el vector de demanda final por ramas de actividad $y^*(t)$:

$$y^*(t)=Y^*(t)u$$

para períodos distintos al de referencia se obtendrá la expresión del modelo de demanda dinámico[31]:

$$w(t) = Aw(t) + B[w(t+1)-w(t)]+y^*(t)+\varepsilon(t)$$

con:

$\varepsilon(t)$	*vector columna de errores en el período t (nx1)*

Este modelo se establece sobre la hipótesis de producción a plena capacidad, dado que de no ser así los coeficientes de capital podrían ser nulos e incluso tomar valores negativos en procesos de *desinversión industrial.* Algunos autores han incrementado la

[30] Obsérvese que la notación de los coeficientes (tanto técnicos como de capital) carece de índice temporal, lo cuál expresa la asunción de la hipótesis de coeficientes fijos.

[31] El vector de errores es consecuencia de la aplicación de los coeficientes del período de referencia a otros períodos distintos (errores originados por la hipótesis de constancia en los coeficientes).

complejidad del modelo al incluir el hecho de la utilización de la capacidad productiva a un nivel inferior [Duchin (1989].

Modelo de precios.

Definidas las magnitudes en términos de cantidades y precios, se obtiene la expresión[32]:

$$\begin{aligned} w(t)_j p(t)_j^w &= x(t)_{1j} p(t)_j^w + x(t)_{2j} p(t)_j^w + \ldots + x(t)_{nj} p(t)_j^w + \\ &+ \left[k(t+1)_{1j} p(t+1)_j^w - k(t)_{1j} p(t)_j^w\right] + \left[k(t+1)_{2j} p(t+1)_j^w - k(t)_{2j} p(t)_j^w\right] + \ldots + \\ &+ \left[k(t+1)_{nj} p(t+1)_j^w - k(t)_{nj} p(t)_j^w\right] + z_{1j} p_1^z + z_{2j} p_2^z + \ldots + z_{pj} p_p^z \end{aligned}$$

con:

$w(t)_j$	*producción efectiva del sector j en el período t*
$x(t)_{ij}$	*ventas intermedias del sector i al sector j en el período i (excluidos bienes de capital) en el período t*
$p(t)^w{}_j$	*precio del bien producido por el sector j en el período t*
$k(t)_{ij}$	*valor del stock de capital del bien producido por el sector i necesario para afrontar la producción del bien generado por el sector j en el período t*
$z(t)_{dj}$	*input primario de categoría l correspondiente al sector j en el período t, excluyendo las ganancias de capital*
$p(t)^z{}_j$	*coste de los inputs primarios del sector j en el período t*

Si se definen los coeficientes de contribución de los inputs primarios a una unidad de producción efectiva como:

$$l_{ij} = \frac{z(t)_{ij}}{w(t)_j}$$

y se divide la expresión anterior por la producción efectiva[33] (en cantidades) se obtiene:

$$\begin{aligned} p(t)_j^w &= a(t)_{1j} p(t)_j^w + a(t)_{2j} p(t)_j^w + \ldots + a(t)_{nj} p(t)_j^w + b_{1j}\left[p(t+1)_j^w - p(t)_j^w\right] + \\ &+ b_{2j}\left[p(t+1)_j^w - p(t)_j^w\right] + \ldots + b_{nj}\left[p(t+1)_j^w - p(t)_j^w\right] + l_{1j} p(t)_1^z + l_{2j} p(t)_2^z + \ldots + \\ &+ l_{pj} p(t)_p^z \end{aligned}$$

---

[32] Nótese que el precio de los bienes de capital coincide con el precio de la producción sectorial correspondiente.

[33] Nótese como se ha procedido a la simplificación de considerar, a la hora de dividir, $w(t)=w(t+1)$, para mantener la hipótesis de constancia en los coeficientes b_{ij}. Véase Ciaschini (1988).

La expresión anterior, en forma matricial, es:

$$p(t)^{w} = A'\,p(t)^{w} + B'\,[p(t+1)^{w} - p(t)^{w}] + L'\,p(t)^{z}$$

con:

$p(t)^{w}$ *vector columna (nx1) de precios de producción de las ramas de actividad*

A' *matriz traspuesta de coeficientes técnicos (nxn)*

B' *matriz traspuesta de coeficientes de capital (nxn)*

$p(t)^{Z}$ *vector columna de coste (precio) de los inputs primarios (px1)*

L' *matriz traspuesta de distribución de los inputs primarios por ramas de actividad (nxp)*

Para años posteriores, e incluyendo en la especificación el término de error, se especifica el modelo input-output que relaciona el vector de precios de producción con los precios de los inputs primarios (remuneración de los factores productivos) y con la ganancia de capital[34]:

$$p(t)^{w} = A'\,p(t)^{w} + B'\,[p(t+1)^{w} - p(t)^{w}\,] + L'\,p(t)^{z} + \varepsilon(t)$$

con:

$\varepsilon(t)$ *vector columna de errores (nx1) del período t*

Algunos autores han incrementado la complejidad del modelo al incluir de forma explícita el coste del capital (véase Duchin (1989), cuyo desarrollo operativo se presenta en forma de ficha técnica en el capítulo 6[35]).

---

[34] La ganancia de capital se obtiene por la diferencia de precios de los bienes destinados a destinar el stock de capital, es decir, el segundo sumando de la parte derecha de la ecuación. Véase Ciaschini (1988).

[35] Ficha 6.2.(11).

7.5. Resumen.

- El *enfoque modelizador* del análisis input-output se centra en los objetivos de *simulación y evaluación de impactos* y *proyección*, tomando como herramienta básica de trabajo la tabla estadística input-output.
- Según los elementos considerados susceptibles de cambio, pueden distinguirse dos grandes enfoques de modelización: *Modelos input-output bajo hipótesis de permanencia estructural* y *Modelos del cambio estructural*.
- Los modelos input-output especificados bajo la *hipótesis de permanencia estructural* cuantifican los efectos que, dada una estructura productiva, provocan sobre los agregados económicos de la tabla input-output los cambios en el vector de demanda final o en los vectores de precios, de forma detallada por ramas de actividad.
- Los modelos input-output *estáticos* muestran la "fotografía" de las relaciones inherentes al sistema económico representado por la tabla input-output de referencia sin incluir en su especificación ninguna referencia a momentos distintos del tiempo (variables desplazadas). Según el modelo incluya o no de forma explícita los vectores de precios, podrán distinguirse *modelos de precios* y *modelos de cantidades*.
- Los modelos input-output *dinámicos* suponen un incremento en la complejidad de la especificación al incorporar variables *desplazadas* relacionadas con la componente de la demanda final *inversión*.

H. *Análisis de impactos económicos mediante el modelo de cantidades: cuantificación del impacto de la inversión en infraestructura del transporte en 1998.*

En la siguiente práctica se procede a la cuantificación del impacto de la inversión en infraestructura del transporte en 1998, según los datos obtenidos del informe del Ministerio de Fomento[36].

Paso 1.

Abriremos el libro mcf_1998.xls. El libro se compone de las siguientes hojas de cálculo:

- Tio98eur, que contiene la tabla input-output de la economía española de 1998, agregada a las 25 ramas de actividad de Eurostat.
- Coeficientes técnicos e inversa, con las matrices de coeficientes técnicos e inversa de Leontief correspondiente a la tabla de 1998.
- Inversiones, con los vectores de inversión en infraestructura del transporte por tipo de infraestructura y rama de actividad receptora de as compras.
- Carreteras, con la cuantificación del impacto de la inversión en carreteras por ramas de actividad, en términos de producción efectiva, valor añadido y empleo.
- Ferrocarril, con la cuantificación del impacto de la inversión en ferrocarril por ramas de actividad, en términos de producción efectiva, valor añadido y empleo.
- Puertos, con la cuantificación del impacto de la inversión en puertos por ramas de actividad, en términos de producción efectiva, valor añadido y empleo.
- Aeropuertos, con la cuantificación del impacto de la inversión en aeropuertos por ramas de actividad, en términos de producción efectiva, valor añadido y empleo.

Paso 2.

La hoja tio98eur sirve de base para el cálculo de la matriz de coeficientes técnicos de producción y la matriz inversa de Leontief, tal y como se mostró en la práctica A. Ambas matrices son presentadas en la hoja coeficientes técnicos e inversa.

Por otro lado, en la hoja inversiones se ofrecen las inversiones realizadas por tipo de infraestructura, y su reparto por ramas de actividad en base a una encuesta a expertos.

---

36 Ministerio de Fomento (2000).

En el rango C5:F29 se muestran los datos de la inversión en miles de millones de pesetas; por su parte el rango H5:K29 muestra los datos calculados en millones de euros.

Paso 3.

Para cuantificar el impacto del vector de inversión en carreteras nos situamos en la hoja carreteras.

En la columna C se detalla la inversión realizada en carreteras, desagregada por ramas de actividad. En la columna D se muestra el porcentaje de la producción efectiva de la rama de actividad que representa esa inversión.

En la columna E se cuantifica el impacto de ese vector de inversión en términos de producción efectiva por ramas de actividad. El vector de producción efectiva correspondiente se calcula mediante el modelo de coeficientes fijos de cantidades:

$$\Delta w = (I-A)^{-1}\Delta y$$

con:

Δw	*vector de producción efectiva*
Δy	*vector de inversión*

En la columna F se muestra el porcentaje de la producción efectiva total de la rama que supone la producción inducida por el impacto.

En la columna G se cuantifica el impacto del vector de inversión en términos de valor añadido bruto por ramas de actividad, mediante el modelo:

$$\Delta z = L\ (I-A)^{-1}\Delta y$$

donde L es una matriz diagonal cuyos elementos de la diagonal principal son los coeficientes:

$$l_{jj} = \frac{z_j}{w_j}$$

con:

Δz	*vector de valores añadidos generados por el impacto del vector de inversión*
Δy	*vector de inversión*
z_j	*valor añadido de la rama j en el año escenario (rango AM5:AM29 de la hoja tio98eur)*
w_j	*producción efectiva de la rama j en el año escenario (rango AL5:AL29 de la hoja tio98eur)*

En la columna H se muestra el porcentaje del valor añadido total de la rama que supone el valor añadido bruto inducido por el impacto.

En la columna I se cuantifica el impacto del vector de inversión en términos de empleo. El vector de empleo generado por la inversión vendrá dado por la relación:

$$\Delta e = B\,(I-A)^{-1}\Delta y$$

donde *B* es una matriz diagonal nxn de elementos:

$$b_{ii} = \frac{e_i}{w_i}$$

con:

Δe	*vector de empleos generados por el impacto del vector de inversión*
Δy	*vector de inversión*
e_i	*empleos totales de la rama i en el año escenario (rango AN5:AN29 de la hoja tio98eur)*
w_i	*producción efectiva total de la rama i en el año escenario (rango AL5:AL29 de la hoja tio98eur).*

En la columna J se muestra el porcentaje de empleo total de la rama que supone el empleo inducido por el impacto.

Paso 4.

De forma análoga, en las hojas ferrocarril, puertos y aeropuertos se cuantifica el impacto de la inversión en infraestructuras para el resto de tipos de infraestructuras.

8 Modelización del cambio estructural.

8.1. Modelización del cambio estructural en el marco input-output.

La *modelización del cambio estructural* surge ante la necesidad de dotar de realismo a los modelos input-output mediante la relajación de la hipótesis de *permanencia estructural* (coeficientes fijos).

Los modelos especificados bajo esta hipótesis se formulan a partir del cálculo de los coeficientes técnicos correspondientes a la tabla estadística que sirve de referencia. Por tanto, estos modelos pueden originar sesgos importantes en los resultados obtenidos ante procesos de cambio intensivo en la estructura productiva representada por la tabla input-output. Dichos sesgos se traducirán en la falta de coherencia entre las informaciones suministradas por los modelos y la información disponible sobre el sistema real que ha experimentado el proceso de cambio en la estructura productiva (información proveniente de la contabilidad, de avances estadísticos, de modelos macroeconómicos, etc.).

En la modelización del cambio de la estructura de la tabla input-output pueden distinguirse dos enfoques alternativos:

- *Modelización directa* del cambio en los elementos (coeficientes o valores) de la tabla, lo que a su vez puede llevarse a cabo mediante dos vías alternativas y/o complementarias:
  - *Proyección individual de los elementos de la tabla*: se modeliza el cambio de cada elemento de la tabla, considerado aisladamente.
  - *Ajuste global de la tabla*: se modeliza de forma conjunta el cambio de los elementos que integran la tabla input-output.
- *Modelización indirecta* del cambio estructural mediante esquemas que corrijan el sesgo originado por los modelos input-output de coeficientes fijos en las macro-magnitudes output del modelo (modelización de la componente errática ε).

En el gráfico 6 se representan ambos enfoques, enfatizando, dada una tabla input-output, los elementos cuyo cambio es susceptible de modelización. Estos enfoques se desarrollan en los próximos apartados, detallando las metodologías y desarrollos específicos en forma de fichas técnicas.

Gráfico 06. *Enfoques de la Modelización del Cambio Estructural en sistemas I/O*

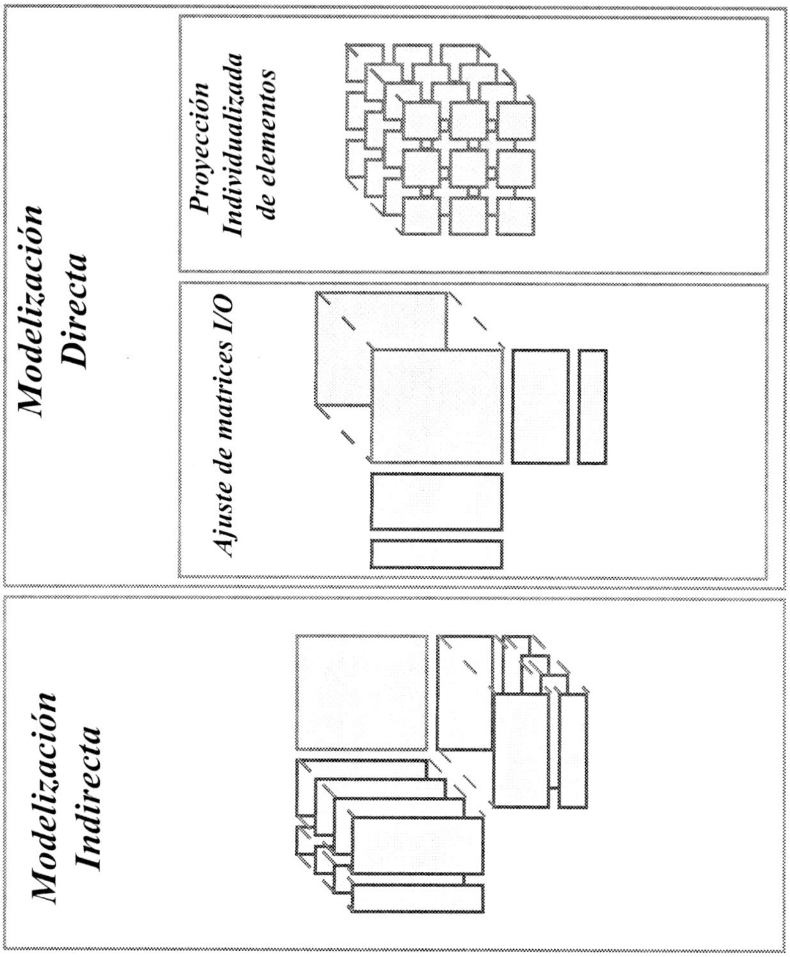

8.2. *Modelización directa del cambio estructural.*

La hipótesis de permanencia estructural asumida por los modelos input-output de coeficientes fijos puede ocasionar el que, en ámbitos distantes al punto de referencia y en actividades sometidas a un cambio intenso, los resultados obtenidos se vean seriamente sesgados. Como apunta Sevaldson (1974) [pp. 113-115], los productores pueden disponer de varias combinaciones de inputs (vectores columna de coeficientes técnicos), adoptando aquel vector que le suponga un mayor margen de beneficio.

Por ello, el objetivo de los modelos del cambio estructural se centra en la modelización del comportamiento de los coeficientes y/o valores de los elementos del sistema input-output. Para ello existen dos vías alternativas [Divay y Meunier (1982); pp. 189-190], cada una de ellas basadas en los planteamientos siguientes:

- *Hipótesis de evolución estructural estable.* Los coeficientes/valores input-output evolucionan, generalmente, de forma estable, esto es, con tendencias definidas y con un nivel de dispersión en torno a éstas relativamente reducido (hipótesis de evolución estructural estable);
- *Hipótesis de interconectividad.* Los coeficientes input-output interactúan unos con otros, pues forman parte de todo un sistema productivo. Por ello, sus fluctuaciones vienen limitadas por el grado de conectividad del sistema y por la intensidad de los vínculos con los demás elementos (hipótesis de conectividad estructural).

Las dos hipótesis anteriores han sido empíricamente contrastadas y relacionadas por varios autores.

Middelhoek (1970) [p. 269] evidencia la estabilidad de la mayoría de los coeficientes para la serie de tablas input-output holandesas 1950-1964.

Vaccara (1970) [p. 239] opina que los cambios en las relaciones técnicas de una industria se implantan de una forma lenta y ordenada. Esto se debe a las demoras en la introducción en un sector de nuevos productos, nuevos materiales, nuevas tecnologías y largos procesos de sustitución de materias en función de los cambios en los precios relativos.

Fontela y Pulido (1991) [p. 140] constatan la lentitud en la adopción de cambios sustanciales en la magnitud de un coeficiente técnico (hipótesis de evolución estructural estable), lo que es atribuible a que la innovación tecnológica que impulsa tal cambio debe ser asumida por toda la tecnología del sector (hipótesis de conectividad estructural).

De la *hipótesis de evolución estructural* estable arrancan las técnicas de *proyección individualizada de los elementos* del sistema. Estas técnicas modelizan el comportamiento de los coeficientes técnicos (o, alternativamente, de los valores de la tabla) de forma aislada.

Operativamente, los modelos de proyección individualizada de elementos suelen estimarse a partir de técnicas inferenciales y econométricas.

La proyección individualizada de elementos puede ser muy útil en el estudio del comportamiento tecnológico de las actividades de la tabla; si bien adolece de los inconvenientes siguientes:

- Al tratar individualizadamente cada elemento, no se asegura la coherencia entre las proyecciones de éstos, lo que implica la obtención de predicciones y/o simulaciones incoherentes entre sí (tabla 'incoherente').
- La modelización de la evolución de los elementos requiere la existencia de una base muestral suficiente, lo que ha sido tradicionalmente un lastre debido al coste de la elaboración de las tablas estadísticas. El esfuerzo de los institutos estadísticos y de los investigadores han permitido, en casos como el español, la existencia de series de tablas homogéneas.

De la *hipótesis de conectividad estructural* parten los métodos *de ajuste global.* Este tipo de modelos plantean la modificación de los coeficientes técnicos de la tabla estadística (o, alternativamente, de los elementos en término de valores) de forma conjunta. Operativamente, los métodos de ajuste global se implementan como modelos de optimización de una función matemática sujeta a ciertas restricciones.

Estos métodos de ajuste global han sido empleados tradicionalmente, pues necesitan menor grado de información (usualmente una tabla de referencia e informaciones parciales sobre las características de la tabla a estimar). Además, aseguran la coherencia contable de la tabla estimada (suma de filas igual a suma de columnas).

Como inconveniente puede destacarse que, si bien se obliga matemáticamente a la coherencia conjunta, ésta puede alcanzarse por vías alejadas del comportamiento real de cada elemento (tabla 'irreal').

En los siguientes epígrafes se describen sintéticamente ambos enfoques.

8.3. *Modelos de proyección individualizada de elementos.*

Las *metodologías de Proyección Individualizada de Elementos* pretenden encontrar o proporcionar vías de evolución de coeficientes o magnitudes con independencia de la evolución del resto de elementos, dejando para los métodos de *Coherencia* el ajuste de las discrepancias que surjan entre las proyecciones, entendidas como elementos sujetos a una disciplina contable.

La hipótesis que subyace a este tipo de técnicas es la de *evolución estructural estable*. Si se propone un esquema de evolución de un coeficiente técnico como:

$$a_{ij}^{t} = f(f_{t1}, f_{t2}, \ldots f_{tm}) + \varepsilon_t$$

con:

a_{ij}^{t}	*coeficiente técnico en el período t*
f_{tm}	*factor o variable de influencia sobre la evolución del coeficiente*
ε_t	*componente errática*

La hipótesis puede formularse como un peso significativamente mayor en el comportamiento del coeficiente de la parte determinista con respecto a la componente aleatoria ε_t.

Esta hipótesis a menudo es generalizada para el resto de elementos de la tabla input-output: transacciones intermedias y elementos de la demanda final y matriz de inputs primarios.

Dichas metodologías pueden clasificarse atendiendo tanto a los factores de influencia especificados como por el tipo de relación funcional elegida. Algunas de las principales metodologías de proyección de elementos input-output se recogen en el cuadro 14, y son comentadas a continuación:

Cuadro 14. *Proyección Individualizada de Elementos*

Metodología	***Técnica***	***Ficha técnica***
Convergencia con tecnologías de referencia	Cálculo de la velocidad de aproximación a los coeficientes considerados más probables u óptimos.	6.3.(7)
Encuesta a Panel de Expertos	Reconciliación de opiniones de expertos sobre la evolución previsible de los coeficientes de la TIO.	8.3.(1)
Proyección Econométrica	Modelos de series temporales.	8.3.(2)
	Modelos de determinación de la tendencia.	8.3.(3)
	Modelos explicativos.	8.3.(4;5;6)
	Modelos de Corte Transversal.	8.3.(7)

- *Metodología de Convergencia con tecnologías óptimas.* Este tipo de metodologías realizan una proyección de los coeficientes técnicos en base a la hipótesis de que la tecnología representada por éstos se acercará de una forma progresiva a una tecnología tomada como referencia. Técnicamente se determina la velocidad de adaptación a esa tecnología, por medio del cálculo de algún parámetro de convergencia [Östblom (1992); p. 238].

  Este enfoque es utilizado como metodología complementaria en el Proyecto M.E.C.A. (Modelos Económicos para la Comunidad Andaluza) por Rodríguez Alcaide et al (1985b), (1988). Se propone como hipótesis de trabajo la adopción por parte del todo el sector de la función de producción de la empresa líder o de cabecera.

Las metodologías de convergencia con tecnologías óptimas tienen como ventaja que sólo es necesario muestrear los componentes más punteros del sector, número que suele ser reducido, con lo que se obtiene un ahorro de información en procesos de ajuste y elaboración de tablas estadísticas.

- *Proyección en base a información de expertos.* Este método parte de metodologías de consulta a expertos (método *delphi*, etc.). Una selección de expertos en las tecnologías de cada sector es encuestada sobre el valor previsible de los coeficientes técnicos, atendiendo a su experiencia y a la información que se les proporciona. Esta información puede ir desde valores históricos del coeficiente hasta proyecciones estimadas mediante técnicas estadísticas o econométricas [Barker (1975), p. 42], o expectativas de avances tecnológicos en el sector. Caso de existir varias opiniones distintas de expertos sobre la evolución de un mismo coeficiente, se procede a técnicas de reconciliación de las informaciones hasta llegar a un consenso sobre el valor del coeficiente.

  Un ejemplo del empleo de técnicas basadas en opiniones de expertos es la elaboración de tablas por parte del *Instituto Batelle* [Fisher y Chilton (1972), pp. 400-404; Fisher (1975); pp. 94-98]. Otro ejemplo es la experiencia de la proyección de la estructura sectorial japonesa al horizonte de 2000 elaborada por Agatsuma et al. (1986)[37]

- *Proyección econométrica.* Este enfoque propone la estimación de valores proyectados de coeficientes o valores de la tabla input-output por medio de modelos estadístico – econométricos. Entre las diferentes técnicas econométricas destacan las siguientes:

  - *Modelos de Series Temporales.* Este tipo de modelos se basan en la estimación del comportamiento de cada elemento del sistema bajo su consideración como proceso estocástico, caso de la metodología desarrollada por Box y Jenkings (1970).

    Una interesante aportación teórica en torno a este enfoque es la propuesta de Okuyama et al (2000) [pp. 13-15], al proponer para la proyección de coeficientes la especificación de modelos VAR; si bien se plantea problemas técnicos relacionados con la dimensión del modelo y con la falta de la condición de estacionariedad en la mayoría de los coeficientes (lo que puede generar relaciones de tipo espurio).

    En general, un inconveniente común a este tipo de modelos estriba en la escasez de información estadística (carencia de series históricas), lo que limita la calidad de las estimaciones, planteándose problemáticas de muestras pequeñas con amplias varianzas en los parámetros estimados.

[37] Obra citada en Pulido y Fontela (1993) [p. 251]

- *Modelos de determinación de la tendencia.* Este tipo de modelos se basa en la hipótesis de estabilidad evolutiva de los elementos de la tabla input-output, lo que supone una senda o tendencia en el comportamiento del elemento sin puntos de cambio o ruptura estructural y con una dispersión relativamente pequeña.

  En base a esta hipótesis se pueden estimar líneas de tendencia previa aplicación de las técnicas de selección de la función matemática a estimar. Como variables explicativas se especifican variables tendenciales (variable 'proxi' de la evolución tecnológica [Sevaldson (1963), p. 306]) y retardos del propio elemento.

  Si bien los requerimientos de información (longitud de series temporales) son menores que en el tipo de modelos anteriores, la falta de series históricas de tablas estadísticas originará de nuevo problemas relacionados con la calidad de los parámetros estimados debido a la existencia de muestras pequeñas.

  Aún teniendo un número suficiente de observaciones (serie de tablas históricas), una mala selección de la función matemática a estimar puede originar problemas relacionados con el cambio estructural.

  Algunas experiencias[38] muestran el escaso éxito de la extrapolación de coeficientes mediante la estimación directa de tendencias lineales, si bien se resalta la posibilidad de plantear funciones matemáticas no-lineales, como la curva logística, y en general, distintos tipos de tendencias junto a información adicional sobre la tabla a ajustar [Lecomber (1975); p. 22]. En forma de ficha técnica se detallan las principales especificaciones que pueden encontrarse dentro de este tipo de modelos.

- *Modelos explicativos del cambio estructural en las relaciones intersectoriales.* En este enfoque modelizador se trata de incluir explícitamente los factores que pueden provocar el cambio estructural.

  Es amplia la literatura que trata de encontrar factores que provocan el cambio en la estructura productiva.

  Chenery (1960), en un trabajo pionero, enumera una serie de factores '*universales*' que marcan la pauta de los patrones de crecimiento económico [p. 626]:

  - conocimiento tecnológico,
  - preferencias de los consumidores,
  - nivel del stock de capital,
  - aumento del nivel de progreso, entendido como nivel de ingreso.

[38] Respecto a la utilización de tendencias lineales, Tilanus (1966) y Lauritzen (1989). En cuanto a funciones logísticas, Almon y Buckler (1972) y Almon y Nyhus (1980). Todas son obras citadas en Pulido y Fontela (1993) [pp. 245-250]. Las conclusiones a las que llega Tilanus (1966) en su experimento de extrapolación de tablas estadísticas se detallan en Lecomber (1975) [pp. 18-19].

Sevaldson (1963), sugiere como factores explicativos de la variación de los coeficientes técnicos los siguientes, relacionados en un esquema lineal [pp. 305-311]:

- tiempo (progreso técnico),
- nivel de producción del sector comprador,
- precios relativos y disponibilidad de inputs,
- cambios en el *mix* de productos,
- errores de observación y medida,
- componente errática.

En una aportación más reciente, Vaccara (1970) [pp. 240-241] propone como factores determinantes del cambio en la estructura productiva los siguientes:

- cambios en el *mix* de productos,
- grado de utilización de la capacidad productiva,
- convenciones estadísticas (producción secundaria e importaciones competitivas),
- cambios en el comportamiento de los consumidores,
- cambios en los precios relativos,
- innovación o progreso tecnológico (a través de una variable tendencial),

Forsell (1972) [pp. 345-346] coincide al señalar como factores que provocan cambios en los coeficientes técnicos de producción los siguientes:

- desarrollo tecnológico (motivado por el cambio en la calidad de los insumos, en el conocimiento y en el reemplazo de la dotación de equipos productivos),
- cambios en los precios relativos de los productos,
- cambios en el *mix* de productos,
- cambios en el nivel de producción (economías de escala).

Así, centrándose en el progreso tecnológico, cabe apuntar las experiencias encaminadas a representar el comportamiento de los coeficientes técnicos en el tiempo mediante el empleo de una *curva logística*, ya que son numerosos los autores que coinciden en señalar como la difusión de innovaciones en diferentes industrias (y por tanto, la evolución de los coeficientes técnicos que representa dicha difusión) sigue un patrón en forma de "S". Entre estas experiencias pueden destacarse las llevadas a cabo en el marco del *modelo Wharton* a largo plazo y de *INFORUM* de la Universidad de Meryland para Estados Unidos y algunos países europeos.

Al final del apartado se exponen, en forma de fichas, las experiencias modelizadoras[39] de Wharton, Pulido (1986) y Scherer (1982).

- *Modelos de Corte Transversal:* Se parte de la problemática de la falta de series temporales (tablas homogéneas), lo que hace difícil la estimación de modelos basados en el comportamiento histórico de los elementos de la TIO. Así, se plantea la posibilidad de especificar modelos de corte transversal en los que la información muestral se obtiene de las funciones de producción de las empresas del sector.

  Una metodología operativa incluida en este enfoque puede consultarse en Gerking (1976), si bien debe asumirse la hipótesis de empresas con funciones de producción homogéneas [p. 276] para evitar los problemas técnicos de la estimación de los modelos econométricos (cambio estructural y existencia de heteroscedasticidad en los datos). Esta metodología se presenta en forma de ficha técnica.

[39] Obras citadas en Pulido y Fontela (1989) [pp. 11-12]

8.3.(1)

Técnica Batelle de Proyección en base a Panel de Expertos (1972).

Referencia:

FISHER, W.H.; CHILTON, C.H. (1972) *"Developing ex ante input-output flow and capital coefficients."* Bródy; Carter (eds.) Input-Output Techniques. North-Holland. American Elsevier Publishing. (pp. 393-405).

Objetivo:

Proyección de coeficientes técnicos en base a la opinión emitida por un panel de expertos.

Metodología:

Selección de un panel de expertos en base al conocimiento de la innovación sectorial, el historial de la técnica de la industria, el conocimiento de las empresas y personas determinantes del sector. Los entrevistadores son pocos (para evitar sesgos derivados del estilo personal de la entrevista) y cualificados (formados en la temática a través de workshops).

Operativa:

- Selección cuidadosa de 1-2 expertos para cada sector.
- A cada experto se le ofrece información sobre los coeficientes históricos y, si existe, proyecciones estimadas mediante técnicas econométricas.
- Durante el proceso de opinión, se produce un estado de interactividad del experto con todas las informaciones disponibles, con otros expertos, o con experiencias anteriores.
- Con la opinión del experto se intentan reducir las fuentes de error no controlables de la proyección de cada celda en la estructura productiva del sector.
- Como última etapa, los coeficientes sugeridos son normalizados.

8.3.(2) Especificación de modelos VAR para la Proyección de Coeficientes. Okuyama et al. (2000).

F

Referencia:

OKUYAMA, Y.; HEWINGS, G.J.D.; SONIS, M.; ISRAILEVICH, P.R. (2000) *"An Econometric Analysis of Biproportional Properties in an Econometric Input-Output Modeling System."* R.E.A.L. Project. Documento de trabajo 98-T-12. Universidad de Illinois y Banco de la Reserva Federal de Chicago. (pp. 13-15)

Objetivo:

Proyección de coeficientes técnicos.

Metodología:

Estimación de un modelo VAR para la determinación simultánea de coeficientes técnicos y de los factores de corrección de filas y columnas de coeficientes.

Operativa:

$$\begin{bmatrix} \log a_{ij}^{t} \\ \log r_{ij}^{t+1} \\ \log s_{ij}^{t+1} \end{bmatrix} = \Gamma_1 \begin{bmatrix} \log a_{ij}^{t-1} \\ \log r_{ij}^{t} \\ \log s_{ij}^{t} \end{bmatrix} + \ldots + \Gamma_p \begin{bmatrix} \log a_{ij}^{t-p} \\ \log r_{ij}^{t-p+1} \\ \log s_{ij}^{t-p+1} \end{bmatrix} + \varepsilon_t$$

con:

a	*coeficiente técnico*
r	*factor de corrección por filas*
s	*factor de corrección por columnas*
ε	*vector de perturbaciones aleatorias*

El modelo se estima para cada elemento (i,j) en base del valor observado de a_{ij} , y las estimaciones de los factores de corrección calculados a partir del procedimiento RAS. La longitud del retardo se calcula mediante el *criterio de información de Schwarz (Bayesiano).*

8.3.(3) Modelos de determinación de la tendencia.

Referencia:

MARTÍNEZ AGUADO, T. (1981) *Previsión Empresarial.* Facultad de CC. Económicas y Empresariales. Universidad Autónoma de Madrid.

OTERO, J.M. (1993) *Econometría: Series Temporales y Predicción.* Editorial AC. Madrid.

Objetivo:

Estimación del comportamiento de los elementos de la TIO.

Metodología:

Estimación de funciones de tendencia (relación del elemento en cuestión con la variable tiempo). Pueden especificarse distintas funciones atendiendo tanto al análisis preliminar del comportamiento histórico del elemento como al número de observaciones disponibles.

Operativa:

Tipos de funciones matemáticas para estimación de la tendencia:

Tendencia Lineal $a(T)_t = a + bt$ $a_t = \alpha + \beta t + u_t$

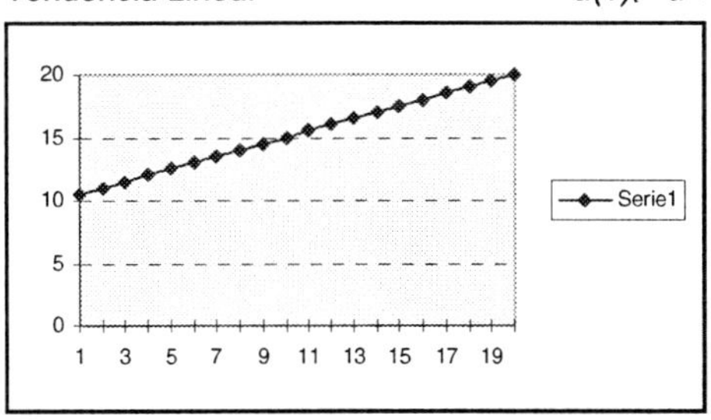

Tendencia Parabólica $a(T)_t = a + bt + ct^2$ $a_t = \alpha + \beta t + \gamma t^2 + u_t$

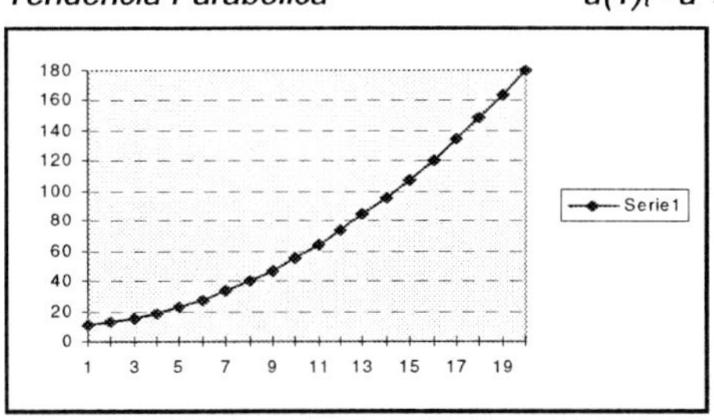

Exponencial Simple $a(T)_t = ae^{rt}$ $a>0$ $\ln a_t = \ln a + rt + u_t$

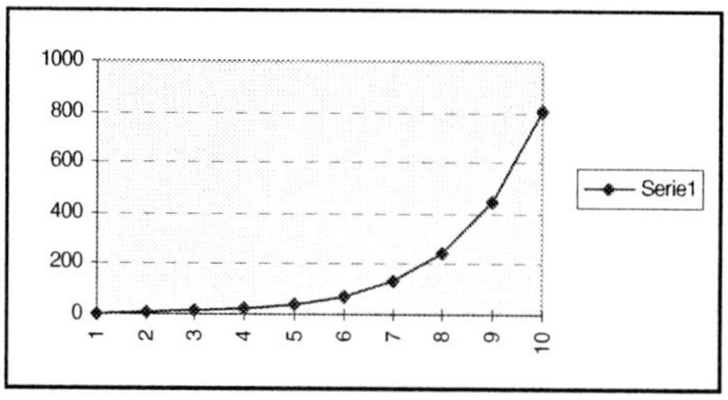

Exponencial de Saturación $a(T)_t = a - br^t$ $a_t = \alpha + r a_{t-1} + u_t$

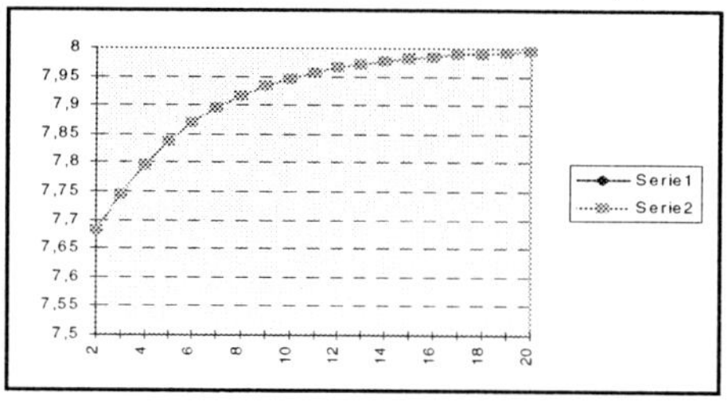

Logística $a(T)_t = a^* / 1+be^{-rt}$ $r,b,ba^*>0$ $\ln (a_t / a_{t-1}) = \alpha + \beta a_{t-1} + u_t$

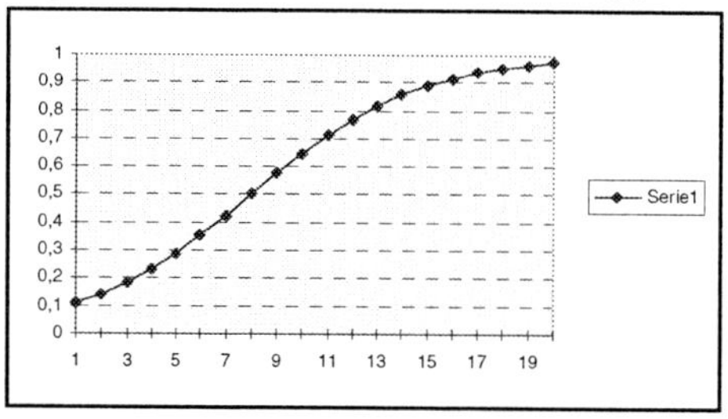

Gompertz $a(T)_t = a^* b^{\exp(-rt)}$ $r,b,a^*>0$ $\ln (a_t / a_{t-1}) = \alpha + \beta \ln a_{t-1} + u_t$

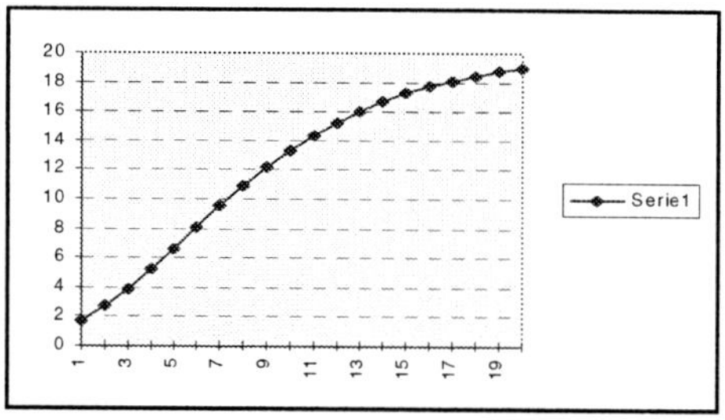

con:

$a(T)_t$	*valor de tendencia del elemento a_{ij} en el período t $\forall$ i,j*
a_t	*valor del elemento a_{ij} en el período t $\forall$ i,j*
a^*	*parámetro de saturación de la ecuación de tendencia del elemento a_{ij} en t $\forall$ i,j*
t	*Variable tendencial (tiempo)*
a,b,c,r	*parámetros de la expresión teórica de la tendencia*
α,β,γ,r	*parámetros de la estimación lineal*

Técnicas de selección de la tendencia:

Función sugerida	*Transformación*	*Representación serie transformada*
Tendencia lineal	Δa_t	*Recta horizontal*
Parábola	Δa_t	*Recta con pendiente positiva*
Exponencial Simple	$\Delta a_t / a_t$	*Recta horizontal*
Exponencial de Saturación	$ln(\Delta a_t)$	*Recta con pendiente negativa*
Logística	$ln(\Delta a_t / a_t^2)$	*Recta con pendiente negativa*
Gompertz	$ln(\Delta a_t / a_t)$	*Recta con pendiente negativa*

8.3.(4)	**Modelos explicativos: experiencia Wharton**	F

Referencia:

PULIDO SAN ROMÁN, A. y FONTELA MONTES, E. (1989) *"Input-Output and Technological Change"*. International Seminar on Science, Technology and Economic Growth. Directorate for Science, Technology and Industry. OCDE.

Objetivo:

Estimación del comportamiento de los elementos de la TIO.

Metodología:

Representación del comportamiento de los coeficientes técnicos en el tiempo mediante el empleo de una *curva logística*, ya que son numerosos los autores que coinciden en señalar como la difusión de innovaciones en diferentes industrias (y por tanto, la evolución de los coeficientes técnicos que representa dicha difusión) sigue un patrón en forma de "S".

Operativa:

Ecuación a estimar:

$$\log\frac{a_{ij}^{t}}{a_{ij}^{0}}=\alpha_{ij}+\beta_{ij}Z(t)+\sigma_j\left[\sum_{h=0}^{s}w_h\log\left(\frac{\overline{p}_j}{p_i}\right)_{t-s}\right]$$

con:

a_{ij}	*coeficientes técnicos, del año t y del año base*
$Z(t)$	*función logística*
p_i	*precio de la industria i*
$\overline{p}_j$	$=\sum_i a_{ij}^{0}p_i$
w_h	*distribución de retardos para el impacto de los precios relativos*

8.3.(5) Modelos explicativos: especificación de Pulido (1986).

Referencia:

PULIDO SAN ROMÁN, A. (1986) *"Crecimiento económico y esfuerzo tecnológico. Un enfoque integrado, modelo econométrico-modelo input-output con coeficientes variables".* Instituto L. R. Klein, doc. 86/1. Universidad Autónoma de Madrid.

Objetivo:

Estimación del comportamiento de los elementos de la TIO.

Metodología:

Utiliza, como factor explicativo del cambio tecnológico, el *capital tecnológico* del sector definido como una variable stock computada como entrada de nueva tecnología (mediante una distribución de retardos del I+D) más las transferencias totales de tecnología importada.

Operativa:

$$KR_j^t = (1-d)KR_j^{t-1} + v_1 RD_j^{t-1} + v_2 RD_j^{t-2} + v_3 RD_j^{t-3} + v_4 RD_j^{t-4} + MT_j^t$$

$$\sum v_i = 1$$

con:

KR_j *capital tecnológico del sector j*

RD_j *inversión en I+D*

MT_j *transferencias de tecnología importada*

8.3.(6) Modelos explicativos: especificación de Scherer (1986).

Referencia:

SCHERER, F.M. (1982) *"Interindustry technology flows and productivity growth."* The Review of Economics and Statistics, September. Obra citada en PULIDO SAN ROMÁN, A. y FONTELA MONTES, E. (1989)

Objetivo:

Estimación del comportamiento de los elementos de la TIO.

Metodología:

Utiliza, como factor explicativo del cambio tecnológico, el *stock tecnológico* del sector.

Operativa:

Propone una variable explicativa de *stock tecnológico* como:

$$R_j^t = KR_j^t + \sum_i a_{ij} KR_i^t$$

con:

R_j *stock tecnológico*

KR_j *capital tecnológico del sector j*

8.3.(7)	**Modelos de Corte Transversal: especificación de Gerking (1976).**

Referencia:

GERKING, S.D. (1976) *"Input-Output as a Simple Econometric Model."* Review of Economics and Statistics, nº57, vol. 3 (pp. 274-286).

Objetivo:

Estimación del comportamiento de los Coeficientes de la TIO.

Metodología:

Plantea modelos de corte transversal en los que la muestra la se compone de las funciones de producción de las empresas que componen cada sector.

Deben establecerse dos hipótesis:

- Las empresas tienen funciones de producción de tipo Leontief (lineales).
- Las empresas de un mismo sector tienen funciones de producción homogéneas.

Operativa:

Propone, para cada sector, las siguientes ecuaciones (r es una empresa del sector j , w producción efectiva, x compra intermedia, z componente de los inputs primarios, a coeficiente técnico y l coeficiente de reparto de los inputs primarios)*:

$$w^r_j = \sum_{i=1}^{n} x^r_{ij} + \sum_{l=1}^{d} z^r_{lj}$$

$$x^r_{1j} = a_{1j} w^r_j + \varepsilon^r_{1j}$$

$$\dots$$

$$x^r_{nj} = a_{nj} w^r_j + \varepsilon^r_{nj}$$

$$z^r_{1j} = l_{1j} w^r_j + \varepsilon^r_{n+1,j}$$

$$\dots$$

$$z^r_{dj} = l_{dj} w^r_j + \varepsilon^r_{n+d,j}$$

** Los vectores de errores tienen una distribución ruido blanco:* $\varepsilon_{ij} \sim N(0,\sigma^2 I)$

El sistema es estimado por el método de mínimos cuadrados en dos etapas.

8.4. *Modelos de ajuste global.*

El *ajuste global* de matrices input-output parte de la *hipótesis de interconectividad* de la tabla input-output, entendida ésta como el supuesto de que la evolución de los coeficientes y valores de la tabla se rige bajo el cumplimiento de ciertas reglas de coherencia en las que se basa su relación interna.

Matemáticamente puede plantearse como el problema de la transformación de una matriz de coeficientes A^0 en otra matriz A^* mediante una función de transformación de tipo matemático o determinista

$$A^*=f(A^0)$$

que cumpla con ciertos requisitos o restricciones suministrados por vectores de información sobre los elementos de la matriz ajustada (márgenes, elementos individuales, grupos de elementos...).

Alternativamente, dado que usualmente se dispone de información de tipo marginal sobre la matriz de transacciones intermedias X, y puesto que[40]

$$A=X(W)^{-1}$$

puede plantearse el problema de hallar una matriz de relaciones intermedias X^* a partir de una matriz inicial X^0 a través de una función matemática del tipo:

$$X^*=f(X^0)$$

que cuenta con la siguiente información mínima[41]:

$$X^* u = v$$
$$u'X^* = q$$

De Mesnard (1989)[42], (1990) [p. 273] establece una clasificación de los métodos de ajuste global de matrices denominados *biproporcionales*[43], en el sentido de la doble

---

40 W es la matriz diagonal cuyos elementos son los del vector de producción efectiva w.

41 v y q son los vectores de ventas y compras intermedias, respectivamente. u es el vector unitario

42 Obra citada en Pulido y Fontela (1993) [p. 219]

43 Se han desarrollado otros métodos específicos de la regionalización de tablas que no son comentados por su falta de generalidad. Dichos métodos, que a diferencia de los expuestos no son biproporcionales, pueden agruparse en: los englobados en torno al enfoque de los Coeficientes de Compras Regionales [Regional Purchase Coefficient (RPC)], y los agrupados bajo el enfoque de los Coeficientes de Localización [Simple Location Quotient (SLQ), Cross-Industry Location Quotient (CILQ), Purchases Only Location Quotient (POLQ), Logaritmic Cross-Quotient (RND), Supply-Demand Pool (SDP)]. Para una revisión global puede consultarse Buendía (1995). El enfoque RPC es utilizado en Nijkamp et al (1992), mientras que los Coeficientes de Localización son tratados en Flegg et al (1995).

rectificación a la que deben someterse los elementos de la matriz para ajustarlos a la información marginal, tanto por filas como por columnas:

- *Métodos de corrección aditiva*, en los que se rectifican los elementos de filas y columnas mediante la suma de vectores de valores de corrección.
- *Métodos de corrección multiplicativa*, en los que los elementos de las filas y columnas de la matriz a ajustar se modifican mediante su producto con ciertos vectores de corrección.

De estos métodos, los de corrección multiplicativa tienen la ventaja de respetar en el ajuste la condición de no-negatividad de los elementos [de Mesnard (1990), p. 273]. Además, los ajustes de corrección aditiva, salvo excepciones (*Friedlander*), no respetan la nulidad de los elementos 0 de la matriz de partida.

Los principales métodos de ajuste son sistematizados y generalizados por Bachem y Korte (1979), según los cuales la diferencia ponderada entre los elementos de la matriz X^* y la matriz X^0 viene dada por una combinación lineal de una componente aditiva y de una componente multiplicativa de ciertos parámetros de corrección[44]:

$$\frac{X_{ij}^{*} - X_{ij}^{0}}{\omega_{ij}} = \lambda_i + \mu_j - \delta\lambda_i\mu_j$$

con:

ω_{ij}	*ponderaciones positivas*
$\lambda_i\ \mu_j$	*elementos de corrección de filas y columnas, respectivamente*
δ	*parámetro de definición tal que $0 \leq \delta \leq 1$*

Relación que, en forma matricial, y teniendo que el símbolo (^) se refiere a matrices diagonales, adopta la expresión:

$$X^* = X_0 + \hat{\lambda}\Omega + \Omega\hat{\mu} + \delta\hat{\lambda}\Omega\hat{\mu}$$

En base a Lecomber, J. (1975), y completando el esquema con algunas metodologías más recientes, pueden citarse las siguientes técnicas de ajuste global:

[44] Siguiendo esta especificación general, Antielle y Fontela (1982) [Ob. Cit. en Barriga (1992), p. 95] exponen las funciones objetivo correspondientes a los modelos primal y dual de las principales técnicas de ajuste a proyecciones. Véase ficha técnica 8.4.().

Cuadro 15. Métodos de Ajuste Global de Matrices I/O Alternativos.

F. Objetivo	Referencias	Otras aplicaciones y/o discusiones	Fichas Técnicas
$Min\sum_{ij}\left(x^*_{ij} - x^0_{ij}\right)^2$	Almon (1968)	Bacharach (1970) Antielle y Fontela (1982)	8.4.(5)
$Min\sum_{ij}\left(\frac{x^*_{ij} - x^0_{ij}}{x^0_{ij}}\right)^2$		Antielle y Fontela (1982)	8.4.(5)
$Min\sum_{ij}\frac{\left(x^*_{ij} - x^0_{ij}\right)^2}{x^0_{ij}}$	Friedlander (1961)	Bacharach (1970) Antielle y Fontela (1982)	8.4.(1;5)
$Min\sum_{ij}\left[x^*_{ij}\ln\left(\frac{x^*_{ij}}{x^0_{ij}}\right)\right]$	Stone et al. (1963)	Bacharach (1970) Antielle y Fontela (1982)	8.4.(2;5)
$Min\sum_{ij}\frac{\left\|x^*_{ij} - x^0_{ij}\right\|}{x^0_{ij}}$	Matuszewski et al. (1964)	Bacharach (1970) M. Aguado y Vázquez M. (1983)	8.4.(3)
$Min\sum_{ij}\left[x^0_{ij}\ln\left(\frac{x^0_{ij}}{x^*_{ij}}\right)\right]$	Theil (1967)	Bacharach (1970) Martellato y Batten (1986)	8.4.(4)

(Cuadro 15. Continuación)

F. Objetivo	***Referencias***	***Otras aplicaciones y/o discusiones***	***Fichas Técnicas***
$\min\max\left\|\frac{x^*_{ij}-x^0_{ij}}{x^0_{ij}}\right\|$ $\min\sum_{i,j}\left\|\frac{x^*_{ij}-x^0_{ij}}{x^0_{ij}}\right\|$	Martínez Aguado y Vázquez Muñíz (1983)	Martínez Aguado y Vázquez Muñíz (1987)	8.4.(6)
$Min\sum_{ij}\frac{\left(x^*_{ij}-x^0_{ij}\right)^2}{\omega_{ij}}$	Van Der Ploeg (1984) Weale (1988), (1992)	Wright, Renfro y Scowcroft (1997)	9.*.()
$Min\left[\max\left[\frac{\left\|x^*_{ij}-x^0_{ij}\right\|}{x^0_{ij}}\omega_{ij}\right]\right]$ $Min\sum_{ij}\frac{\left\|x^*_{ij}-x^0_{ij}\right\|}{x^0_{ij}}\omega_{ij}$	Vázquez Muñíz y Tarancón Morán (1999)	Martínez Aguado, Vázquez, Tarancón y Vera (1999)	8.4.(7)

A continuación se detallan, en forma de fichas técnicas, algunas de éstas técnicas de ajuste.

8.4.(1) Método de Ajuste de Friedlander (1961).

Referencia:

BACHARACH (1970) Biproportional matrices and Input-Output Change. Cambridge University Press. Cambridge (pp.60-74).

ALLEN; GOSSLING (ed.) (1975) Estimating and Projecting Input-Output Coefficients. Input-Output Publishing Company. Londres.

Objetivo:

Obtención de la matriz de coeficientes técnicos de una TIO de la que se disponen de los siguientes elementos: TIO de referencia (anterior), estimaciones de las sumas de coeficientes. El método puede aplicarse a la TIO en valores.

Metodología:

Corrección de tipo aditivo de la matriz de referencia:

$$A^* = A^0 + \xi A^0 + A^0 \eta$$

sujeto a:

$$\sum_i a^*_{ij} = a_j \qquad \sum_j a^*_{ij} = a_i$$

con:

A^*, a^*_{ij}	*matriz y coeficientes técnicos de referencia*
A^0, a^0_{ij}	*matriz y coeficientes técnicos de referencia*
a_j	*suma por columnas de coeficientes (conocida o estimada)*
a_i	*suma por filas de coeficientes (conocida o estimada)*
ξ, η	*vectores de corrección de filas y columnas*

Operativa:

Método iterativo de corrección de filas y columnas, que equivale al planteamiento de:

$$\min \sum_{ij} \frac{(a^*_{ij} - a^0_{ij})^2}{a^0_{ij}}$$

sujeto a:

$$\sum_i a^*_{ij} = a_j \qquad \sum_j a^*_{ij} = a_i$$

8.4.(2) Método RAS (1963).

Referencia:

STONE, BACHARACH, BATES (1963) *"Input-Output Relationships."* A Programme for Grow. Vol. III. Chapman and Hall. Cambridge University. Cambridge (pp. 27-30).

ALLEN; GOSSLING (ed.) (1975) *Estimating and Projecting Input-Output Coefficients.* Input-Output Publishing Company. Londres.

Objetivo:

Obtención de la matriz de coeficientes técnicos de una TIO de la que se disponen de los siguientes elementos: TIO de referencia (anterior), estimaciones de las sumas de coeficientes. El método puede aplicarse a la TIO en valores.

Metodología:

Corrección de tipo multiplicativo (biproporcionalidad) de la matriz de referencia:

$$A^* = rA^0s$$

sujeto a:

$$\sum_i a_{ij}^* = a_j \qquad \sum_j a_{ij}^* = a_i$$

con:

A^*, a^*_{ij}	*matriz y coeficientes técnicos de referencia*
A^0, a^0_{ij}	*matriz y coeficientes técnicos de referencia*
a_j	*suma por columnas de coeficientes (conocida o estimada)*
a_i	*suma por filas de coeficientes (conocida o estimada)*
r, s	*vectores de corrección de filas y columnas*

Operativa:

Método iterativo de corrección de filas y columnas, que equivale al planteamiento de:

$$\min \sum_{ij} a_{ij}^* \log \frac{a_{ij}^*}{a_{ij}^0}$$

sujeto a:

$$\sum_i a_{ij}^* = a_j \qquad \sum_j a_{ij}^* = a_i$$

8.4.(3) Modelo de Matuszewski et al. (1964).

Referencia:

MATUSZEWSKI, T.I.; PITTS, P.R.; SAWYER, J.A. (1964) *"Linear Programming Estimates of Changes in Input Coefficients"*. Canadian Journal of Economics and Political Science. Vol. XXX, nº 2 (pp. 203-210).

Objetivo:

Desarrollo de un procedimiento para estimar cambios en los coeficientes técnicos de producción, sin requerimientos excesivos de información ni un gran volumen de cálculos.

Metodología:

Planteamiento del modelo:

$$\min \sum_{i,j} \left| \frac{a^{*}_{ij}}{a_{ij}} - 1 \right|$$

sujeto a:

$$\sum_{i} a^{*}_{ij} w_j = q_j \qquad \sum_{j} a^{*}_{ij} w_j = v_i$$

$$\frac{1}{2} \leq \frac{a^{*}_{ij}}{a_{ij}} \leq 2$$

Operativa:

El modelo final a resolver es:

$$\min \sum_{i,j} \left(x_{ij}^{+} + x_{ij}^{-}\right) c_{ij}$$

sujeto a:

$$\sum_{i} \left(x_{ij}^{+} - x_{ij}^{-}\right) = q_j - \sum_{i} x_{ij}$$

$$\sum_{j} \left(x_{ij}^{+} - x_{ij}^{-}\right) = v_i - \sum_{j} x_{ij}$$

$$x_{ij}^{+} \leq x_{ij}$$

$$x_{ij}^{-} \leq x_{ij} / 2$$

$$x_{ij}^{+} \geq 0$$

$$x_{ij}^{-} \geq 0$$

con:

a_{ij}	*coeficiente técnico de la TIO de referencia*
a_{ij}^{*}	*coeficiente técnico ajustado*
w_j	*producción efectiva del año a ajustar*
q_j	*compras intermedias del año a ajustar*
v_i	*ventas intermedias del año a ajustar*
x_{ij}	*transacción intermedia de la TIO de referencia*
x_{ij}^{*}	*transacción intermedia de la TIO ajustada*
x_{ij}^{+} , x_{ij}^{-}	*variables no-negativas tales que* $x_{ij}^{*} = x_{ij} + x_{ij}^{+} - x_{ij}^{-}$

8.4.(4) Método de Ajuste basado en la Teoría de la Información (1967).

Referencia:

BACHARACH (1970) *Biproportional matrices and Input-Output Change.* Cambridge University Press. Cambridge (pp.83-85).

THEIL (1967) *Economic and Information Theory.* North-Holland. Amsterdam.

Objetivo:

Obtención de la matriz de coeficientes técnicos de una TIO de la que se disponen de los siguientes elementos: TIO de referencia (anterior), estimaciones de las sumas de coeficientes.

Metodología:

Minimización de la 'Cantidad de Información' que los valores 'verdaderos' de los coeficientes aportasen respecto a los valores 'estimados' por el sistema de ajuste. El valor esperado de la información se cuantifica mediante la expresión:

$$I(A^t : A^*) = \sum_{ij} a_{ij}^t \log \frac{a_{ij}^t}{a_{ij}^*}$$

con:

A^*, a^*_{ij} *matriz y coeficientes técnicos ajustados (normalizados)*

A^t, a^t_{ij} *matriz y coeficientes técnicos verdaderos (normalizados)*

Operativa:

Dado que A^t es lógicamente desconocida, se sustituye por la matriz de referencia (histórica) A^0, y se propone el modelo:

$$\min \sum_{ij} a_{ij}^0 \log \frac{a_{ij}^0}{a_{ij}^*}$$

sujeto a:

$$\sum_i a_{ij}^* = a_j \qquad\qquad \sum_j a_{ij}^* = a_i$$

con:

a_j *suma por columnas de coeficientes (conocida o estimada)*

a_i *suma por filas de coeficientes (conocida o estimada)*

8.4.(5) Enfoques alternativos de Métodos de Ajuste Matemático. Antielle y Fontela (1982).

Referencia:

ANTIELLE, G.; FONTELA, E. (1982) *"Estimation d'una matrice de coefficients téchniques pour la Suisse".* Obra citada.

BARRIGA, L. (1992) *Dinamicidad de las Tablas de Coeficientes Técnicos en el Análisis Input-Output. Análisis en Base a una Serie de 25 años.* Tesis Doctoral. Universidad Autónoma de Madrid.

Objetivo:

Sistematización de diferentes métodos de ajuste de matrices input-output.

Metodología:

Planteamiento de los enfoques primal y dual de cada técnica de ajuste.

Operativa:

Método	***Enfoque Dual*** *(δ: parámetro que multiplica al producto de las matrices de corrección. W: matriz de referencia)*	***Enfoque Primal*** ***(ajuste sujeto a: X*u = v u'X* =q)***
Friedlander	δ=0 W=X_0 $X = X_0 + \hat{\lambda}X_0 + X_0\hat{\mu}$	$Min\sum_{ij}\frac{\left(x^*_{ij}-x^0_{ij}\right)^2}{x^0_{ij}}$
Distancia Euclídea Simple	δ=0 W=UU' $X = X_0 + \hat{\lambda}UU' + UU'\hat{\mu}$	$Min\sum_{ij}\left(x^*_{ij}-x^0_{ij}\right)^2$
Distancia Euclídea Ponderada	δ=0 W=$X_0 \circ X_0$ $X = X_0 + \hat{\lambda}(x_0 \circ x_0) + (x_0 \circ x_0)\hat{\mu}$ $\circ$: producto término a término de HADAMARD	$Min\sum_{ij}\left(\frac{x^*_{ij}-x^0_{ij}}{x^0_{ij}}\right)^2$
RAS	δ=1 W=X_0 $X = X_0 + \hat{\lambda}X_0 + X_0\hat{\mu} + \hat{\lambda}X_0\hat{\mu} =$ $= \hat{r}X_0\hat{s}$ con $r = \lambda + U$, $s = \mu + U$	$Min\sum_{ij}\left[x^*_{ij}\ln\left(\frac{x^*_{ij}}{x^0_{ij}}\right)\right]$

8.4.(6) Sistema M.A.R.I.B.E.L. (1983).

F

Referencia:

MARTÍNEZ AGUADO, T.; VÁZQUEZ MUÑÍZ, A. (1987) *"Ajuste y Proyección de coeficientes técnicos en tablas input - output con programación matemática".* Incluido en el libro homenaje al profesor Arnaiz Vellando. INE. Madrid (pp. 393-409). Versión revisada de la ponencia presentada en el VIII SOR Karlsruhe (RFA), Agosto de 1983.

Objetivo:

Obtención de la matriz de coeficientes técnicos de una TIO de la que se disponen de algunos de los siguientes elementos: TIO de referencia (anterior), estimaciones de las sumas de coeficientes, informaciones sobre sus márgenes de variación, relaciones entre coeficientes.

Metodología:

Planteamiento de un modelo de optimización multicriterio jerarquizado a dos niveles: minimización de la discrepancia máxima entre valores ajustados y de referencia, y minimización de la suma de discrepancias.

Operativa:

$$\min\max\left|\frac{a_{ij}-a_{ij}^{*}}{a_{ij}}\right|$$

$$\min\sum_{i,j}\left|\frac{a_{ij}-a_{ij}^{*}}{a_{ij}}\right|$$

sujeto a:

$$\sum_{i} a_{ij}^{*} = a_{j}$$

$$\sum_{j} a_{ij}^{*} = a_{i}$$

Otras informaciones (incluidos intervalos de variación y relaciones entre coeficientes)

Notación:

a_{ij} *coeficiente técnico de la TIO de referencia*

a_{ij}^{*} *coeficiente técnico ajustado*

a_{j} *suma por columnas de coeficientes*

a_{i} *suma por filas de coeficientes*

8.4.(7) Método de Ajuste A.N.A.I.S (1999).

Referencia:

VÁZQUEZ MUÑÍZ, A.; TARANCÓN MORÁN, M.A. (1999) *"A.N.A.I.S.: Una Metodología para la estimación y ajuste de tablas input-output."* Documento de trabajo Marzo-99. Seminario de Economía Cuantitativa. UCLM.

MARTÍNEZ AGUADO, T.; VÁZQUEZ MUÑIZ, A.; TARANCÓN, M.A.; VERA, J. (1999) *D10: Dynamic Prototype. Joint Dynamization and First Prototype.* Proyecto ECONOMETRIST. Seminario de Economía Cuantitativa. UCLM.

Objetivo:

Obtención de la matriz de una TIO ajustada de la que se disponen de algunos de los siguientes elementos: TIO de referencia (anterior), estimaciones de los agregados económicos, informaciones sobre márgenes de variación, relaciones entre coeficientes.

Metodología:

Planteamiento de un modelo de optimización multicriterio jerarquizado a dos niveles: minimización de la discrepancia máxima entre valores ajustados y de referencia, y minimización de la suma de discrepancias.

Operativa:

$$Min\left[\max\left[\frac{\left|x_{ij}^{*}-x_{ij}^{0}\right|}{x_{ij}^{0}}\omega_{ij}\right]\right]$$

$$Min\sum_{ij}\frac{\left|x_{ij}^{*}-x_{ij}^{0}\right|}{x_{ij}^{0}}\omega_{ij}$$

sujeto a:

- Identidades contables
- Intervalos sobre coeficientes
- Intervalos sobre valores
- Intervalos sobre relaciones

Notación:

x_{ij}	*elemento de la TIO de referencia*
x_{ij}^{*}	*elemento de la TIO ajustado*
ω_{ij}	*ponderación del elemento*

8.5. *Modelización indirecta del cambio estructural.*

Como alternativa a la modelización directa de los elementos de la tabla estadística input-output, se propone la *modelización indirecta del cambio estructural* mediante la estimación de su efecto sobre los agregados sectoriales (producción, valores añadidos y/o precios).

En este sentido, pueden distinguirse dos desarrollos complementarios, centrados en los objetivos de predicción y explicación, respectivamente:

- *Modelización de las discrepancias entre datos de contabilidad nacional y estimaciones del modelo input-output.* Este enfoque sigue esencialmente las líneas de investigación emprendidas en los trabajos de Fisher, Klein y Shinkai (1965)[45], o en los trabajos de Preston (1972) (1975) en conexión con el Brooking Econometric Model.

  Básicamente se propone modelizar las discrepancias:

  $$u_{jt} = z_{jt} - \hat{z}_{jt}$$

  para j= 1,2,... n ramas de actividad
  t= 1,2,...

  siendo $\hat{z}_{jt}$ los valores añadidos por ramas de actividad calculados a partir del modelo input-output de coeficientes fijos:

  $$u'Z = L_0 (I-A_0)^{-1} H_0 g$$

  Preston plantea modelos de tipo autorregresivo, incluyendo el efecto del cambio tecnológico mediante una variable tendencial (t),

  $$u_{jt} = f(u_{jt}, t) + \varepsilon_{jt}$$

  o bien,

  $$u_{jt} = f(u_{jt}, u_{jt-1}, t) + \varepsilon_{jt}$$

  con:

  ε_{jt} *perturbación aleatoria de ruído blanco.*

45 Los fundamentos del enfoque de *Klein* pueden consultarse en Klein (1989)

Martínez Aguado (1985) propone como generalización la incorporación de la metodología de Box y Jenkins (1970), de manera que se someta a los errores de previsión del modelo de coeficientes fijos el filtro:

$$u_j = \frac{oB(q)}{\phi B(p)} \varepsilon_j$$

con:

j =	*1, 2, ..., n sectores*
$B(p)$=	*$(1 + B + B^2 + ... + B^p)$, polinomial de retardos de orden p*
$B(q)$=	*$(1 + B + B^2 + ... + B^q)$, polinomial de retardos de orden q*
ϕ =	*parámetros autorregresivos*
o =	*parámetros de medias móviles*
ε_j =	*perturbación aleatoria de ruido blanco*

Así, la predicción en este tipo de modelos, una vez estimadas las discrepancias, será:

$$\dot{z}_{jt+h} = \hat{z}_{jt+h} + \hat{u}_{jt+h}$$

calculada a partir del modelo de coeficientes fijos:

$$\hat{z}_{jt+h} = L_0 (i - A_0)^{-1} H_0 g_{t+h}$$

con:

g_{t+h}	*previsiones del modelo macroeconómico*
$\hat{u}_{j\,t+h}$	*previsión de la discrepancia de acuerdo con el modelo ARMA estimado*

- *Modelización del Efecto del Cambio Estructural en los Agregados Económicos:* Martínez Aguado (1985) propone la especificación típica de una ecuación de valores añadidos para el sector j-ésimo como:

$$z_{jt} = f\left(\hat{z}_{jt}, y_t, t, \frac{p_j^z}{p_j} \right) + u_t$$

con:

$$\hat{z}_{jt} = L_0 (i - A_0)^{-1} H_0 g_t$$

y_t	*variable cíclica específica para la rama j*
t	*variable tendencial*
p^z_j / p_j	*precios relativos*
u_t	*perturbación aleatoria*

o bien pueden plantearse especificaciones sobre la variable ratio entre el valor añadido estimado por el modelo input-output y el valor añadido de la contabilidad nacional:

$$\frac{\hat{z}_{jt}}{z_{jt}} = \left(\frac{p_j^z}{p_j}, y_t, t \right) + u_t$$

- *Modelo generalizado:* Este enfoque híbrido supone la especificación conjunta de los modelos planteados en los dos enfoques anteriores, de manera que se incluyan variables explicativas, y el residuo resultante sea modelizado mediante tratamiento ARIMA:

$$\frac{\hat{z}_{jt}}{z_{jt}} = \left(\frac{p_j^z}{p_j}, y_t, t \right) + \frac{oB(q)}{\phi B(p)} \varepsilon_j$$

8.5.(1)

Modelización Indirecta del Cambio Estructural: propuesta de Klein (1989).

F

Referencia:

KLEIN, L.W. (1989) *"Econometric Aspects of Input-Output Analysis"*. Miller; Polenske, Rose (Eds.) *Frontiers of Input-Output Analysis.* Oxford University Press.

Objetivo:

Modelización del cambio estructural.

Metodología:

Plantea, para una serie de tablas input-output, las diferencias entre las producciones sectoriales reales y las estimadas en base a la hipótesis de coeficientes constantes. Estas diferencias son modelizadas mediante modelos econométricos de series temporales, y constituyen el efecto global del cambio estructural sobre cada sector productivo.

Operativa:

Propone calcular las diferencias:

$$w_{it} - \sum_{j=1}^{n} a_{ij} w_{jt} - y_t = u_{it}$$

Y modeliza éstas mediante especificaciones del tipo:

$$u_{it} = \sum_{k=1}^{m} \phi_k u_{it-k} + \varepsilon_{it}$$

con:

ε_{it} *perturbación aleatoria*

8.6. *Resumen.*

- La *modelización del cambio estructural* surge ante la necesidad de dotar de realismo a los modelos input-output mediante la relajación de la hipótesis de *permanencia estructural.*
- De la *hipótesis de evolución estructural* estable arrancan las técnicas de *proyección individualizada de los* coeficientes técnicos (o, alternativamente, de los valores de la tabla) de forma aislada.
- De la *hipótesis de conectividad estructural* parten los métodos *de ajuste global.* Este tipo de modelos plantean la modificación de los coeficientes técnicos de la tabla estadística (o, alternativamente, de los elementos en término de valores) de forma conjunta.
- Como alternativa a la modelización directa de los elementos de la tabla input-output, puede procederse a la *modelización indirecta del cambio estructural* mediante la estimación de su efecto sobre los agregados económicos sectoriales.

I. Ajuste de la tabla input-output de 1990 a los vectores de compras y ventas totales intermedias de 1998 mediante el método RAS.

En la siguiente práctica se procede al ajuste de la matriz de transacciones intermedias X de la tabla input-output de 1990 agregada a 25 ramas de actividad Eurostat a los vectores de compras y ventas totales intermedias (q y v, respectivamente) de la tabla de 1998. Para ello se utiliza el método de ajuste global biproporcional RAS ideado por Stone et al (1963).

Paso 1.

Abriremos el libro ras_9098.xls. En la práctica se utilizarán las siguientes hojas de cálculo:

- Tio90eur, que contiene la tabla input-output de la economía española de 1990, agregada a las 25 ramas de actividad de Eurostat.
- Tio98eur, que contiene la tabla input-output de la economía española de 1998, agregada a las 25 ramas de actividad de Eurostat.
- RAS, que contiene el proceso iterativo de ajuste de la matriz de transacciones intermedias de la tabla de 1990 a las compras y ventas totales intermedias de 1998.
- Resultados, que contiene la matriz ajustada resultante y su comparación con la tabla de 1998.

Paso 2.

Nos situamos en la hoja RAS. En la referencia C5:AA29 se muestra la matriz X de transacciones intermedias de 1990. Esta es la matriz que debe ajustarse a los vectores de compras y ventas intermedias totales de la tabla de 1998, a fin de obtener una nueva matriz de transacciones intermedias X^* ajustada para 1998.

En la referencia C30:AA30 se calculan las compras intermedias totales de cada rama de actividad (vector q), mientras que en el rango AB5:AB29 se calculan las ventas totales de cada rama de actividad (vector v).

Por otro lado, en la referencia C32:AA32 se sitúa el vector de compras intermedias totales de 1998 (vector q^*), y en la referencia AD5:AD29 se muestran las ventas intermedias totales de 1998 (vector v^*).

El problema que se plantea es, partiendo de la matriz de transacciones intermedias de 1990 X_{90}, encontrar otra matriz X^* que satisfaga las restricciones:

$$u X^* = q^*$$

$$X^* u' = v^*$$

Siendo u un vector fila (1xn) unitario.

Para resolver el problema se emplea la técnica iterativa RAS, consistente en una corrección alternativa de los elementos de la matriz de transacciones por filas y por columnas, mediante su multiplicación por el vector columna de corrección *r* y el vector fila de corrección *s*, respectivamente.

Los elementos del vector *r* se calculan como el cociente:

$$r_i^m = \frac{v_i^*}{v_i^{m-1}}$$

donde *m* es el número de la iteración a la que se está procediendo.

Del mismo modo, los elementos del vector *s* se calculan como el cociente:

$$s_j^m = \frac{q_j^*}{q_j^{m-1}}$$

Los vectores *r* y *s* correspondientes a la primera iteración se sitúan en los rangos AF5:AF29 y C34:AA34, respectivamente.

El proceso, en la primera iteración (m=1), comienza haciendo una corrección de la matriz de transacciones de 1990 por el vector r^1 de correcciones por filas:

$$X^1 = R^1 X^{90}$$

donde R^1 es la matriz diagonal cuyos elementos de la diagonal principal son los elementos del vector r^1.

La matriz resultante de esta primera corrección, X^1, se muestra en el rango C39:AA63. Lógicamente, se cumple la condición:

$$X^1 u' = v^*$$

pero se incumple la condición por columnas:

$$u X^1 \neq q^*$$

Al calcular los nuevos vectores de corrección, r^2 pasa a tener todos sus valores unitarios, puesto que por filas la matriz obtenida cuadra. Ahora, en la segunda iteración (m=2) se procederá al cuadre por columnas mediante la multiplicación de los elementos de X^1 por los elementos del vector de corrección s^2:

$$X^2 = X^1 S^2$$

donde S^2 es la matriz diagonal cuyos elementos de la diagonal principal son los elementos del vector s^2.

La matriz resultante de esta corrección, X^2, se muestra en el rango C74:AA99. Lógicamente, ahora se cumple la condición:

$$u\,X^2 = q^*$$

pero se incumple la condición por filas:

$$X^2\,u' \neq v^*$$

Ahora tocará corregir, en la tercera iteración (m=3), por filas (vector r^3), y así sucesivamente, hasta que, en una última iteración, se cumplan las condiciones de ajuste. Esta condición se da en la iteración 43 (m=43), donde se cumple que:

$$X^{43}\,u' = v^*$$

$$u\,X^{43} = q^*$$

Por lo tanto, la matriz obtenida será la matriz ajustada:

$$X^{43} = X^*$$

Esta matriz está situada en el rango C1509:AA1533.

Paso 3.

La matriz de transacciones intermedias obtenida por el procedimiento RAS se muestra en la hoja resultados, en el rango A5:AB33.

En el rango A37:AB65 se calcula el porcentaje de error procedido en el ajuste, respecto a los valores verdaderos de la matriz de transacciones intermedias de 1998, mediante la fórmula:

$$error_{ij} = \frac{x^*_{ij} - x^{98}_{ij}}{x^{98}_{ij}} \cdot 100$$

Puede observarse que, si bien se logra un ajuste respecto a la suma por filas y columnas de los elementos, esta coherencia se alcanza a costa, en algunos casos, de valores individuales ajustados muy lejanos a los valores verdaderos.

9 Ajuste y coherencia de tablas input-output.

9.1. *Hacia un enfoque modelizador integral en el análisis input-output.*

En los capítulos 3 a 8 se ofreció una visión panorámica del conjunto de técnicas y algoritmos de análisis económico que tienen en común tomar como referencia las tablas estadísticas input-output. Estas técnicas se agruparon en dos grandes enfoques o niveles de análisis: el enfoque descriptivo y el enfoque modelizador.

El *enfoque descriptivo* engloba las técnicas destinadas a cubrir el nivel cognoscitivo del análisis económico. En concreto, este tipo de técnicas extrae de una o varias tablas estadísticas información referente bien a las características básicas de la estructura productiva a la que representan (identificación de características estructurales), o bien a los patrones de cambio de dicha estructura productiva (identificación del cambio estructural).

El *enfoque modelizador,* por su parte, engloba las técnicas destinadas a cubrir el nivel de interacción con la realidad representada por las tablas estadísticas, esto es, se centra en los objetivos de proyección de la tabla input-output y de simulación y evaluación de impactos económicos. Las técnicas pertenecientes a este enfoque de análisis económico se basan en la especificación y estimación de modelos que representan el funcionamiento de la realidad productiva plasmada en la tabla input-output.

Tradicionalmente, los modelos aplicados a los objetivos de predicción sectorial y simulación y evaluación de impactos se han basado en la hipótesis de permanencia estructural, es decir, constancia en los coeficientes input – output. Esto quiere decir que, como hipótesis de trabajo, se asume que la estructura productiva reflejada en la tabla estadística que se toma como base de estimación de los modelos permanece inalterada en el ámbito de aplicación del modelo.

Esta hipótesis, en ocasiones, debe ser relajada a expensas de lograr unos resultados que no adolezcan de sesgos importantes. Estos casos son básicamente los siguientes:

- En el ejercicio de simulación o evaluación de impactos hay que incluir como escenario condiciones estructurales distintas a las de la tabla input-output de referencia. Un caso particular es cuando se plantea un escenario futuro, en el que algunos sectores productivos han experimentado un intenso cambio tecnológico [Carter (1970), p. 77].

- El objetivo del análisis no es la evaluación de un cambio en los vectores de variables consideradas exógenas (vector de demanda final en los modelos de cantidades, vector de costes de los factores productivos en los modelos de precios), sino que se pretende evaluar la repercusión de los cambios en la propia estructura productiva (cambio en las matrices de coeficientes).
- Se quiere comparar la incidencia de cambios en las variables exógenas (vector de demanda final, vector de costes de los factores) sobre varios escenarios alternativos estructuralmente diferentes.
- Se dispone de informaciones sobre las condiciones futuras de la tabla. Estas condiciones pueden venir de la mano de expertos (informaciones sobre coeficientes) o de informaciones contables o provenientes de la previsión de modelos econométricos (informaciones sobre valores de los agregados económicos).

Estos supuestos obligan al investigador a endogenizar la propia estructura interna de la tabla input-output. Para ello debe desarrollarse un sistema modelizador que permita:

- Mantener las identidades contables que forman parte de la definición de la tabla input-output.
- Representar una evolución de los coeficientes técnicos coherente con las condiciones estructurales de la tabla input-output, pero que asuma los cambios considerados por expertos y por las propias condiciones de la aplicación.
- Asegurar la coherencia con las informaciones disponibles sobre los valores de los elementos de la tabla input-output provenientes de:
    - cuentas económicas,
    - expertos,
    - modelos conectados (principalmente econométricos).

  Un caso particular lo constituye la conexión de los agregados económicos de la tabla input-output con las previsiones ofrecidas por un modelo macroeconómico.
- Integrar simultáneamente informaciones tanto sobre valores como sobre coeficientes.
- Si es necesario, jerarquizar las diferentes informaciones referentes a los elementos de la tabla.

Con la intención de satisfacer estos requerimientos se han desarrollado metodologías que tienen como fin ofrecer mecanismos para ajustar la tabla input-output a las informaciones vertidas sobre ellas, de modo que se ofrezca un marco de análisis integral.

Estas metodologías se concretan en los llamados modelos de *ajuste y coherencia*, y abarcan desde un refinamiento de las técnicas elementales de ajuste global (principalmente *RAS simple*), hasta complejas especificaciones de modelos de optimización matemática.

Estas técnicas son comentadas en los epígrafes siguientes.

9.2. *Modelos de ajuste a informaciones múltiples.*

Los *modelos de ajuste y coherencia* someten las informaciones sobre los elementos del sistema input-output a un proceso de ajuste para eliminar o, al menos, minimizar las discrepancias que surgen del grado de incertidumbre asociado a tales informaciones.

Esto conlleva la necesidad de encontrar herramientas que permitan compatibilizar informaciones que en muchos casos son heterogéneas en cuanto a su origen, calidad o precisión, y muy numerosas [Matuszewski (1972); p. 301].

Los métodos de ajuste global de matrices a menudo son incapaces de asumir toda la información recopilada sobre los elementos de las matrices input-output. Además, los métodos tradicionales de ajuste parten de la premisa de tener información cierta a cerca de los márgenes de la matriz a ajustar. Esta información, en la realidad, es difícil de obtener, por lo que el proceso de ajuste debe extenderse a la totalidad de matrices del sistema input-output [Beutel (1983); p.314].

Las metodologías de *ajuste y coherencia* asumen una variada casuística de informaciones (sectores y coeficientes importantes, tendencias, opiniones de expertos, relaciones entre elementos, equilibrios...) y las incorporan de forma global en el proceso de ajuste, sin perder los condicionantes individuales y dotando de coherencia a todo el sistema de proyección [Harrigan (1983); pp. 547-549].

Como predecesoras de las metodologías de *ajuste y coherencia,* se han desarrollado metodologías *de ajuste a informaciones múltiples*, que incorporan información adicional a la estrictamente marginal. A menudo, estas técnicas parten de la adaptación de las técnicas de ajuste global a un incremento en el grado de información sobre los elementos de la matriz o tabla a ajustar. Entre ellas, pueden citarse las del cuadro 16[46], detalladas en forma de fichas técnicas:

[46] Cuadro construido a partir de Pulido y Fontela (1993) [p. 227], con otros métodos de ajuste adicionales.

***Cuadro16**. Métodos de Ajuste a Informaciones Múltiples*

Tipo	***Información base***	***Referencia / Discusión***	***Fichas Técnicas***
RAS Ampliado	Incluye información sobre intervalos en elementos y márgenes. Los parámetros de corrección se obtienen a partir de modelos econométricos.	Lecomber (1969) Johansen (1968) Allen y Lecomber (1975)	9.2.(1)
Método RAS /modelo Batelle	Tabla de Referencia Estimaciones de algunos elementos de la TIO. Estimaciones de demanda final. Estimaciones de las sumas de compras y ventas intermedias.	Fontela et al (1970)	9.2.(2)
RAS Ampliado	Incluye información sobre intervalos en elementos y márgenes.	Allen y Lecomber (1975)	9.2.(3)
RAS Ampliado	Incluye información sobre intervalos en elementos y márgenes.	Hitz y Schmid (1978)	9.2.(4)
V-RAS	RAS que incorpora información sobre precios y relaciones econométricas.	Shishido et al (1991)	9.2.(5)
Modelo de UBS	Ajuste mediante mínimos cuadrados ponderados a proyecciones extraídas de interpolaciones y modelos macroeconómicos.	Wright, Renfro y Scowcroft (1997)	9.2.(6)

9.2.(1) Método RAS Ampliado. Lecomber (1969, 1975) y Johansen (1968).

Referencia:

JOHANSEN (1968) *"Explirations in Long-Term Projections for the Norwegian Economy."* Economics of Planning, nº8 (pp. 1-2). Obra citada.

LECOMBER (1969) *"Ras Projections When Two or More Complete Matrices Are Known."* Economics of Planning, nº9 (3) (pp. 267-278). Obra citada.

LECOMBER (1975) *"A Critique of Methods of Adjusting, Updating and Projecting Matrices".* Allen y Gossling (Eds.) <u>Estimating and Projecting Input-Output Coefficients.</u> Input-Output Publishing Company (pp. 1-24).

OKUYAMA, Y.; HEWINGS, G.J.D.; SONIS, M.; ISRAILEVICH, P.R. (2000) *"An Econometric Analysis of Biproportional Properties in an Econometric Input-Output Modeling System."* R.E.A.L. Project. Documento de trabajo 98-T-12. Universidad de Ilinois y Banco de la Reserva Federal de Chicago. (pp. 4-5)

Objetivo:

Ajuste de la matriz de coeficientes con algunos elementos conocidos.

Metodología:

Aplicación de la técnica RAS con factores de corrección (r y s) estimados a partir de modelos econométricos.

Operativa:

Para un elemento desconocido se estima:

$$\log a_{ij}^1 - \log a_{ij}^0 = \log r_i^1 + \log s_j^1 + \log\left(\frac{\varepsilon_{ij}^1}{\varepsilon_{ij}^0}\right)$$

con:

- a *coeficiente técnico*
- r *factor corrector de filas*
- s *factor corrector de columnas*
- ε *perturbación aleatoria*

Los parámetros r y s se incluyen en la ecuación mediante variables ficticias (con lo que debe seguirse una estrategia para evitar el problema de multicolinealidad perfecta).

9.2.(2)	**Método RAS / Batelle (1970).**

Referencia:

FONTELA et al. (1970) *"Forecasting technical coefficients and changes in relative prices".* CARTER Y BRODY (Eds.) <u>*Proceedings of Fourth International Conference on Input-Output Techniques.*</u> North Holland (pp. 331-345)

Objetivo:

Proyección de la matriz de transacciones intermedias en valores y en coeficientes.

Metodología:

Aplicación de la técnica RAS adaptada a la información siguiente:

- Tabla de Referencia.
- Estimaciones de algunos elementos de la TIO.
- Estimaciones de la demanda final.
- Estimaciones de las sumas de compras y ventas intermedias.

Operativa:

- Cálculo de la matriz Z^0:

$$Z^0 = X^0 (Q^0)^{-1} = A^0 (Q^0)^{-1} W^0$$

- Proceso iterativo RAS. Se admiten modificaciones de los valores de las matrices Q y V para compatibilizarse con los elementos conocidos:

$$Z^* = R\, Z^0\, S$$

$$R\,(Z^0\, Q)\, s = v^*$$

$$r'(Z^0\, Q)\, S = q^*$$

- Cálculo de las matrices TIO:

$$w^* = v^* + y^*$$

$$X^* = Z^* Q^*$$

$$A^* = X^* \,(W^*)^{-1}$$

Notación:

X, A	*Matriz de transacciones intermedias y matriz de coeficientes técnicos*
W,w	*Producción efectiva (matriz diagonal y vector)*
R,S,r,s	*Factores de corrección (matrices diagonales y vectores)*
Q,V,q,v	*Compras y ventas intermedias (matrices diagonales y vectores)*
y	*vector de demanda final*

9.2.(3) RAS Ampliado de Allen y Lecomber (1975).

Referencia:

ALLEN y LECOMBER (1975) *"Some Test on a Generalised Version of RAS".* ALLEN y GOSSLING (Eds.) *Estimating and Projecting Input-Output Coefficients.* Input-Output Publishing Company (pp. 43-56).

Objetivo:

Proyección de la matriz de transacciones intermedias.

Metodología:

RAS ampliado que recoge la distinta calidad de los vectores de información:

$$X^{*} = (X^{I} - E) + \hat{r}E\hat{s}$$

con: X^I primera estimación de X^* a partir de X^0 y de la información disponible

E matriz de información sobre la fiabilidad de los elementos de X^I

El grado de fiabilidad sobre la información marginal puede también modelizarse:

$$v^{*} = v + v_e - \hat{r}v_e\hat{s}_e$$

$$q^{*} = q + q_e - \hat{s}q_e\hat{r}_e$$

con: v_e, q_e vectores de error admisible en v y q *(ventas y compras intermedias)*

s_e, r_e escalares que se estiman al mismo tiempo que los elementos de r y s

Operativa:

$$X^{*}=E_1+rE_2s \qquad E_1=X^I-E_2$$

sujeto a:

$$X^{*}U = v^{*} \qquad U'X^{*} =q^{*}$$

$$v^{*}U=vU \qquad U'q^{*}=U'q$$

donde $E_1=X^I-E_2$ de elementos:

- x_{ij}^{*} si el elemento es conocido
- $x_{ij}^{*}-k_{ij}$ si se conoce el intervalo de variación, siendo $x_{ij}^{*}-k_{ij}$ el el límite inferior
- 0 si sólo se dispone como información la mariz X^0

y donde los elementos de E_2:

- 0 si $e_{ij}^1= x_{ij}^{*}$
- k_{ij} si $e_{ij}^1= x_{ij}^{*}- k_{ij}$
- x_{ij}^0 si $e_{ij}^1=0$

9.2.(4) RAS Ampliado de Hitz y Schmid (1978).

Referencia:

HITZ y SCHMID (1978) *"Computer Program Entrop M".* Studienworterlagen Zur Ozts. Regional und Landes planning OR. LK Institut Zurich. Obra citada.

BARRIGA RINCÓN (1992) *Dinamicidad de las Tablas de Coeficientes Técnicos en el Análisis Input-Output. Análisis en base a una serie de 25 años.* Tesis Doctoral. Universidad Autónoma de Madrid (p. 101).

Objetivo:

Proyección de la matriz de transacciones intermedias.

Metodología:

Método RAS con inclusión de grados de incertidumbre o de fiabilidad sobre la información marginal y sobre los elementos de x_{ij}^*.

Operativa:

Se incluyen en las restricciones intervalos de variabilidad, resultando la especificación del programa(enfoque primal):

$$\min \sum_{ij}^{n} x_{ij}^{*} \ln \frac{x_{ij}^{*}}{x_{ij}^{0}}$$

sujeto a:

$$v_i^{\inf} \leq \sum_j x_{ij}^{*} \leq v_i^{\sup}$$

$$q_j^{\inf} \leq \sum_i x_{ij}^{*} \leq q_j^{\sup}$$

$$X_{SUM}^{\inf} \leq \sum_j x_{ij}^{*} \leq X_{SUM}^{\sup}$$

$$x_{ij}^{*\inf} \leq x_{ij}^{*} \leq x_{ij}^{*\sup} \qquad i,j \in s_0^{inf} \qquad x_{ij}^{+} > 0$$

$$s_0 = \{i,j / x_{ij}^{*\inf} \leq x_{ij}^{*} \leq x_{ij}^{*\sup}\}$$

$$x_{ij}^{*} \geq 0$$

Admitiendo que X^0 no tiene filas o columnas enteramente nulas o fijadas de antemano y que si alguno de sus elementos es nulo, no se pueden establecer límites del elemento de X^* correspondiente.

9.2.(5) V-RAS (1991).

Referencia:

SHISHIDO, HARADA, MATSUMURA (1991) *"Technical Progress in an Input-Output Framework with Special Reference to Japan's High-Technology Industries."* PETERSON (Ed.) *Advances in Input-Output Analysis*. Oxford University Press (pp. 69-107).

Objetivo:

Proyección de la matriz de transacciones intermedias y la matriz de inputs primarios.

Metodología:

RAS alternativo con especificación de relaciones de econométricas. Se incluye información acerca de las fluctuaciones de precios, en base a la hipótesis de que mejoras tecnológicas hacen aumentar la *productividad de los factores* y descender los *precios*. La matriz a ajustar es la de coeficientes técnicos ampliada a los coeficientes de inputs primarios

$$A^*_{kj} = \begin{bmatrix} a_{11} & \cdots & a_{1n} \\ \vdots & \ddots & \vdots \\ a_{n1} & \cdots & a_{nn} \\ v_{11} & \cdots & v_{1n} \\ \vdots & \ddots & \vdots \\ v_{m1} & \cdots & v_{mm} \end{bmatrix}$$

Operativa:

- Ajuste RAS:

$$a^*_{kj}=r_k a_{kj}^{\rho} s_j$$

- Determinación de los parámetros de corrección:

$$r_k=[r_i;\ r_s]$$

$$s_j = f\left(\frac{1}{\tau_j}\right)$$

$$r_i = f\left(\hat{p}_{i,\ldots}\right)$$

$$\hat{p}_i = \frac{(p_i / \overline{p}_i)}{(\tilde{p} / \overline{\tilde{p}})}$$

$$p_i = (1-\mu_i)p_{xi} + \mu_i p_{mi}$$

$$p_{xij} = \sum_i a_{ij} p_i + p_{vij}$$

$$p_{vij} = \sum_s v_{sj} p_{fs} + \pi_j$$

$$\tau_j = \frac{1}{\sum_k a^*_{kj}} \quad \text{(productividad total de los factores)}$$

con

r	*parámetro de sustitución*
s	*parámetro de eficiencia*
r_i	*r para inputs intermedios*
r_s	*r para inputs primarios*
$\hat{p}$	*precio relativo del input respecto al año base*
p	*precio del input intermedio*
$\tilde{p}$	*precio del input medio*
$\bar{\tilde{p}}$	*precio del input en el año base*
μ	*ratio de dependencia de las importaciones*
p_x	*precio output*
p_m	*precio importaciones*
p_v	*precio valor añadido*
v	*coeficientes input de factores primarios*
p_f	*precio de los factores primarios*
π	*margen de ganancia por unidad de output*

El esquema de estimación queda configurado según se muestra en el gráfico:

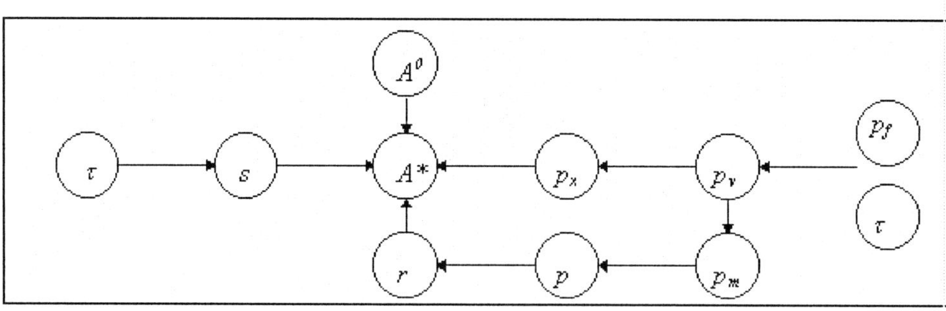

Extraído de: Shishido et al. (1991), p. 72

9.2.(6) Modelo para UBS Ltd.

Referencia:

WRIGHT, RENFRO, SCOWCROFT (1997) *"Toward a Generic Macroeconomic Modelling Environment".* III International Conference on 'Computing in Economics and Finance'. The society for Computational Economics. Standford, California.

Objetivo:

Estimación de los elementos de las matrices Input-Output.

Metodología:

Parte de la consideración de las columnas de coeficientes técnicos como tecnologías de las industrias, y la hipótesis de que la tecnología cambia lentamente: estos coeficientes pueden ser utilizados como referencias para interpolar los nuevos elementos de la TIO, mediante la minimización de las discrepancias entre los elementos correspondientes a las tecnologías de referencia y ajustada, por medio de una función de ajuste mínimo-cuadrática ponderada:

$$\min \sum_{ij} \frac{\left(x_{ij}^{*} - x_{ij}^{0}\right)^{2}}{\omega_{ij}}$$

Operativa:

$$\text{Min } [(x^{*}-x)' \, U\text{-}1 \, (x^{*}-x)]$$

sujeto a:

$$Ax^{*}=t$$

Planteando la función lagrangiana: $L=(x^{*}-x)' \, U\text{-}1 \, (x^{*}-x)-(Ax^{*}-t)$

Derivando respecto a x^{*} e igualando a 0: $2(x^{*}-x)=UA'$

Premultiplinado por A y sustituyendo x^{*}: $2(t-Ax)=AUA'$

La solución a este sistema se sustituye en la penúltima ecuación para obtener x^{*}.

Notación:

x^{*}	*vector de elementos de la TIO ajustados*
x	*vector de elementos de referencia*
t	*vector de totales de filas y columnas [q / v]*
A	*matriz de coeficientes técnicos*
U^{-1}	*matriz de ponderaciones*

9.3. Modelos de ajuste y coherencia de tablas input-output basados en optimización matemática.

El desarrollo de las técnicas de optimización matemática, así como el incremento de la capacidad de proceso de los equipos informáticos y la implementación de poderosos algoritmos de resolución de programas matemáticos, han ofrecido la posibilidad de especificar modelos de ajuste más flexibles basados en herramientas de optimización. Los modelos de programación matemática, en opinión de Harrigan (1983) [p. 548], gozan de las siguientes ventajas respecto a otros métodos de ajuste de tabla input-output:

- Posibilidad de incluir restricciones complementarias a las sumas de filas y columnas.
- Utilización indistinta de restricciones tipo igualdad y restricciones tipo desigualdad.
- Posibilidad de establecer intervalos de variabilidad en todas las variables del modelo.
- Posibilidad de tratar a los agregados como elementos sujetos a variabilidad, o ser considerados fijos.
- Posibilidad de especificar relaciones lineales o multiplicativas.

Esfuerzos pioneros de este enfoque lo constituyen los trabajos de Dorfman, Samuelson y Solow en la década de los 50, que prueban la fuerte relación existente entre el análisis input-output y la programación lineal [Beutel (1983); p. 313].

El empleo de las herramientas de programación matemática ha abarcado desde el ajuste directo de una matriz de coeficientes de coeficientes técnicos mediante la optimización de una función objetivo, hasta el desarrollo de complejas metodologías que integran distintas informaciones provenientes de diversos ámbitos y modelos entrelazados en el seno de un modelo de optimización.

Las *metodologías de ajuste y coherencia basadas en programación matemática* asumen toda la información acerca de los elementos del sistema input-output mediante la especificación de modelos que deben ser resueltos por medio de la optimización de ciertos objetivos de coherencia.

Dentro de las metodologías de ajuste y coherencia basadas en el enfoque de la programación matemática, pueden citarse los modelos recogidos en el cuadro 17. Las principales características de estos modelos se comentan a continuación del cuadro, y en la presentación en forma de fichas técnicas.

***Cuadro 17**. Modelos de Ajuste y Coherencia de Sistemas I/O.*

Tipo	***Información base***	***Referencia / Ejemplo de Aplicación***	***Fichas Técnicas***
Modelos Dinámicos		Harrigan (1983)	9.3.(1)
Modelos de Ajuste Óptimo: mono/biperíodo		Carter (1970) Beutel (1983) Modelo M.E.C.A. Modelo EXPO	9.3.(2-5)
Intervalos de Variabilidad	Análisis de Sensibilidad	Maas (1994) ANAIS	9.3.(6;7)

- *Modelos Dinámicos.* Este tipo de modelos asumen los valores previstos o reales de los coeficientes e inputs y outputs sectoriales conocidos e intentan dar coherencia al sistema global mediante un ajuste por medio de un modelo lineal o linealizado o cuadrático [Bachem y Korte (1979); Harrigan (1983)].
- *Modelos de Ajuste Óptimo: mono o biperíodo.* Este tipo de modelos incorporan información sobre los coeficientes técnicos u otros elementos de una tabla input-output mediante la optimización de una función lineal o linealizada sujeta a las restricciones formuladas en base a dicha información.

  Una experiencia pionera en este tipo de modelos es la de Carter (1970), donde se especifica un modelo de optimización para modelizar la adopción de nuevas tecnologías.

  Beutel (1983) demuestra cómo los modelos de coeficientes fijos vienen a ser una particularización de un modelo general formulado en téminos de programación lineal.

  En España, la metodología de ajuste óptimo es utilizada en las primeras versiones del modelo M.E.C.A. [Rodríguez Alcaide et al (1986b)], modelo INE [Rodríguez Alcaide et al (1987)] y en las aplicaciones a los modelos EXPO [Rodríguez Alcaide et al (1988)] y CASTILLA [Rodríguez Alcaide et al (1985d)]; mediante el desarrollo del sistema *M.A.R.I.B.E.L.* [47]

[47] Método de Análisis Recursivo e Iterativo de Balances Económicos Lineales. Véase Martínez Aguado y Vázquez Muñíz (1983).

- *Intervalos de variabilidad de las proyecciones.* Estas metodologías incorporan información acerca de los márgenes de variabilidad asumibles por la estructura interna de la tabla input-output.

  Maas (1994) plantea un modelo de programación lineal que permite calcular límites de variabilidad para los elementos de la matriz ajustada desconocidos; cuando se dispone de la información marginal y de algunos elementos de la matriz ajustada X^*. Además, identifica los elementos que, si bien pudieran ser desconocidos a priori, su valor puede ser prefijado con anterioridad, mediante la noción de *ciclo.*

  El modelo *A.N.A.I.S.* [Tarancón Morán (2002)] construye intervalos de variabilidad en torno a los coeficientes técnicos basados en el Análisis de Sensibilidad [Hewings (1984); p. 320]. El ajuste puede realizarse siguiendo dos vías:

  - Aceptar todas las condiciones de evolución y coherencia.
  - Realizar un ajuste multicriterio jerarquizado a ciertos objetivos de coherencia.

  El análisis de estos intervalos por expertos o su contrastación con los intervalos de confianza obtenidos de la proyección de la variable correspondiente conducen, habitualmente, a la reducción de los intervalos de variabilidad para los demás valores, obteniéndose así un ajuste recursivo e interactivo de los valores previstos, manteniendo una coherencia entre los valores viables derivados de las ecuaciones de coherencia de la tabla input-output y los valores estimados vía modelo econométrico.

  Así mismo, esta contrastación puede desvelar inconsistencias o incompatibilidades entre proyecciones de valores aislados, que se resuelven en el sistema *ANAIS* mediante la información del experto acerca de los valores admisibles y de las variables que son afectadas o afectables por la variación requerida para recuperar la coherencia.

9.3.(1)

Modelo de Objetivo Cuadrático. Harrigan (1983).

F

Referencia:

HARRIGAN, F. J. (1983) *"A quadratic programming approach to data reconciliation: contrast with RAS"*. Grassini y Smyshlyaev (Eds.) *Input-Output Modeling. Proceedings of the 3th IIASA Task Force Meeting.* IIASA, Luxemburgo (pp. 547-554).

Objetivo:

Ajuste de matrices en coherencia con las informaciones sobre elementos y relaciones del sistema.

Metodología:

Especificación de un modelo de programación matemática con objetivo cuadrático.

Operativa:

$$\min \frac{1}{2}\left[\sum_{ij}\left(x^{*}_{ij}-x^{0}_{ij}\right)^{2}\omega^{x}_{ij}+\sum_{j}\left(q^{*}_{j}-q^{0}_{j}\right)^{2}\omega^{q}_{j}+\sum_{i}\left(v^{*}_{i}-v^{0}_{i}\right)^{2}\omega^{v}_{i}+\sum_{m}\left(c^{*}_{m}-c^{0}_{m}\right)^{2}\omega^{c}_{m}\right]$$

sujeto a:

$$x^{\inf}_{ij} \le x^{*}_{ij} \le x^{\sup}_{ij}$$

$$q^{\inf}_{j} \le \sum_{i} x^{*}_{ij} \le q^{\sup}_{j}$$

$$v^{\inf}_{i} \le \sum_{j} x^{*}_{ij} \le v^{\sup}_{i}$$

$$c^{\inf}_{m} \le \sum_{ij\in m} x^{*}_{ij} \le c^{\sup}_{m}$$

con:

0	*valores de referencia*
*	*valores ajustados*
α γ	*límites al crecimiento sectorial de la producción*

9.3.(2)	**Modelo de adopción de nuevas tecnologías. Carter (1970).**	F

Referencia:

CARTER, A. P. (1970) *"A linear programming system analysing embodied technological change".* Carter y Brody (Eds.) Applications of Input-Output Analysis. (pp. 77-98).

Objetivo:

Cuantificación del impacto de la adopción progresiva de una nueva tecnología.

Metodología:

Especificación de un modelo de programación matemática con objetivo la optimización de la combinación entre tecnología actual y nueva tecnología.

Operativa:

$$\min\left[l^1 \Delta w^1 + l^0 \Delta w^{0+} - l \Delta w^{0-} \right]$$

sujeto a:

$$\left(I - A^1\right)\Delta w^1 + \left(I - A^0\right)\Delta w^{0+} + \left(I - A^0\right)\Delta w^{0-} \geq \Delta y$$

$$b^1 \Delta w^1 + b^0 \Delta w^{0+} \leq \kappa$$

$$\alpha w^0 \leq \Delta w^{0-} \leq \gamma w^0$$

con:

0	*tecnología actual*
1	*nueva tecnología*
w	*vector de producción efectiva*
l	*vector de coeficientes de inputs primarios (factor trabajo)*
A	*matriz de coeficientes técnicos*
y	*vector de demanda final*
Δw^{0+}	*vector con los valores positivos de* Δw^0
Δw^{0-}	*vector con los valores negativos de* Δw^0
b	*vector de coeficientes de capital*
κ	*inversión bruta máxima disponible para el período*
$\alpha \quad \gamma$	*límites al crecimiento sectorial de la producción*

9.3.(3)

Modelo I/O General basado en Programación Lineal. Beutel (1983).

Referencia:

BEUTEL, J. (1983) *"Input-Output Analysis and Linear Programming: the General Input-Output Model".* Grassini y Smyshlyaev (Eds.) *Input-Output Modeling. Proceedings of the 3th IIASA Task Force Meeting.* IIASA, Luxemburgo (pp. 313-328).

Objetivo:

Generalización de los modelos input-output de coeficientes fijos.

Metodología:

Especificación de un modelo de programación lineal para la obtención conjunto de valores de producción y precios sectoriales.

Operativa:

- Especificación 1:

$$\max[pw]$$

sujeto a:

$$w - Aw \le y$$

$$w \ge 0$$

- Especificación 2:

$$\max[pw]$$

sujeto a:

$$Aw - w \le 0$$

$$lw \le z$$

$$w \ge 0$$

con:

w	*vector de producción efectiva*
A	*matriz de coeficientes técnicos*
y	*vector de demanda final*
p	*vector de precios sectoriales*
l	*vector de coeficientes de inputs primarios (factor trabajo)*
z	*vector de inputs primarios*

9.3.(4) Modelo M.E.C.A. de Simulación de la Economía Andaluza.

Referencia:

RODRÍGUEZ ALCAIDE, VÁZQUEZ MUÑÍZ, LÓPEZ CEREZUELA, MARTÍNEZ AGUADO (1986) *"Un Modelo Input-Output y de Programación Matemática aplicado a la Economía Andaluza (Programación Multiobjetivo Jerarquizada)."* Centro de Investigación UAM-IBM, CSIC, UAM.

RODRÍGUEZ ALCAIDE, VÁZQUEZ MUÑÍZ, LÓPEZ CEREZUELA, MARTÍNEZ AGUADO (1986) *"Escenarios de Crecimiento de la Economía Andaluza a la vista del Plan Económico para Andalucía 1983-1986."* Documento MECA-008-3.86. Junta de Andalucía, Centro de Investigación UAM-IBM, CSIC, UAM.

Objetivo:

Medición del grado de contribución a unos objetivos fijados previamente de las actividades económicas regionales: reducción de la tasa de desempleo, elevación de la tasa de actividad, crecimiento económico superior al nacional e integración sectorial. Todo ello sujeto a las condiciones económicas nacionales y asumiendo la posibilidad de cambios en la estructura tecnológica.

Metodología:

La modelización se desarrolla en dos etapas. La primera genera el escenario referente a la demanda regional sectorizada. La segunda etapa consiste en la generación de las relaciones estructurales del modelo. Para la obtención de una solución se plantea un modelo de optimización en el que los objetivos económicos pueden jerarquizarse o ponderarse de acuerdo con las preferencias del decisor.

Operativa:

El modelo plantea las siguientes ecuaciones estructurales:

$$(x_i - \sum_j a_{ij} w_j) - cp_i - cg_i - kf_i \geq ex_i \qquad \sum_j \alpha_j w_j \lesseqgtr cp_i$$

$$\sum (m_j - e_j) w_j + \sum n_i cp_i + \sum q_i kf_i \lesseqgtr 0 \qquad empleo = \sum_j t_j w_j$$

Los consumos Privado y Público totales, y la formación bruta de capital, se reparten de acuerdo a unos pesos obtenidos de forma exógena. La variación de existencias se considera una variable residual.

Notación:

x_i	*producción regional del sector i*
w_j	*producción efectiva*
cp_i	*consumo privado regional (obtenido en la etapa 1 del modelo)*
cg_i	*consumo público regional (obtenido en la etapa 1 del modelo)*
kf_i	*formación bruta de capital fijo regional (obtenido en la etapa 1 del modelo)*
ex_i	*exportaciones de la región al resto de España / extranjero*
α_j	*porcentaje de la producción del sector j dedicado a consumir*
m_j	*porcentaje de la producción del sector j importada del exterior de la región*
e_j	*porcentaje de la producción del sector j destinada al exterior de la región*
n_i	*porcentaje de consumo de bienes finales que viene del exterior de la región*
q_i	*porcentaje de inversión de capital que procede del exterior de la región*
t_j	*número de empleos equivalentes año que por unidad de producción genera j*

9.3.(5)	**Modelo EXPO de evaluación del impacto de las inversiones de la Exposición Universal de Sevilla de 1992.**	F

Referencia:

RODRÍGUEZ ALCAIDE, LÓPEZ CEREZUELA, MARTÍNEZ AGUADO, VÁZQUEZ MUÑIZ (1988) *"Evaluación del impacto de las Obras Civiles de carácter público a realizar con motivo de la Exposición Universal Sevilla-92."*. XIV Reunión de Estudios Regionales de la AECR. Torremolinos.

Objetivo:

Evaluación del impacto del vector de inversión en infraestructura pública derivado de la realización de la Exposición Universal de Sevilla de 1992, sobre la Economía andaluza, en términos de valor añadido, empleo, producción, etc. desagregado por sectores productivos.

Metodología:

Planteamiento de un escenario de referencia (Sevilla sin-Expo) y un escenario a evaluar (Sevilla con-Expo). La diferencia entre ambos escenarios se establece principalmente en el nivel de la Formación Bruta de Capital Fijo previsto.

El modelo planteado es un modelo de optimización multiperíodo (3 años de evaluación), dinámico (incorpora la matriz dinámica de Leontief -capital / producto- con retardos de 1 y 2 años), multicriterio (los distintos objetivos son los diferentes niveles de inversión sectorizada presupuestada), jerarquizado (existen 3 niveles de prioridad correspondientes a los 3 años del escenario), con inclusión de variables contínuas y enteras (las variables enteras se corresponden con las condiciones de infrautilización y sobresaturación de capacidad).

El modelo presenta una desagregación a 20 sectores productivos.

Operativa:

El modelo especificado Consta de los siguientes elementos:

- 5 ecuaciones de objetivos: mnimización de la suma de las diferencias entre inversión presupuestada (objetivo) y reflejada por el modelo, para cada sector productivo.
- 233 ecuaciones de condiciones.
- 42 variables acotadas con valores máximos y mínimos.
- 80 variables acotadas con valores máximos.
- 40 variables enteras.

Para cada año pueden distinguirse las siguientes ecuaciones:

- 20 ecuaciones de identidades por el lado de la demanda,
- 2 ecuaciones de exportación por ramas de actividad,
- 20 ecuaciones de cumplimiento del sistema de ventas sectorial,
- 1 ecuación de crecimiento de las exportaciones,
- 1 ecuación de crecimiento del consumo,
- 20 ecuaciones para la especificación del crecimiento mínimo esperado en la producción de cada sector,
- 20 ecuaciones correspondientes a las capacidades de producción sectorial,
- 20 ecuaciones para los límites máximos de las sobresaturaciones de capacidad de producción,
- 20 ecuaciones para los límites máximos de las infrautilizaciones de capacidad de producción.

Además, se cuenta con las siguientes ecuaciones:

- 1 ecuación para recoger los requerimientos de importaciones para cada rama de actividad
- 3 ecuaciones para calcular los empleos generados en cada año.

9.3.(6)

Modelo de determinación de márgenes de variabilidad. Maas (1994).

Referencia:

MAAS, C. (1994) *"Bounds for Unknown Elements of Input-Output Matrices".* Economic Systems Research, vol. 6, nº 1 (pp. 69-76).

Objetivo:

Construcción de intervalos de variabilidad de los elementos de las matrices Input-Output.

Metodología:

Cálculo de límites de variabilidad para los elementos de la matriz ajustada desconocidos; cuando se dispone de la información marginal y de algunos elementos de la matriz ajustada X^*, mediante la formulación de un programa lineal aplicado a los elementos desconocidos de la matriz.

Operativa:

- Programa lineal aplicado a los elementos desconocidos:

$$x_{rs}^{inf}=min!\,(x_{rs}^{sup}=max!)$$

sujeto a:

$$X^*u - X^*_k u = v^*$$
$$u'X^* - u'X^*_k = q^*$$

con:

$X^*u,\ u'X^*$	*vectores de sumas marginales de la matriz a ajustar*
$X^*_k u,\ u'X^*_k$	*vectores de sumas por columnas y filas de los elementos conocidos de X^**

- Identificación de elementos desconocidos que son fijos: elementos que pertenecen a un *ciclo* (una secuencia finita $(i_1,j_1), (i_1,j_2), (i_2,j_2),\ldots, (i_{m-1},j_m), (i_m,j_m), (i_m,j_1)$ es un ciclo si todos los números de filas $i_1, \ldots, i_m$ son diferentes y todos los números de columnas $j_1, \ldots, j_m$ son diferentes) .

9.3.(7) Modelo A.N.A.I.S.

Referencia:

TARANCÓN MORÁN (2002) *"Metodología de Ajuste y Coherencia de Tablas Input-Output. Aplicación a la evaluación del impacto económico de la inversión en infraestructuras del transporte".* Tesis Doctoral. Universidad de Castilla – La Mancha. Toledo.

Objetivo:

Ajuste de la tabla input-output a agregados económicos en coherencia con su propia estructura interna.

Metodología:

Búsqueda de la coherencia entre los valores de los agregados económicos de la tabla, los intervalos de variabilidad estructuralmente asumibles y las proyecciones de los elementos mediante un sistema iterativo e interactivo basado en el análisis de sensibilidad.

Operativa:

Programa lineal multicriterio jerarquizado a dos niveles:

min rmax

$$\min\left(\sum_{ij} r_{ij}^{x}\omega_{ij}^{x} + \sum_{ik} r_{ik}^{y}\omega_{ik}^{y} + \sum_{dj} r_{dj}^{z}\omega_{dj}^{z}\right)$$

sujeto a:

- *ecuaciones de coherencia,*

$$\sum_{ik} \dot{y}_{ik} = \sum_{dj} \dot{z}_{dj}$$

$$\sum_{j} \dot{x}_{ij} + \sum_{k} \dot{y}_{ik} = \dot{w}_{i}$$

$$\sum_{i} \dot{x}_{ij} + \sum_{d} \dot{z}_{dj} = \dot{w}_{j}$$

- *ecuaciones de coherencia estructural,*

$$sch_{ij}^{-} \leq \frac{\dot{x}_{ij}}{w_{j}} \leq sch_{ij}^{+}$$

$$sch_j^- \leq \frac{\sum_i x_{ij}^*}{w_j} \leq sch_j^+$$

- *intervalos de variabilidad de los elementos individuales,*

$$x_{ij}^- \leq x_{ij}^* \leq x_{ij}^+$$

$$y_{ik}^- \leq y_{ik}^* \leq y_{ik}^+$$

$$z_{dj}^- \leq z_{dj}^* \leq z_{dj}^+$$

- *variación de las sumas de elementos de compras y ventas intersectoriales, y de la producción efectiva:*

$$v_i^- \leq \sum_j x_{ij}^* \leq v_i^+$$

$$q_j^- \leq \sum_i x_{ij}^* \leq q_j^+$$

$$w_j^- \leq w_j^* \leq w_j^+$$

- *intervalos de variabilidad de los agregados económicos,*

$$\left[\sum_k y_{ik}^*\right]^- \leq \sum_k y_{ik}^* \leq \left[\sum_k y_{ik}^*\right]^+$$

$$\left[\sum_j z_{dj}^*\right]^- \leq \sum_j z_{dj}^* \leq \left[\sum_j z_{dj}^*\right]^+$$

$$\left[\sum_j w_j^*\right]^- \leq \sum_j w_j^* \leq \left[\sum_j w_j^*\right]^+$$

- *otros intervalos de variación,*

(variabilidad sobre elementos TIO, grupos de elementos y relaciones, según características de cada aplicación concreta e informaciones disponibles),

- *variación máxima de los elementos,*

$$r_{ij}^x \leq r\max \qquad \forall i,j$$

$$r_{ik}^y \leq r\max \qquad \forall i,k$$

$$r_{dj}^z \leq r\max \qquad \forall d,j$$

- *elementos ajustados,*

$$x_{ij}^0 \cdot (1 - r_{ij}^x x_{ij}) \leq x^*{}_{ij} \leq x_{ij}^0 \cdot (1 + r_{ij}^x x_{ij}) \qquad \forall i,j$$

$$y_{ik}^0 \cdot (1 - r_{ik}^y y_{yk}) \leq y^*{}_{ik} \leq y_{ij}^0 \cdot (1 + r_{ik}^y y_{ik}) \qquad \forall i,k$$

$$z_{dj}^0 \cdot (1 - r_{dj}^z z_{dj}) \leq z^*{}_{dj} \leq z_{dj}^0 \cdot (1 + r_{dj}^z z_{dj}) \qquad \forall d,j$$

9.4. *Resumen.*

- Tradicionalmente, los modelos aplicados a los objetivos de predicción sectorial y simulación y evaluación de impactos se han basado en la hipótesis de permanencia estructural, es decir, constancia en los coeficientes input – output. Esta hipótesis, en ocasiones, debe ser relajada a expensas de lograr unos resultados que no adolezcan de sesgos importantes.
- Se han desarrollado metodologías que tienen como fin ofrecer mecanismos para ajustar la tabla input-output a las informaciones vertidas sobre ellas, de modo que se ofrezca un marco de análisis integral que minimice las limitaciones y sesgos derivados de la hipótesis de permanencia estructural.
- Estas metodologías se concretan en los llamados modelos de *ajuste y coherencia*, y abarcan desde un refinamiento de las técnicas elementales de ajuste global hasta complejas especificaciones de modelos de optimización matemática.
- Como predecesoras de las metodologías de *ajuste y coherencia*, se han desarrollado metodologías *de ajuste a informaciones múltiples*, que incorporan información adicional a la estrictamente marginal.
- El desarrollo de las técnicas de optimización matemática, así como el incremento de la capacidad de proceso de los equipos informáticos y la implementación de poderosos algoritmos de resolución de programas matemáticos, han ofrecido la posibilidad de especificar modelos de ajuste más flexibles basados en herramientas de optimización.

J. *Ajuste de la tabla input-output de 1990 a los valores conocidos de 1998 mediante un modelo de optimización matemática.*

En la siguiente práctica se procede al ajuste de la matriz de transacciones intermedias *X* de la tabla input-output de 1990 agregada a 25 ramas de actividad Eurostat a los vectores de compras y ventas totales intermedias (*q* y *v*, respectivamente) y a los valores conocidos la tabla de 1998. Para ello se utiliza un modelo de optimización matemática de minimización de la suma de las discrepancias relativas entre la tabla ajustada y los valores de referencia[48].

Paso 1.

Abriremos el libro ayc_9098.xls[49]. En la práctica se utilizarán las siguientes hojas de cálculo:

- Tio90eur, que contiene la tabla input-output de la economía española de 1990, agregada a las 25 ramas de actividad de Eurostat.
- Tio98eur, que contiene la tabla input-output de la economía española de 1998, agregada a las 25 ramas de actividad de Eurostat.
- ajuste, que contiene el proceso de ajuste de la matriz de transacciones intermedias de la tabla de 1990 a las compras y ventas totales intermedias y valores conocidos de 1998, mediante la resolución de un modelo de optimización..

Paso 2.

Nos situamos en la hoja ajuste. El problema consiste en obtener un valor de ciertos valores de la matriz de transacciones *X* para 1998 partiendo de los valores de esta matriz para 1990.

En concreto, dividiendo la matriz *X* de 1998 en dos submatrices:

$$X^{98} = \left[X_1^{98} \quad X_2^{98} \right]$$

tenemos que:

[48] Indudablemente, no es común en un caso real que se conozcan los valores de las compras de ciertos sectores productivos. En el ejemplo se hace esta simplificación debido a que la herramienta de optimización *Solver* de Microsoft® Excel® está limitada a 200 celdas desconocidas o cambiantes.

[49] Al abrir la hoja se avisará de la existencia de macros. Debe pulsarse la opción de habilitar macros, para que pueda funcionar la utilidad *'solver'* de resolución de modelos de optimización matemática.

- X_1^{98} es la submatriz con las primeras 8 columnas (ramas de actividad) de la matriz X^{98}. Esta matriz es desconocida y la práctica consiste en obtener una submatriz ajustada $X_1{}^*$ a parir de los valores de referencia de 1990, X_1^{90}.
- X_2^{98} es la submatriz con las restantes 17 columnas (ramas de actividad) de la matriz X^{98}. Esta matriz es conocida y la matriz a obtener (ramas de actividad desconocidas) han de ajustarse a sus valores a fin de cumplir las restricciones dadas por las compras y ventas intermedias totales (vectores q y v) de 1998.

El modelo de optimización propuesto para hallar $X_1{}^*$ es:

$$\min \sum_{i=1}^{25} \sum_{j=1}^{8} \left| \frac{x_{ij}^* - x_{ij}^{90}}{x_{ij}^{90}} \right|$$

sujeto a:

$$\sum_{i=1}^{25} x_{ij}^* = q_j^{98} \qquad j = 1,2...,8$$

$$\sum_{j=1}^{8} x_{ij}^* + \sum_{j=9}^{25} x_{ij}^{98} = v_i^{98} \qquad i = 1,2...,25$$

$$x_{ij}^* \geq 0 \qquad i = 1,2...,25 \qquad j = 1,2...,8$$

Para la resolución matemática de este modelo se ha utilizado la opción solver de Microsoft Excel. Si no está previamente habilitada esta opción, deberá procederse a su activación mediante herramientas → complementos... → solver.

En la hoja ajuste nos encontramos los siguientes elementos para la resolución del modelo:

- En el rango C36:AA60 se sitúa la matriz de discrepancias relativas entre los elementos a ajustar y los de la matriz X^{90}. En principio, el rango C36:J60 tiene discrepancias 0, ya que calcula las discrepancias entre esta matriz y $X_1{}^*$, dándose el hecho de que se parte de la propia matriz X^{90} como referencia (valores iniciales de $X_1{}^*$). En el rango K36:AA60 si hay discrepancias distintas de 0, que son las que surgen de la confrontación entre X^{90} y la matriz de valores conocidos de 1998, X_2^{98}.
- En la celda B35 se halla el objetivo a minimizar, es decir, la suma de las discrepancias relativas.
- Los valores conocidos de 1998 se hallan en las siguientes referencias: C31:AA31 (vector q^{98}), AC5:AC29 (vector v^{98}), y K5:AA29 (matriz X_2^{98}).
- En el rango C5:J29 está la matriz de valores a ajustar (celdas 'variables' de la optimización) X_1^*.
- En la referencia C30:AA30 se calcula la suma:

$$\sum_{i=1}^{25} x_{ij}^{*}$$

- En la referencia AB5:AB29 se calcula la suma:

$$\sum_{j=1}^{8} x_{ij}^{*} + \sum_{j=9}^{25} x_{ij}^{98}$$

Para ejecutar la optimización se pulsa herramientas → solver . Aparecerá la ventana:

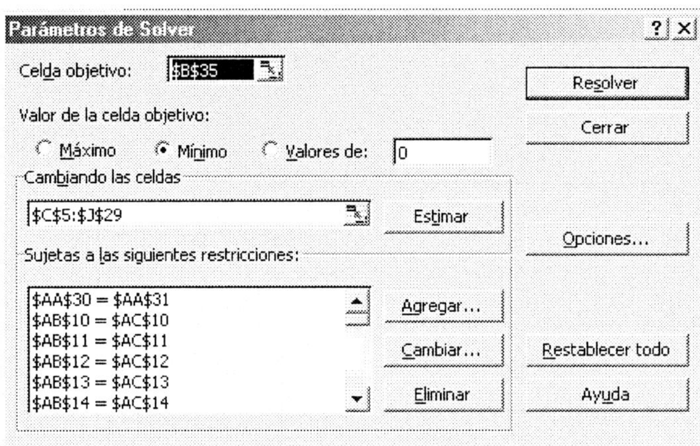

Al pulsar resolver, y tras unos minutos, se obtendrá en el rango C5:J29 la matriz de valores ajustados X_1^*, que cumple con las restricciones y minimiza la función objetivo[50].

[50] Puede observarse al ver las especificaciones de las restricciones que se han añadido algunas restricciones para evitar un exceso de elementos nulos en la matriz ajustada.

10 El marco input-output SEC-95: tablas de origen y destino y la tabla simétrica.

10.1. El marco SEC-95.

La adopción del *sistema de Contabilidad Nacional SEC-95* ha supuesto, en lo que se refiere al sistema input-output español, una ruptura con respecto a la concepción anterior que recogía la metodología SEC-79.

Como novedad destaca, esencialmente, el paso de una tabla compuesta de tres matrices (*X, Y, Z*) a un sistema compuesto por varias tablas interrelacionadas [Cañada (1998); p. 3]:

- Las tablas de origen y destino (TOYD).
- La tabla simétrica (TSIM).
- Tablas complementarias: tabla de relación de las ramas de actividad y los sectores institucionales, tablas de impuestos y subvenciones sobre los productos, tabla de márgenes de distribución de los productos.

Las *tablas de origen y destino* (TOYD) suponen el pilar básico de este marco analítico y contable.

Metodológicamente, el hecho del paso de un esquema *unidades de producción homogéneas x unidades de producción homogéneas* al esquema *industria x producto* adquiere especial relevancia ya que imposibilita el funcionamiento de algoritmos estructurales basados en el cálculo de la matriz de Leontief[51].

El Instituto Nacional de Estadística, para subsanar este inconveniente, elabora la *tabla simétrica* (TSIM) [I.N.E. (2001a)], en la que se recupera el esquema de *unidades de producción homogéneas x unidades de producción homogéneas.*

La *tabla simétrica* conlleva la reordenación de los datos contenidos en las *tablas de origen y destino* [I.N.E. (2001b); p. 1], a fin de elaborar un marco de trabajo en el que se puedan aplicar los modelos basados en el análisis input-output. En este sentido, puede

---

[51] Aún así, los modelos tradicionales pueden plantearse de forma aproximada en base a las tablas de Origen y Destino, estableciendo diversas simplificaciones , como son la hipótesis de tecnología del producto, o la hipótesis de tecnología de la industria [Cañada Martínez (2001); pp. 10-14].

apuntarse que el valor de los agregados económicos que inciden en la Tabla Simétrica coinciden con los de la Tabla de Destino [I.N.E. (2001b); p. 2].

En los siguientes apartados se muestran los elementos principales de este nuevo marco input-output.

Factura Nº: 4.550

Fecha: 4 - Diciembre - 2003 **Hoja nº:** 1

N. I. F: 44622747-X

Forma de pago: Contrareembolso

Código cliente: 12.044

I.S.B.N.	Libro	Autor	Cant.	P.V.P.	%	Importes s/I.V.A.	Importes c/I.V.A.
	Albarán nº 5.384 (4-Dic-2003)						
	Gastos de envio		1	7,20		6,21	7,20
84-8454-255-6	Tecnicas de analisis economico input-out	Tarancon, M	1	15,00		14,42	15,00

ECOBOOK
LIBRERIA DEL ECONOMISTA
C/ del Cristo, 3 - 26015 Madrid
Tel.: 91 559 51 30 - Fax: 91 559 50 72

Base Imponible: 14,42 **I.V.A. (4%):** 0,58
Base Imponible: 6,21 **I.V.A. (16%):** 0,99
Base Imponible: 0,00 **I.V.A. (0%):** 0,00

Total factura: 22,20 Euros

Banco: Caja Madrid 2038 1774 34 6100017711
C/ Goya nº 73, 28001 Madrid

ECOBOOK

Calle del Cristo, 3 - 28015 MADRID. Tel.: 91 559 51 30 - Fax: 91 559 50 72
E-mail: ecobook@ecobook.com - www.ecobook.com

ECOBOOK S.L. INSCRITA EL REGISTRO Mercantil de Madrid tomo 4428 de la Sección 8º del libro de Sociedades folio 64, hoja n.º M673406 - Inscripción 1º - C.I.F. B78/664299

10.2. *Tablas de origen y destino (TOYD).*

Las tablas de origen y destino son, como ya se ha comentado, el pilar donde se sustenta el sistema input-output del SEC-95.

La *tabla de origen* (TO) recoge la producción total de bienes y servicios del sistema económico. Esta producción, junto a las importaciones[52], constituyen la oferta total de bienes y servicios de la economía.

La tabla está constituida, básicamente, por la matriz de producción. Esta matriz contiene, por filas, la producción de cada producto existente en el sistema económico. Por columnas, se muestra la producción generada por cada rama de actividad (industria). De esta forma, la matriz permite la identificación de las producciones principales y secundarias de cada rama de actividad.

En el siguiente gráfico se muestra la tabla de origen, siendo:

W	*matriz (nxl) de producción*
w^p	*vector (nx1) de producciones por productos*
w^r	*vector (1xl) de producciones por ramas de actividad (industrias).*

Gráfico 07. *Tabla de origen (TO)*

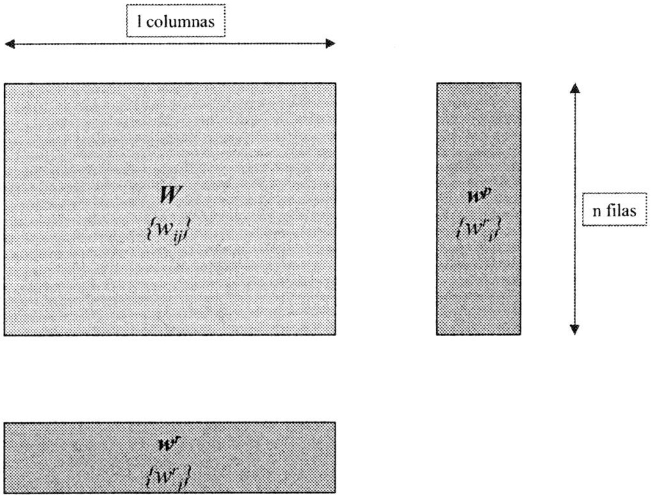

52 De hecho, en las tablas construidas por el Instituto Nacional de Estadística, las importaciones por productos son incluidas en la tabla como suma, lo que da lugar al concepto de *recursos totales de la economía*. En este texto se ha optado, a fin de mantener la coherencia con los capítulos anteriores, basados en el concepto de *producción efectiva*, presentar las importaciones en la tabla de destinos restando a las componentes de la matriz de demanda final, a fin de obtener dicha *producción efectiva* del sistema.

Por último, en la tabla se establecen las siguientes relaciones básicas:

- Producción por productos:

$$\sum_{j=1}^{l} w_{ij} = w_i^p$$

- Producción por ramas de actividad (industrias):

$$\sum_{i=1}^{n} w_{ij} = w_j^r$$

- Producción total del sistema:

$$\sum_{j=1}^{l}\sum_{i=1}^{n} w_{ij} = \sum_{i=1}^{n} w_i^p = \sum_{j=1}^{l} w_j^r$$

En cuanto a la *tabla de destino* (TD), se compone de tres matrices básicas e interrelacionadas, siguiendo un esquema semejante al de las tablas input-output clásicas (TIO) del sistema SEC-79, salvo por la asimetría debida a la doble consideración de productos y ramas de actividad (industrias). Estas matrices son: la matriz de transacciones intermedias por productos y ramas de actividad (X^{pr}), demanda final[53] por productos (Y^p) e inputs primarios por ramas de actividad (Z^r).

En el gráfico 8 se muestra, en esquema, la tabla de destino:

***Gráfico 08**. Tabla de destino (TD)*

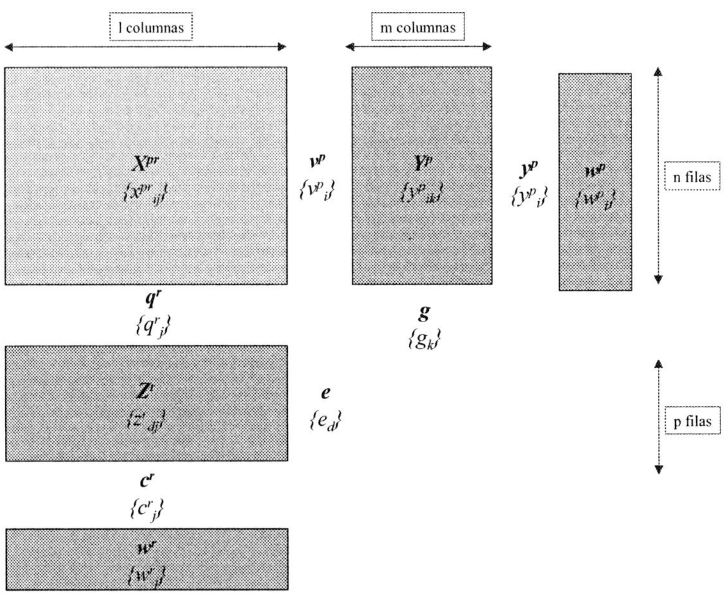

[53] En esta matriz se ha añadido, respecto a las tablas publicadas por el Instituto Nacional de Estadística, el vector de importaciones restando, de manera que se permita el cálculo del PIB y, por tanto, de la producción del sistema por el lado de la demanda.

Siendo:

X^{pr}	*matriz (nxl) de transacciones intermedias*
v^{p}	*vector (nx1) de transacciones intermedias totales por productos*
q^{r}	*vector (1xl) de transacciones intermedias totales por ramas de actividad*
Y^{p}	*matriz (nxk) de ventas de productos a la demanda final*
y^{p}	*vector (nx1) de ventas de productos a la demanda final total (saldo)*
g	*vector (1xk) de componentes de la demanda final por categorías de demanda*
Z^{r}	*matriz (pxl) de inputs primarios por ramas de actividad (industrias)*
e	*vector (px1) de inputs primarios totales por tipo de input*
c^{r}	*vector (1xl) de inputs primarios totales por ramas de actividad*
w^{p}	*vector (nx1) de producción por productos*
w^{r}	*vector (1xl) de producción por ramas de actividad*

En esta tabla se establecen las siguientes relaciones:

- Producción por el lado de las ventas:

$$\sum_{j=1}^{l} x_{ij}^{pr} + \sum_{k=1}^{m} y_{ik}^{p} = w_{i}^{p}$$

- Producción por el lado de las compras:

$$\sum_{i=1}^{n} x_{ij}^{pr} + \sum_{d=1}^{p} z_{dj}^{r} = w_{j}^{r}$$

- Producción total:

$$\sum_{i=1}^{n} w_{i}^{P} = \sum_{j=1}^{l} w_{j}^{r}$$

Lógicamente, la relación entre la tabla de origen (TO) y la tabla de destino (TD) queda plasmada a través de la producción por productos y por ramas de actividad (industrias):

$$\sum_{j=1}^{l} x_{ij}^{pr} + \sum_{k=1}^{m} y_{ik}^{p} = \sum_{j=1}^{l} w_{ij}^{p}$$

$$\sum_{i=1}^{n} x_{ij}^{pr} + \sum_{d=1}^{p} z_{dj}^{r} = \sum_{i=1}^{n} w_{ij}^{r}$$

10.3. *Tabla input-output simétrica (TSIM).*

La *tabla simétrica* (TSIM) supone una redefinición de las tablas de origen y destino (TOYD), a fin de obtener un marco analítico ideal para la aplicación de los modelos y análisis input-output basados en el cálculo de matrices inversas.

La tabla simétrica recupera el esquema de simetría de filas y columnas, mediante un esquema *rama de actividad x rama de actividad*; o bien *producto x producto*. Para ello, se recurre a la definición de "ramas de actividad homogéneas", que son aquellas actividades que, conceptualmente, se caracterizan por producir un único bien o servicio.

La tabla simétrica ofrece una apariencia similar a la tabla de destino (TD), si bien existen importantes diferencias conceptuales. Esencialmente, estas diferencias se centran en que las *ramas de actividad* de la TSIM (ramas homogéneas) difieren en su definición y, por tanto, en el valor de sus operaciones, de las ramas de actividad presentadas en la TD (ramas no homogéneas).

A pesar de esta diferencia, el valor de los agregados económicos de ambas tablas coinciden, por lo que la tabla simétrica puede considerarse una reordenación de los valores de la tabla de destino [INE (2000); p.3].

La tabla simétrica recupera fundamentalmente el esquema de tabla input-output de la SEC-79, componiéndose de tres matrices interrelacionadas: matriz de transacciones intermedias *X* que recupera su condición de matriz cuadrada, matriz de demanda final *Y*, y matriz de inputs primarios *Z*.

En el gráfico 9 se muestra la estructura de la tabla simétrica:

Gráfico 09. *Tabla Simétrica (TSIM).*

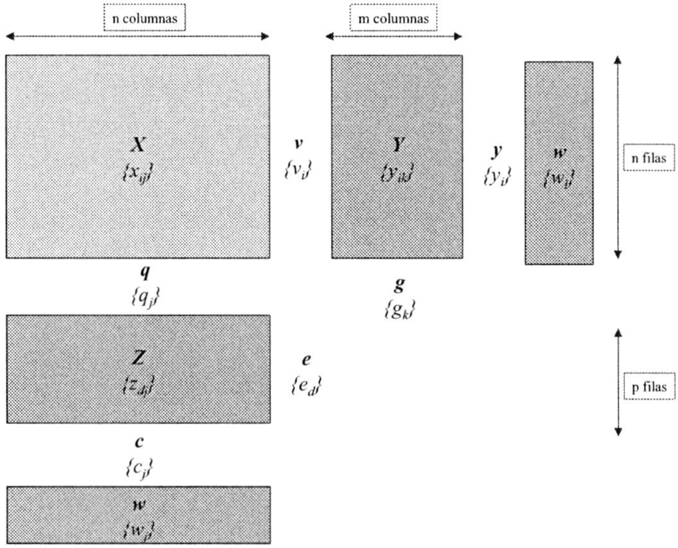

Siendo:

X	*matriz (nxn) de transacciones intermedias*
v	*vector (nx1) de ventas intermedias totales*
q	*vector (1xn) de compras intermedias totales*
Y	*matriz (nxk) de ventas a la demanda final*
y	*vector (nx1) de ventas a la demanda final total (saldo)*
g	*vector (1xk) de componentes de la demanda final por categorías de demanda*
Z	*matriz (pxn) de inputs primarios*
e	*vector (px1) de inputs primarios totales por tipo de input*
c	*vector (1xn) de inputs primarios totales*
w	*vector de producción*

Las principales relaciones inherentes a la tabla simétrica coinciden con las de la tabla de destino:

- *relación compras – ventas intermedias:*

$$\sum_i v_i = \sum_j q_j$$

- *relación demanda final-inputs primarios:*

$$\sum_{ik} y_{ik} = \sum_{dj} z_{dj}$$

- Producción por el lado de las ventas:

$$\sum_{j=1}^{n} x_{ij} + \sum_{k=1}^{m} y_{ik} = w_i$$

- Producción por el lado de las compras:

$$\sum_{i=1}^{n} x_{ij} + \sum_{d=1}^{p} z_{dj} = w_j$$

- Producción total:

$$\sum_{i=1}^{n} w_i = \sum_{j=1}^{n} w_j$$

10.4. Coeficientes planteados en el marco input-output SEC-95.

Una vez detalladas las tablas básicas que componen el marco input-output basado en el sistema de cuentas SEC-95, se plantean algunos de los coeficientes o relaciones básicas de cada una de las tablas[54].

En cuanto a la tabla de origen (TO), pueden establecerse los siguientes coeficientes:

- *Coeficientes de especialización:* pueden interpretarse como una medida del nivel de especialización de cada rama de actividad:

$$\varepsilon_{ij} = \frac{w_{ij}}{w_j^r}$$

- *Coeficientes de mercado:* pueden interpretarse como una medida de la cuota de mercado de cada rama de actividad en cada producto:

$$\rho_{ij} = \frac{w_{ij}}{w_i^p}$$

Respecto a la tabla de destino (TD), pueden plantearse los *coeficientes técnicos de producción no homogéneos*, que pueden ser interpretados como la aportación del producto i a la función de costes de la rama de actividad j:

$$a_{ij}^r = \frac{x_{ij}^{pr}}{w_j^r}$$

Pasando a la tabla simétrica, pueden plantearse los tradicionales coeficientes técnicos de producción homogéneos, que pueden interpretarse como la cantidad de insumos provenientes de la rama de actividad i necesarios para la producción de una unidad del bien (o servicio) de la rama de actividad j. En este sentido, pueden interpretarse, bajo ciertas hipótesis, en términos de función de producción de la rama de actividad j:

$$a_{ij} = \frac{x_{ij}}{w_j}$$

[54] Algunos de estos coeficientes son referidos en Cañada Martínez (2001)

10.5. Resumen.

- La adopción del *sistema de Contabilidad Nacional SEC-95* ha supuesto, en lo que se refiere al sistema input-output español, una ruptura con respecto a la concepción anterior que recogía la metodología SEC-79. Como novedad destaca, esencialmente, el paso de una tabla compuesta de tres matrices a un sistema compuesto por varias tablas interrelacionadas.
- Las *tablas de origen y destino* (TOYD) suponen el pilar básico de este marco analítico y contable.
- La *tabla de origen* (TO) recoge la producción total de bienes y servicios del sistema económico. Esta producción, junto a las importaciones, constituyen la oferta total de bienes y servicios de la economía.
- La *tabla de destino* (TD) se compone de tres matrices básicas e interrelacionadas siguiendo un esquema semejante al de las tablas input-output clásicas (TIO) del sistema SEC-79, salvo por la asimetría debida a la doble consideración de productos y ramas de actividad (industrias).
- La *tabla simétrica* conlleva la reordenación de los datos contenidos en las *tablas de origen y destino*, a fin de elaborar un marco de trabajo en el que se puedan aplicar los modelos basados en el análisis input-output.

K. *Descripción del marco input-output SEC-95 de la economía española: tablas publicadas por el Instituto Nacional de Estadística.*

En la siguiente práctica se describen las tablas españolas del marco input-output publicadas por el Instituto Nacional de Estadística (I.N.E.).

Estas tablas pueden descargarse de forma gratuita de la página web del instituto (www.ine.es) en formato hoja de cálculo.

Las tablas descritas en la práctica son las siguientes:

- Tablas de Origen y Destino de la Economía Española de 1997, incluidas en el archivo TOD_97.xls.
- Tabla Simétrica de la Economía Española de 1995, incluida en el archivo simetric95.xls.

Paso 1.

Abriremos el libro TOD_97.xls. El libro se compone de las siguientes hojas:

- Lista Tablas, que contiene el listado de las tablas contenidas en las distintas hojas de cálculo.
- Tabla 1, que contiene la tabla de origen de la economía española de 1997.
- Tabla 2, que contiene la tabla de destino total de la economía española de 1997.
- Tabla 3, que contiene la tabla de destino de la producción interior de la economía española de 1997.
- Tabla 4, que contiene la tabla de destino de las importaciones de la economía española de 1997.

Paso 2.

Nos situamos en la hoja Tabla 1, que contiene la tabla de origen de 1997. En dicha hoja nos podemos encontrar las siguientes matrices y vectores:

Concepto	*Elementos*	*Dimensión*	*Rango*
Matriz de producción W	w_{ij}	110 productos x 72 ramas de actividad	A5:BW117
Producción efectiva por productos w^p	$\sum_{j=1}^{l} w_{ij} = w_i^p$	110 productos	BX5:BX117
Importaciones por productos im^p	$im^p{}_i$	110 productos + Ajuste CIF/FOB + Compras de residentes fuera del territorio económico	BY5:CA119
Oferta a precios básicos ofb^p	$\sum_{j=1}^{l} w_{ij} + im_i^p = ofb_i^p$	110 productos + Ajuste CIF/FOB + Compras de residentes fuera del territorio económico	CB5:CB119
Matriz de márgenes de distribución MG	mg_{ig}	110 productos x (2 tipos de márgenes + impuestos a los productos)	CC5:CE117
Oferta a precios de adquisición ofa^p	$\sum_{j=1}^{l} w_{ij} + im_i^p + \sum_{g=1}^{t} mg_{ig} = ofa_i^p$	110 productos + Ajuste CIF/FOB + Compras de residentes fuera del territorio económico	CF5:CF119
Producción efectiva por ramas de actividad w^r	$\sum_{i=1}^{n} w_{ij} = w_j^r$	72 ramas de actividad	C121:BW121

Paso 3.

La hoja Tabla 2 contiene la tabla de destino total de 1997. En dicha hoja nos podemos encontrar las siguientes matrices y vectores:

Concepto	*Elementos*	*Dimensión*	*Rango*
Matriz de transacciones intermedias X	$x^{pr}{}_{ij}$	110 productos + impuestos netos sobre los productos x 73 ramas de actividad (incluye Servicios de intermediación financiera medidos indirectamente)	A5:BX118
Demanda intermedia por productos v^p	$\sum_{j=1}^{l} x_{ij}^{pr} = v_i^p$	110 productos + impuestos netos sobre los productos	BY5:BY118

(Continuación)

Concepto	***Elementos***	***Dimensión***	***Rango***
Matriz de demanda final por productos Y^p	y^p_{ik}	110 productos + impuestos netos sobre los productos + Ajuste CIF/FOB + Compras de no residentes en el territorio económico + Compras de residentes fuera del territorio económico x 7 agregados (no incluye importaciones)	BZ5:CI121
Vector de demanda final total por productos y^p	$\sum_{k=1}^{m} y^p_{ik} = y^p_i$	110 productos + impuestos netos sobre los productos + Ajuste CIF/FOB + Compras de no residentes en el territorio económico + Compras de residentes fuera del territorio económico	CJ5:CJ121
Vector de demanda final por agregados económicos g	$\sum_{i=1}^{n} y^p_{ik} = g_k$	7 agregados (no incluye importaciones)	BZ122:CI122
Vector de empleos totales de la economía por productos em^p	$\sum_{j=1}^{l} x^{pr}_{ij} + \sum_{k=1}^{m} y^p_{ik} = em^p_i$	110 productos + impuestos netos sobre los productos + Ajuste CIF/FOB + Compras de no residentes en el territorio económico + Compras de residentes fuera del territorio económico	CK5:CK121
Demanda intermedia por ramas de actividad q^r	$\sum_{i=1}^{n} x^{pr}_{ij} = q^r_j$	73 ramas de actividad (incluye Servicios de intermediación financiera medidos indirectamente)	A122:BX122
Matriz de inputs primarios por ramas de actividad Z^r	z^r_{dj}	4 tipos de inputs x 73 ramas de actividad (incluye Servicios de intermediación financiera medidos indirectamente)	A123:BX127
Vector de inputs primarios totales por ramas de actividad (valor añadido bruto a precios básicos) c^r	$\sum_{d=1}^{p} z^r_{dj} = c^r_j$	73 ramas de actividad (incluye Servicios de intermediación financiera medidos indirectamente)	A128:BX128
Vector de inputs primarios totales por tipos de input e	$\sum_{j=1}^{l} z^r_{dj} = e_d$	4 tipos de inputs	BY123:BY127
Vector de producción a precios básicos por ramas de actividad w^r	$\sum_{i=1}^{n} x^{pr}_{ij} + \sum_{d=1}^{p} z^r_{dj} = w^r_j$	73 ramas de actividad (incluye Servicios de intermediación financiera medidos indirectamente)	A129:BX129

En las hojas Tabla 3 y Tabla 4 se presentan las tablas de destino para la producción interior y de las importaciones, respectivamente. En ambas tablas no se detalla la matriz de inputs primarios por ramas de actividad *Z*. En cuanto a los elementos de las matrices *X* e *Y*, la suma de los elementos de cada tabla da como resultado el elemento correspondiente de la Tabla 2.

Paso 4.

Abriremos el libro Simetric_95.xls. El libro se compone de las siguientes hojas:

- Lista Tablas, que contiene el listado de las tablas contenidas en las distintas hojas de cálculo.
- Tabla 1, que contiene la tabla simétrica de la economía española (producción total) de 1995.
- Tabla 2, que contiene la tabla simétrica de la economía española (producción interior) de 1995.
- Tabla 3, que contiene la tabla simétrica de la economía española (producción importada) de 1995.

Paso 5.

Nos situamos en la hoja Tabla 1, que contiene la tabla simétrica de 1997 correspondiente a la producción total. En dicha hoja nos podemos encontrar las siguientes matrices y vectores:

Concepto	*Elementos*	*Dimensión*	*Rango*
Matriz de transacciones intermedias *X*	x_{ij}	71 ramas de actividad homogéneas + impuestos netos sobre los productos x 71 ramas de actividad homogéneas	A5:BV79
Demanda intermedia total *v*	$\sum_{j=1}^{n} x_{ij} = v_i$	71 ramas de actividad homogéneas + impuestos netos sobre los productos	BY5:BW79
Matriz de demanda final *Y*	y_{ik}	71 ramas de actividad homogéneas + impuestos netos sobre los productos + Ajuste CIF/FOB + Compras de no residentes en el territorio económico + Compras de residentes fuera del territorio económico x 7 agregados (no incluye importaciones)	BX5:CG82

(Continuación)

Concepto	***Elementos***	***Dimensión***	***Rango***
Vector de demanda final total y	$\sum_{k=1}^{m} y_{ik} = y_i$	71 ramas de actividad homogéneas + impuestos netos sobre los productos + Ajuste CIF/FOB + Compras de no residentes en el territorio económico + Compras de residentes fuera del territorio económico	CH5:CH82
Vector de demanda final por agregados económicos g	$\sum_{i=1}^{n} y_{ik} = g_k$	7 agregados (no incluye importaciones)	BX83:CG83
Vector de empleos totales de la economía em	$\sum_{j=1}^{n} x_{ij} + \sum_{k=1}^{m} y_{ik} = em_i$	71 ramas de actividad homogéneas + impuestos netos sobre los productos + Ajuste CIF/FOB + Compras de no residentes en el territorio económico + Compras de residentes fuera del territorio económico	CI5:CI82
Demanda intermedia q	$\sum_{i=1}^{n} x_{ij} = q_j$	71 ramas de actividad homogéneas	A83:BV83
Matriz de inputs primarios Z	z_{dj}	4 tipos de inputs x 71 ramas de actividad homogéneas	A84:BV86
Vector de inputs primarios totales (valor añadido bruto a precios básicos) c	$\sum_{d=1}^{p} z_{dj} = c_j$	71 ramas de actividad homogéneas	A87:BV87
Vector de inputs primarios totales por tipos de input e	$\sum_{j=1}^{n} z_{dj}^{r} = e_d$	4 tipos de inputs	BW84:BW86
Vector de producción a precios básicos w	$\sum_{i=1}^{n} x_{ij} + \sum_{d=1}^{p} z_{dj} = w_j$	71 ramas de actividad homogéneas	A88:BV88
Vector de importaciones totales im	im_j	71 ramas de actividad homogéneas	A89:BV89
Vector de recursos totales de la economía re	$\sum_{i=1}^{n} x_{ij} + \sum_{d=1}^{p} z_{dj} + im_j = re_j$	71 ramas de actividad homogéneas	A90:BV90

En las hojas Tabla 2 y Tabla 3 se presentan las tablas simétricas para la producción interior y de las importaciones, respectivamente. En ambas tablas no se detalla la matriz de inputs primarios *Z*. En cuanto a los elementos de las matrices *X* e *Y*, la suma de los elementos de cada tabla da como resultado el elemento correspondiente de la Tabla 1.

Bibliografía.

Obras Consultadas.

ALLEN, R. I. J. y GOSSLING, W.F. (Eds.) (1975) *Estimating and Projecting Input-Output Coefficients.* Input-Output Publishing Company. Londres.

ALLEN, R.I.J. y LECOMBER, J.R.C. (1975) *"Some Test on a Generalised Version of RAS".* Incluido en ALLEN, R. I. J. y GOSSLING, W.F. (Eds.) (1975) (pp. 43-56).

ANTILLE, G.; FONTELA, E.; GUILLET, S. (2000) *"Changes in technical coefficients: The experience with Swiss I/O Tables."* Thirteen International Conference on Input-Output Techniques. Macerata, Italia.

AROCHE REYES, F. (1996) *"Important Coefficients and Structural Change: A Multi-layer Approach."* Economic Systems Research, vol. 8, nº3 (pp. 235-246).

ASAMI, Y. y SMITH, T.E. (1995) *"Additive-Ratio Measures of Interactivity in Input-Output Systems".* Journal of Regional Science, vol 35, nº1 (pp. 85-115).

BACHARACH, (1970) *Biproportional matrices and Input-Output Change.* Cambridge University Press. Cambridge.

BACHEM, A.; KORTE, B. (1979) *"Estimating Input-Output Matrices."* 7th International Conference on Input-Output Techniques. Insbruck.

BARKER, T.S. (1975) *"Some Experiments Projecting Intermediate Demand."* Incluido en ALLEN, R. I. J. y GOSSLING, W.F. (Eds.) (1975) (pp. 26-42).

BARNA, T. (Ed.) (1963) *Structural Interdependence and Economic Development.* MacMillan and Company. Londres.

BARRIGA, L. (1992) *Dinamicidad de las tablas de coeficientes técnicos en el análisis input-output: análisis en base a una serie de 25 años.* (Tesis doctoral). Universidad Autónoma de Madrid.

BATTEN, D.; MARTELLATO, D. (1985) *"Classical versus Modern Approaches to Interregional Input-Output Analysis".* The Annals of Regional Science, vol. 19, nº3 (pp. 1-15).

BATTEN, D.; MARTELLATO, D. (1988) *"Modelling Interregional Trade within Input-Output Systems."* Ricerche Economiche, año 42, nº2 (pp. 204-221).

BEUTEL, J. (1983) *"Input-Output Analysis and Linear Programming: the General Input-Output Model".* Incluido en GRASSINI y SMYSHLYAEV (Eds.) (1983) (pp. 313-328).

BOLTON, R. (1991) *"Regional econometric models."* Incluido en BOLKIN, R.G.; KLEIN, L.R.; MARWAH, K. (Eds.) *A History of Macroeconometric Model-Building.* Capítulo 13 (pp. 451-481). Edward Elgar.

BON, R. (1989) *"Qualitative Input-Output Análisis."* Incluido en MILLER, R.E.; POLENSKE, K.R.; ROSE, A.Z. (Eds.) (1989).

BORRELL, J. y VALERO, F. J. (1980) *"Modelos no-lineales de planificación y sistemas input-output con coeficientes variables".* Investigaciones Económicas, nº11 (pp. 165-180).

BOX, G.E.P.; JENKINS, G.M. (1970) *Time Series Analysis.* Holden-Day. San Francisco.

BRODY, A.; CARTER, A.P. (Eds.) (1972) *Input-Output Techniques. Proceedings of the Fifth International Conference on Input-Output Techniques.* North Holland.

BUENDÍA, J.D. (1995) *"Propuesta Metodológica para la estimación de Tablas Input-Output Regionales."* Revista de Economía Aplicada, nº7, vol. III (pp. 161-177).

BUZUNOV, R.A. (1970) *"Technical economic projection of coefficients of direct material inputs."* Incluido en CARTER, A.P.; BRODY, A. (Eds.) (1970) (pp. 322-330).

CAÑADA MARTÍNEZ, A. (1994) *"Las tablas input-output como sistema de información de la actividad industrial: una caracterización general."* Economía Industrial. Septiembre-Octubre (pp. 15-33).

CAÑADA MARTÍNEZ, A. (1995) *"Las tablas input-output del INE: aspectos metodológicos y repercusiones en el análisis económico".* ICE, nº737, enero de 1995.

CAÑADA MARTÍNEZ, A. (1998) *"Spanish experience on the implementation of a computerized system according to ESA-95 I/O framework."* Twelfth International Conference on Input-Output techniques. New York.

CAÑADA MARTÍNEZ, A. (2001) *"Una nota sobre coeficientes y modelos multiplicadores a partir del nuevo sistema input/output del SEC-95."* Boletín Trimestral de Coyuntura. Septiembre de 2001. Instituto Nacional de Estadística.

CARTER, A.P.; BRODY, A. (Eds.) (1970) *Applications of Input-Output Analysis. Proceedings of Fourth International Conference on Input-Output Techniques.* North Holland.

CARTER, A. P. (1970) *"A linear programming system analysing embodied technological change".* Incluido en CARTER, A.P.; BRODY, A. (Eds.) (1970) (pp. 77-98).

CASSETTI, M. (1995) *"A New Method for the Identification Patterns in Input-Output Matrices".* Economic Systems Research, vol. 7, nº 4 (pp. 363-381).

CHENERY, H.B. y WATANABE, T. (1958) *"International Comparisons of the Structure of Production."* Econometrica, nº26 (4) (pp. 487-521).

CHENERY, H.B. (1960) *"Patterns of Industrial Growth."* The American Economic Review, nº50 (pp. 624-654).

CIASCHINI, M. (Ed.) (1988) *Input-Output Analysis. Current Developments.* Chapman and Hall. Londres, Nueva York.

CIASCHINI, M. (1988) *"Input-output análisis: an introduction."* Incluido en CIASCHINI, M. (Ed.) (1988) (pp. 1-16).

DE MESNARD, L. (1990) *"Biproportional Method for Analysing Interindustry Dynamics: the Case of France."* Economic Systems Research, vol. 2, nº3 (pp. 271-293).

DE MESNARD, L. (1995) *"A Note on Qualitative Input-Output Análisis."* Economic Systems Research, vol. 7, nº4 (pp. 439-445).

DEWHURST, J.H.L. (1993) *"Descomposition of Changes in Input-Output Tables".* Economic Systems Research, vol 5 nº 1 (pp. 41-53).

DIAS KARUNARATNE, N. (1989) *"Key Sections of the Australian economy and employment potential."* Capítulo incluido en Australian Development Issues. Avebury.

DIEKMANN, A. (2000) *"The Impact of Transport on the EU Economy."* Thirteen International Conference on Input-Output Techniques. Macerata, Italia.

DIETZEMBACHER, E. (1992) *"The Measurement of Interindustry Linkages. Key Sectors in Netherlands."* Economic Modelling, vol. 9 (pp. 419-437).

DIVAY, J.F.; MEUNIER, F. (1982) *"Two Methods of Elaborating 'Input-Output' Tables."* Lecture Notes in Economics and Mathematical Systems, nº203. Compilation of I/O Tables. Proceedings, Gouvieux, France, 1981. Springer-Verlag (pp. 188-234).

DRABEK, Z. (1984) *"A Comparison of technology in central-planned and market type economies."* European Economic Review, nº25. North-Holland (pp. 293-318).

DUCHIN, F. (1989) *"An Input-Output Approach to Analyzing the Future Economic Implications of Technological Change."* Incluido en MILLER, MILLER, R.E.; POLENSKE, K.R.; ROSE, A.Z. (Eds.) (1989).

DUCHIN, F. y LANGE, G.M. (1995) *"Technological Choices and Prices, and Their Implications for the US Economy, 1963-2000."* Economic Systems Research, vol. 4, nº1 (pp. 53-76).

EVANS, W.D. (1954) *"The effect of structural matrix errors on interindustry relation estimates."* Econometrica, vol 22 (pp. 461-480).

FERNÁNDEZ MACHO, F.J.; GALARRAGA ALDANONDO, X.; GONZÁLEZ CASIMIRO, P.; BHOGAL SOHANPAL, P. (1999) *Evolución e Impacto Socio-Económico del Aeropuerto de Vitoria-Gasteiz.* Instituto de Economía Pública. Universidad del País Vasco.

FISHER, W.H.; CHILTON, C.H. (1972) *"Developing ex ante input-output flow and capital coefficients."* Incluido en BRODY, A.; CARTER, A.P. (eds.) (1972) (pp. 393-405).

FISHER, W.H. (1972) *"Ex-Ante as a Supplement or Alternative to RAS in Updating Input-Output Coefficients."* Incluido en ALLEN, R. I. J. y GOSSLING, W.F. (Eds.) (1975) (pp. 94-98).

FLEGG, A.T.; WEBBER, C.D.; ELLIOT, M.V. (1995) *"On the Appropiate Use of Location Quotiens in Generating Regional Input-Output Tables."* Regional Studies, vol. 29.6 (pp. 547-561).

FONTELA, E.; DUVAL, A.; GABUS, A.; BÖRLIN, M.; VELAY, C. (1970) *"Forecasting technical coefficients and changes in relatice prices."* Incluido en CARTER, A.P.; BRODY, A. (Eds.) (1970) (pp. 331-345).

FONTELA, E.; SOLARI, L.; DUVAL, A. (1972) *"Production constraints and prices in an input-output system".* Incluido en BRODY, A.; CARTER, A.P. (Eds.) (1972) (pp. 242-260).

FONTELA, E; PULIDO, A. (1991) *"Input-Output, Technical Change, and Long Waves."* Incluido en PETERSON, W. (Ed.) (1991) (pp. 137-148).

FONTELA, E.; LÓPEZ, A.; PULIDO, A. (2000) *"Structural Comparison of Input-Output tables".* 13th International Conference on Input-Output Techniques. Macerata, Italia.

FORSELL, O. (1972) *"Changing coefficients."* Incluido en BRODY, A.; CARTER, A.P. (Eds.) (1972) (pp. 343-369).

FORSELL, O. (1988) *"Growth and Changes in the Structure of the Finish Economy in the 1960s and 1970s."* Incluido en CIASCHINI, M. (Ed.) (1988).

FORSELL, O. (1989) *"The Input-Output Framework for Analysing Transmission of Technical Progress between Industries."* Economic Systems Research, vol. 1, nº4 (pp. 429-445).

FUJIMAGARI, D. (1989) *"The sources of Changes in Canadian Industry Output".* Economic Systems Research, vol 1, nº2 (pp. 187-201).

FUKUI, Y. (1986) *"A More Powerful Method for Triangularizing Input-Output Matrices and the Similarity of Production Structures."* Econometrica, vol. 54, nº6 (pp. 1425-1433).

GERKING, S.D. (1976) *"Input-Output as a Simple Econometric Model."* Review of Economics and Statistics, nº57, vol. 3 (pp. 274-286).

GILLEN, W.J.; GUCCIONE, A.; CASSETTI, M. (1996) *"Cassetti's New Meted for the Identification of Patterns in Input-Output Matrices: An Alternative Formulation."* Economic Systems Research, vol. 8, nº3 (pp. 299-302).

GRASSINI y SMYSHLYAEV (Eds.) (1983) *Input-Output Modeling. Proceedings of the 3th IIASA Task Force Meeting.* IIASA, Luxemburgo.

GRÖTSCHEL, M.; JÜNGER, M.; REINELT, G. (1984) *"Optimal Triangulation of Large Real World Input-Output Matrices."* Statistische Hefte, nº25 (pp. 261-295).

HALTIA, O. (1992) *"A Triangularization Algorithm without Ringshift Permutation."* Economic System Research, vol. 3, nº3

HAMILTON, J.R. Y JENSEN, R.C. (1983) *"Summary measures of interconnectedness for input-output models."* Environment and Planning A, vol 15, (pp. 55-65).

HARRIGAN, F. J. (1983) *"A quadratic programming approach to data reconciliation: contrast with RAS".* Incluido en GRASSINI y SMYSHLYAEV (Eds.) (1983) (pp. 547-554).

HEWINGS, G.J.D. (1984) *"The Role of Prior Information in Updating Regional Input-Output Models."* Socio-Economic Planning, vol. 18, nº5, (pp. 319-336).

HEWINGS, G.J.D.; FONSECA, M.; GUILHOTO, J.; SONIS, M. (1989) *"Key Sectors and Structural Change in the Brazilian Economy: A Comparison of Alternative Approaches and Their Policy Implications."* Journal of Policy Modeling, 11 (1), (pp. 67-90).

IMANSYAH, M.H. (2000) *"An Efficient Method for Constructing Regional Input-Output Table: A Horizontal Approach in Indonesia."* 13th International Conference on Input-Output Techniques. Macerata, Italia.

INSTITUTO NACIONAL DE ESTADÍSTICA (1992-1994) *Contabilidad Nacional de España y Tabla Input-Output. Base 1986. Serie Contable.* Madrid.

INSTITUTO NACIONAL DE ESTADÍSTICA (1995-1998) *Contabilidad Nacional de España. Base 1986.* Madrid.

INSTITUTO NACIONAL DE ESTADÍSTICA (1998) *Tablas Input-Output de la Economía Española 1991-1994.* Servicio de pedidos. Madrid.

INSTITUTO NACIONAL DE ESTADÍSTICA (2001) *Banco de Datos INEBASE.* Documento en Red: http://www.ine.es

INSTITUTO NACIONAL DE ESTADÍSTICA (2001a) *"Nota para la presentación en INTERNET de la Tabla Simétrica de la Economía española para 1995."* Documento en Red: http://www.ine.es

INSTITUTO NACIONAL DE ESTADÍSTICA (2001b) *"Nota metodológica sobre la Tabla Simétrica de la Economía española para 1995."* Boletín Trimestral de Coyuntura. Marzo de 2001.

JENSEN, R.C. y WEST, G.R. (1980) *"The Effect of Relative Coefficient Size on Input-Output Multipliers."* Environment and Planning A, vol.12 (pp. 659-670).

JÍLEK, M. (1971) *"The selection of most important input coefficients".* Economic Bulletin for Europe, nº23 (pp. 86-105).

KANEMITSU, H.; OHNISHI, H. (1989) *"An Input-Output Analysis of Technological Changes in the Japanese Economy: 1970-1980".* Incluido en MILLER, R.E.; POLENSKE, K.R.; ROSE, A.Z. (Eds.) (1989).

KLEIN, L. R. (1989) *"Econometric Aspects of Input-Output Analysis".* Incluido en MILLER, R.E.; POLENSKE, K.R.; ROSE, A.Z. (Eds.) (1989).

KORTE, B.; OBERHOFER, W. (1970) *"Triangularizing Input-Output Matrices and the Structure of Production."* European Economic Review. Summer (pp. 483-511).

KURZ, H.D.; DIETZENBACHER, E.; LAGER, C. (1998) *Input-Output Analysis.* The International Library of Critical Writings in Economics, nº92. Edward Elgar Published. Cheltenham, Northampton.

LAMEL, J.; RICHTER, J.; TEUFELSBAUER, W. (1971) *"Triangulation."* Economic Bulletin for Europe, nº23 (pp. 59-75).

LANTNER, R. (1972) *"Reserche sur l'interpretation de déterminant d'une matrice input-output."* Revue d'Economie Politique, nº2, (pp. 435-442).

LECOMBER (1975) *"A Critique of Methods of Adjusting, Updating and Projecting Matrices".* Incluido en ALLEN, R. I. J. y GOSSLING, W.F. (Eds.) (1975) (pp. 1-24).

LEONTIEF, W. (1941) *The structure of American Economy 1919-1929.* Oxford University Press. Nueva York.

LEONTIEF, W. (1975) *Análisis económico input-output.* Ariel. 2ª edición. Espluges de Llobregat.

MAAS, C. (1994) *"Bounds for Unknown Elements of Input-Output Matrices".* Economic Systems Research, vol. 6, nº 1 (pp. 69-76).

MARCIAL ECHENIQUE AND PARTNERS, LTD. (1995) *Methodologies for Transport Impact Assessment. Final Report.* Informe encargado por la Directorate General for Transport.

MARENGO, L. (1992) *"The demand for Intermediate Goods in an Input-Output Framework: a methodological note".* Economic Systems Research, vol 4, nº1 (pp. 49-52).

MARTELLATO, D. (1987) *"L'approccio Input-Output all'Economia locale: un background per un modello interregionale."* Incluido en: *Domanda Occupazione ed Ambiente nel Sistema I/O Toscano.* Instituto Regionale per la Programazione Economica della Toscana. Florencia.

MARTÍN URBANO, P. (1993) *Infraestructura del Transporte Terrestre y Desarrollo Regional.* Tesis Doctoral. Universidad Autónoma de Madrid.

MARTÍNEZ AGUADO, T. (1981) *Previsión Empresarial.* Facultad de CC. Económicas y Empresariales. Universidad Autónoma de Madrid.

MARTÍNEZ AGUADO, T.; VÁZQUEZ MUÑÍZ, A. (1983) *"Fitting and Forecasting of Input-Output Coefficients using Mathematical Programming".* 8 SOR Karlsruhe (RFA), Agosto, 1983. Informe de Investigación EEC-UAM-IBM-IO-E01.83

MARTÍNEZ AGUADO, T. (1985) *"Memoria del Proyecto de Investigación: Metodología para la predicción y simulación macroeconómica y sectorial en base a la dinamización de tablas input-output y la modelización econométrica".* Mímeo. Universidad Autónoma de Madrid.

MARTÍNEZ AGUADO, T.; VÁZQUEZ MUÑÍZ, A. (1987) *"Ajuste y proyección de coeficientes técnicos en tablas input-output con programación matemática".* Incluido en libro Homenaje al profesor Gonzalo Arnaiz Vellando. INE. Madrid (pp. 393-409). Versión española revisada de la Ponencia presentada en el 8 SOR Karlsruhe (RFA), Agosto, 1983. Informe de Investigación EEC-UAM-IBM-IO-E01.83.

MARTÍNEZ AGUADO, T.; ÁLVAREZ, A.; CALDERÓN, M.J.; LÓPEZ, V.; MATEO, C.; TARANCÓN MORÁN, M.A.; VÁZQUEZ MUÑÍZ, A.M. (1996) *"D2: Evaluación de los impactos de la actividad del transporte sobre las economías: enfoques y modelos empíricos".* Proyecto ECONOMETRIST. Documento de Trabajo SEC/CE9601. Seminario de Economía Cuantitativa. Universidad de Castilla-La Mancha.

MARTÍNEZ AGUADO, T.; MATEO, C.; VÁZQUEZ MUÑÍZ, A.; BERMEJO, R.; CALDERÓN, M.J.; MARTÍN, I.; TARANCÓN MORÁN, M.A. (1996) *"Proyecto ECONOMETRIST: Metodología General".* Documento de Trabajo SEC/CE9602. Seminario de Economía Cuantitativa. Universidad de Castilla-La Mancha.

MARTÍNEZ AGUADO, T.; VÁZQUEZ MUÑÍZ, A.M.; TARANCÓN MORÁN, M.A.; CALDERÓN MILÁN, M.J.; VERA GRIJALBA, J. (1998) *"D9: Evaluación de los impactos de la actividad del transporte sobre las economías: Fundamentación Científica".* Proyecto ECONOMETRIST. Documento de Trabajo SEC/CE9801. Seminario de Economía Cuantitativa. Universidad de Castilla-La Mancha.

MARTÍNEZ AGUADO, T.; VÁZQUEZ MUÑÍZ, A.M., TARANCÓN MORÁN, M.A.; VERA GRIJALBA, J. (1999) *"D10: Dynamic Prototype. Joint Dynamization and First Prototype."* Proyecto ECONOMETRIST. Documento de Trabajo SEC/CE9901. Seminario de Economía Cuantitativa. Universidad de Castilla-La Mancha.

MARTÍNEZ AGUADO, T.; VÁZQUEZ MUÑÍZ, A.M., TARANCÓN MORÁN, M.A.; VERA GRIJALBA, J. (1999) *"D11: Ejemplo de Aplicación."* Proyecto ECONOMETRIST. Documento de Trabajo SEC/CE9902. Seminario de Economía Cuantitativa. Universidad de Castilla-La Mancha.

MARTÍNEZ AGUADO, T.; VÁZQUEZ MUÑÍZ, A.M., TARANCÓN MORÁN, M.A.; VERA GRIJALBA, J. (1999) *"D12: Nota Metodológica sobre Dinamización del Modelo I/O y Propuesta Operativa."* Proyecto ECONOMETRIST. Documento de Trabajo SEC/CE9903. Seminario de Economía Cuantitativa. Universidad de Castilla-La Mancha.

MATUSZEWSKI, T.I.; PITTS, P.R.; SAWYER, J.A. (1964) *"Linear Programming Estimates of Changes in Input Coefficients".* Canadian Journal of Economics and Political Science. Vol. XXX, nº 2 (pp. 203-210).

MATUSZEWSKI, T.I. (1972) *"Partly disaggregated rectangular input-output models ans their use for the purposes of a large corporation."* Incluido en BRODY, A.; CARTER, A.P. (Eds.) (1972) (pp. 301-318).

MIDDELHOEK, P. (1970) *"Test of the marginal stability of Input-Output Coefficients".* Carter y Brody (Eds.) (1970) (pp. 260-274).

MILLER, R.E.; POLENSKE, K.R.; ROSE, A.Z. (Eds.) (1989) *Frontiers of Input-Output Analysis.* Oxford University Press. Oxford, Nueva York.

MINISTERIO DE ECONOMÍA (2001) *Banco de Datos BDSICE.* Documento en red: http://www.mineco.es

MINISTERIO DE FOMENTO (2000) *Evolución de la Inversión Pública 1990-1998.* Documento en red: http://www.mfom.es/estadisticas/publicaciones/inversion.html

MINISTERIO DE OBRAS PÚBLICAS, TRANSPORTE Y MEDIO AMBIENTE (1994) *Incidencia del Transporte en la Economía Española. Monografía de Infraestructuras.* Informe encargado por la Dirección General de Planificación Territorial a IKEI.

MUÑOZ CIDAD, C. (1988) *"Elaboración y utilización de las tablas input-output regionales."* Papeles de Economía Española, nº35.

NIJKAMP, P.; OOSTERHAVEN, J.; OUWERSLOOT, H.; RIETVELD, P. (1992) *"Qualitative data and error measurement in input-output analysis."* Economic Modelling, Octubre.

OKUYAMA, Y.; HEWINGS, G.J.D.; SONIS, M.; ISRAILEVICH, P.R. (2000) *"An Econometric Analysis of Biproportional Properties in an Econometric Input-Output Modeling System."* R.E.A.L. Project. Documento de trabajo 98-T-12. Universidad de Ilinois y Banco de la Reserva Federal de Chicago.

ÖSTBLOM, G. (1992) *"Technological Change, Projection of the Technology Matrix and the Hipothesis of Negative Coefficient Changes: Parametric and Non-parametric Test with Swedish Input-Output Data."* Economic Systems Research, vol. 4, nº3 (pp. 235-243).

OTERO, J.M. (1993) *Econometría: Series Temporales y Predicción.* Editorial AC. Madrid.

PETERSON, W. (Ed.) (1991) *Advances in Input-Output Analysis.* Oxford University Press.

POLENSKE, K.R. y SKOLKA, J.V. (Eds.) (1974) *Advances in Input-Output Analysis. Proceedings of the 6th International Conference of Input-Output Techniques.* Ballinger Pub. Company. Cambridge, Mas.

PULIDO SAN ROMÁN, A. (1986) *"Crecimiento económico y esfuerzo tecnológico. Un enfoque integrado, modelo econométrico-modelo input-output con coeficientes variables".* Instituto L. R. Klein, doc. 86/1. Universidad Autónoma de Madrid.

PULIDO SAN ROMÁN, A. y FONTELA MONTES, E. (1989) *"Input-Output and Technological Change".* International Seminar on Science, Technology and Economic Growth. Directorate for Science, Technology and Industry. OCDE.

PULIDO SAN ROMÁN, A. y FONTELA MONTES, E. (1993) *Análisis Input-Output: modelos, datos y aplicaciones.* Pirámide. Madrid.

QUESNAY, F. (1758) *Le tableau économique.* Traducción de Ediciones Revista de Trabajo. Madrid, 1974.

QUESNAY (1766) *"Analyse de la formule arithmétique du tableau économique de la distribution des dépenses annuelles d'une nation agricole".* Extracto de Physiocratie, ou Consitution naturelle du Gouvernement économique dún royaume agricole, publicado en 1768 por Dupont de Nemours.

QUINET, E. (1990) *"Analyse économique des transports."* Presses Universitaires de France.

RASMUSSEN, P.N. (1956) *Studies in Intersectoral Relations.* North Holland. Amsterdam.

RODRÍGUEZ ALCAIDE, LÓPEZ CEREZUELA, MARTÍNEZ AGUADO, VÁZQUEZ MUÑIZ (1985a) *"Cifras Sectoriales de la Economía Andaluza".* Proyecto MECA, Documento de Trabajo MECA-001-7.85. Junta de Andalucía, Centro de Investigación UAM-IBM, CSIC. Universidad Autónoma de Madrid.

RODRÍGUEZ ALCAIDE, LÓPEZ CEREZUELA, MARTÍNEZ AGUADO, VÁZQUEZ MUÑIZ (1985b) *"Coeficientes técnicos 75-80. Diferencias e Información de Empresas Cabecera".* Proyecto MECA, Documento de Trabajo MECA-003-09.85. Junta de Andalucía, Centro de Investigación UAM-IBM, CSIC. Universidad Autónoma de Madrid.

RODRÍGUEZ ALCAIDE, LÓPEZ CEREZUELA, MARTÍNEZ AGUADO, VÁZQUEZ MUÑIZ (1985c) *"Exportaciones realizadas para los distintos escenarios de 1986".* Proyecto MECA, Documento de Trabajo MECA-004-10.85. Junta de Andalucía, Centro de Investigación UAM-IBM, CSIC. Universidad Autónoma de Madrid

RODRÍGUEZ ALCAIDE, LÓPEZ CEREZUELA, MARTÍNEZ AGUADO, VÁZQUEZ MUÑIZ (1985d) *"Simulación de la Economía Andaluza al horizonte 1985".* Proyecto MECA, Documento de Trabajo MECA-006-11.85. Junta de Andalucía, Centro de Investigación UAM-IBM, CSIC. Universidad Autónoma de Madrid

RODRÍGUEZ ALCAIDE, LÓPEZ CEREZUELA, MARTÍNEZ AGUADO, VÁZQUEZ MUÑIZ (1986a) *"Escenarios de crecimiento de la Economía Andaluza a la vista del Plan Económico para Andalucía 1983-1986".* Proyecto MECA, Documento de Trabajo MECA-008-3.86. Junta de Andalucía, Centro de Investigación UAM-IBM, CSIC. Universidad Autónoma de Madrid

RODRÍGUEZ ALCAIDE, LÓPEZ CEREZUELA, MARTÍNEZ AGUADO, VÁZQUEZ MUÑIZ (1986b) *"Un modelo Input-Output y de programación matemática aplicado a la Economía Andaluza (Programación Multiobjetivo Jerarquizada)".* Proyecto MECA, Documento de Trabajo MECA-009-6.86. Junta de Andalucía, Centro de Investigación UAM-IBM, CSIC. Universidad Autónoma de Madrid

RODRÍGUEZ ALCAIDE, LÓPEZ CEREZUELA, MARTÍNEZ AGUADO, VÁZQUEZ MUÑIZ (1987) *"Sistema de Proyección de coeficientes de tablas Input-Output".* Proyecto MECA, Documento de Trabajo MECA-012-6.87. Junta de Andalucía, Centro de Investigación UAM-IBM, CSIC. Universidad Autónoma de Madrid

RODRÍGUEZ ALCAIDE, LÓPEZ CEREZUELA, MARTÍNEZ AGUADO, VÁZQUEZ MUÑIZ (1988) *"Evaluación del impacto de las Obras Civiles de carácter público a realizar con motivo de la Exposición Universal Sevilla-92.".* XIV Reunión de Estudios Regionales de la AECR. Torremolinos.

ROSE, A.; CASLER, S. (1996) *"Input-Output Structural Descomposition Analysis: A Critical Appraisal."* Economic Systems Research, vol. 8, nº1 (pp. 33-62).

SCHINTKE, J. y STÄGLIN, R. (1988) *"Important Input Coefficients in Market Transactions Tables and Production Flow Tables".* Incluido en CIASCHINI, M. (Ed.) (1988) (pp. 45-60).

SCHNABL, H. (1994) *"The evolution of the production structures, analysed by a multi-layer procedure."* Economic Systems Research, vol. 6, nº1 (pp. 51-68).

SCHUMANN, J. (1994) *"Does it sense to Apply the Static Open Input-Output Model for Imputation and Structural Descomposition?".* Economic Systems Research, vol 6, nº2 (pp. 171-178).

SEVALDSON,P. (1963) *"Changes in Input-Output Coefficients."* Incluido en BARNA, T. (Ed.) (1963). Capítulo 16 (pp. 303-332).

SEVALDSON, P. (1970) *"The Stability of Input-Output Coefficients".* Incluido en CARTER, A.P.; BRODY, A. (Eds.) (1970) (pp. 207-237).

SEVALDSON, P. (1974) *"Price Changes as Causes of Variations in Input-Output Coefficients."* Incluido en POLENSKE, K.R. y SKOLKA, J.V. (Eds.) (1974) (pp. 113-133).

SHERMAN, J.; MORRISON, W.J. (1950) *"Adjustment of an inverse matrix corresponding to a change in one element of a given matrix."* Annals of Mathematical Statistics, nº21.

SHISHIDO; HARADA; MATSUMURA (1991) *"Technical Progress in an Input-Output Framework with Special Reference to Japan's High-Technology Industries."* Incluido en PETERSON, W. (Ed.) (1991) (pp. 69-107).

SIEBE, T. (1996) *"Important Intermediate Transactions and Multi-Sectoral Modelling."* Economic Systems Research, vol. 8, nº2 (pp. 183-193).

SKOLKA, J. (1988) *"Input-Output Structural Descomposition Analysis for Austria".* Journal of Policy Modeling, nº 11 vol 1 (pp. 45-66).

SONGLIN, X.; GOULD, P. (1991) *"The Grad Field of Input-Output Models and the Nature of Coefficients."* Economic Systems Research, vol. 3, nº4 (pp. 367-378).

SONIS, M.; HEWINGS, G.J.D. (1989) *"Error and Sensitivity Input-Output Analysis: A New Approach."* Incluido en MILLER, R.E.; POLENSKE, K.R.; ROSE, A.Z. (Eds.) (1989).

SONIS, M.; HEWINGS, G.J.D. (1992) *"Coefficient Change in Input-Output Models: Theory and Applications."* Economic Systems Research, vol. 4, nº2.

SONIS, M.; HEWINGS, G.J.D.; GUO, J. (1996) *"Sources of Strucural Changes in Input-Output Systems: A Field of Influence Aproach".* Economic System Research, vol 8, nº1 (pp. 15-32).

STÄGLIN, R.; WESSELS, H. (1972) *"Intertemporal analysis of structural change in the German economy."* Incluido en BRODY, A.; CARTER, A.P. (Eds.) (1972) (pp. 370-392).

STONE, R.; BACHARACH, M.; BATES, J. (1963) *"Input-Output Relationships."* A Programme for Grow. Vol. III. Chapman and Hall. Cambridge University. Cambridge.

SZYRMER, J.M. (1985) *"Measuring connectedness of input-output models: 1. Survey of the measures."* Environment and Planning A, vol 17, (pp. 1591-1612).

SZYRMER, J.M. (1986) *"Measuring connectedness of input-output models: 2. Total flow concept."* Environment and Planning A, vol 18, (pp. 107-121).

TARANCÓN MORÁN, M.A. (1996) Análisis Input-Output: una aplicación al Sector Transporte. Tesina. Universidad de Castilla – La Mancha. Toledo.

TARANCÓN MORÁN, M. A. (1997) *"Sector Transporte y Crecimiento Regional en Andalucía: Aplicación del Método de los Límites Tolerables".* Comunicación presentada en el I Congreso de Ciencia Regional de Andalucía. Jerez, Abril de 1997.

TARANCÓN MORÁN, M.A. (1998a) *"Evaluación de la adopción de tecnologías del transporte terrestre: una aproximación."* Documento de Trabajo / Mayo. Seminario de Economía Cuantitativa. Universidad de Castilla-La Mancha.

TARANCÓN MORÁN, M. A. (1998b) *"Una Nota rispetto alla Proiezione delle Matrici I/O per mezzo dei Modelli di Aggiustamento e Coerenza".* Documento de Trabajo / Septiembre. Seminario de Economía Cuantitativa. Universidad de Castilla-La Mancha.

TARANCÓN MORÁN, M. A. (2002) *Metodología de Ajuste y Coherencia de Tablas Input-Output. Aplicación a la Evaluación del Impacto Económico de la Inversión en Infraestructuras del Transporte.* ProQuest Information and Learning (Chadwyck-Healey). Ann Arbor, Michigan.

THEIL (1967) *Economic and Information Theory.* North-Holland. Amsterdam.

TORII, Y.; SMI, S. y AKIYAMA, Y. (1989) *"Effects of Tariff Redictions on Trade in the Asia-Pacific Region".* Incluido en MILLER, R.E.; POLENSKE, K.R.; ROSE, A.Z. (Eds.) (1989) (pp. 167-179).

URATA, S. (1988) *"Economic Growth and Structural Change in the Soviet Economy 1959-1972".* Incluido en CIASCHINI, M. (ed.) (1988).

VACCARA, B. (1970) *"Changes over time in input-output coefficients for the United States."* Incluido en CARTER, A.P.; BRODY, A. (Eds.) (1970) (pp. 238-260).

VAN NUNSPEET, W.; TAKEMA, T. (1998) *"Ten years suplí and use tables in the Netherlands."* Statistics Netherlands. Division Presentation and Integration. Department of National Accounts.

VÁZQUEZ MUÑÍZ, A. y TARANCÓN MORÁN, M.A. (1999) *"ANAIS: Una metodología para la estimación y Ajuste de Tablas Input-Output".* Documento de Trabajo Marzo-99. Seminario de Economía Cuantitativa. UCLM.

WANG, E. C. (1996) *"A Multiplicative Descomposition Method to Identify the Sectoral Changes in Various Developmental Stages: Taiwan, 1966-91".* Economic Systems Research, vol 8, nº1 (pp. 63-79).

WATANABE, T. (1961) *"A Test of the constancy of input-output coefficients among countries."* International Economic Review, vol. 2, nº3 (pp. 340-350).

WEST, G.R. (1982) *"Sensitivity and Key Sector Analysis in Input-Output Models."* Australian Economic Papers. Diciembre (pp. 365-378).

WRIGHT, S.; RENFRO, C, y SCOWCROFT, A. (1997) *"Toward a Generic Macroeconomic Modelling Environment".* Paper presented at: The Society for Computational Economics. III International Conference on 'Computing in Economics and Finance'. Standford, California, Junio-Julio, 1997.

YAN, C.S. y AMES, E. (1965) *"Economic interrelatedness."* Review of Economic Studies, nº 32, (pp. 299-310).

Obras Citadas.

AGATSUMA, N.; NAKAMURA, A.; NAKAMURA, Y. (1986) *"The structure of the Japanese economy in the year 2000."* 8th International Conference on Input-Output Techniques. Sapporo. Obra citada en PULIDO SAN ROMÁN, A. y FONTELA MONTES, E. (1993).

ALMON, C.; BUCKLER, M. (1972) *"Logistic Growth Curves for Coefficients."* Inforum Research Memo 32. Obra citada en PULIDO SAN ROMÁN, A. y FONTELA MONTES, E. (1993).

ALMON, C.; NYHUS, D. (1980) *"An International System of Input-Output Models."* Inforum Status Report. Diciembre. Obra citada en PULIDO SAN ROMÁN, A. y FONTELA MONTES, E. (1993).

ANTIELLE, G.; FONTELA, E. (1982) *"Estimation d'una matrice de coefficients téchniques pour la Suisse".* Obra citada en BARRIGA, L. (1992).

BIEHL, D. (1988), *"Las infraestructuras y el desarrollo regional."* Papeles de Economía Española, nº35 (pp. 293-310). Obra citada en MARTÍN URBANO, P. (1993).

BLIN, J.M.; MURPHY, F. (1974) *"On measuring economic interrelatedness."* Review of Economic Studies, nº41 (pp. 437-440). Obra citada en SZYRMER, J.M. (1985).

BOSSERMAN, E. (1981) *"Complexity measures for evaluation of ecosystem networks."* International Society for Ecological Modeling Journal, nº 4, (pp. 37-59). Obra citada en SZYRMER, J.M. (1985).

BUTTERFIELD, M.; MULES, T. (1980) *"A testing routine for Evaluating Cell by Cell Accuracy in Short-cut Regional Input-Output Tables."* Journal of Regional Science, vol. 20, nº3 (pp. 293-310). Obra citada en IMANSYAH, M.H. (2000).

CORTÉS y VÁZQUEZ (1981) *"Solution of large scale linear programming problems with several objetive funtions".* Cahiers de'Etudes et Research, nº80. Chambre de C. J. de Paris. Citado en MARTÍNEZ AGUADO, T. (1985).

DE MESNARD, L. (1989) "*Note about the theoretical foundations of biproportional methods.*". 9th International Conference on Input-Output Techniques. Keszthely. Obra citada en PULIDO SAN ROMÁN, A. y FONTELA MONTES, E. (1993).

DRAPER, M. y HERCE, J.A. (1994) *"Infraestructuras y crecimiento: un panorama".* Revista de Economía Aplicada, nº6 – II (pp. 129-168). Obra citada en MARTÍNEZ AGUADO et al. (1996).

FINN, J.T. (1976) *"Measures of ecosystem structure and function derived from analysis of flows." Journal of Theoretical Biology, nº56 (pp. 363-380).* Obra citada en SZYRMER, J.M. (1985).

FINN, J.T. (1980) *"Flow analysis of models of the Hubbard Brooks ecosystem."* Ecology, nº61 (pp. 562-571). Obra citada en SZYRMER, J.M. (1985).

FISHER, W.D.; KLEIN, L.W.; SHINKAI, Y. (1965) *"Price and Output Aggregation in the Brookings Econometric Model."* Incluido en DUESENBERRY et al (Eds.) *The Brookings Quaterly Econometric Model of the U.S.* Obra citada en MARTÍNEZ AGUADO, T. (1985).

HIRSCHMAN, A.O. (1958) *The Strategy of Economic Development.* New Haven: Yale University Press. Obra citada en HEWINGS, G.J.D.; FONSECA, M.; GUILHOTO, J.; SONIS, M. (1989).

HITZ y SCHMID (1978) *"Computer Program Entrop M".* Studienworterlagen Zur Ozts. Regional und Landes planning OR. LK Institut Zurich. Obra citada en BARRIGA, L. (1992).

JOHANSEN (1968) *"Explirations in Long-Term Projections for the Norwegian Economy."* Economics of Planning, nº8 (pp. 1-2). Obra citada en OKUYAMA, Y.; HEWINGS, G.J.D.; SONIS, M.; ISRAILEVICH, P.R. (2000).

KANUDSEN, D.C.; FOTHERINGHAM, A.S. (1986) *"Matrix Comparison, Goodness of Fit and Spatial Interaction Modeling."* International Regional Science Review, vol. 10, nº2 (pp. 128-147). Obra citada en IMANSYAH, M.H. (2000).

KLEIN, L.R. (1953) *"On the interptretation of Proffesor Leontief's System".* Review of Economic Studies, nº 20 (pp. 131-136). Obra citada en MARTÏNEZ AGUADO et al (1985).

LAHR, M. (1992) *An Investigation into Methods for Producing Hybrid Regional Input-Output Tables (Hybrid Models).* Ph.D. Dissertation. University of Pennsylvania. Obra citada en IMANSYAH, M.H. (2000).

LAURITZEN, F.C. (1989) *"An investigation of Danish input-output tables 1966-1985."* 9th International Conference on Input-Output Techniques. Keszthely. Obra citada en PULIDO SAN ROMÁN, A. y FONTELA MONTES, E. (1993).

LECOMBER (1969) *"RAS Projections When Two or More Complete Matrices Are Known."* Economics of Planning, nº9 (3) (pp. 267-278). Obra citada en OKUYAMA, Y.; HEWINGS, G.J.D.; SONIS, M.; ISRAILEVICH, P.R. (2000).

LEONTIEF, W. (1953) *Studies in the Structure of the American Economy.* Oxford University Press. Nueva York. Obra citada en DUCHIN, F. (1989).

MONTEMAYOR, R. y RAMÍREZ, J. (1975) *"The use of Input-Output Analysis in a Econometric Model of the Mexican Economy".* Annals of Economic and Social Measurement, 4/4 (pp. 531-552). Obra citada en MARTÍNEZ AGUADO, T. (1985).

PEAKOCK, A.T.; DOSSIER, D. (1957) *"Input-output analysis in an underdeveloped country: a case study."* The Review of Economic Studies, nº25 (pp. 21-24). Obra citada en SZYRMER, J.M. (1985).

PRESTON, R.S. (1972) *"The Wharton Annual and Industry Forecasting Model."* Studies en Quatitative Economics, nº7 (pp. 14-20). Obra citada en MARTÍNEZ AGUADO, T. (1985).

PRESTON, R.S. (1975) *"The Wharton long-term model: Input-Output within the context of a macro forecasting model."* International Economic Review, vol. 16, nº1. Obra citada en MARTÍNEZ AGUADO, T. (1985).

SCHERER, F.M. (1982) *"Interindustry technology flows and productivity growth."* The Review of Economics and Statistics, September. Obra citada en PULIDO SAN ROMÁN, A. y FONTELA MONTES, E. (1989).

SOOFI, A. (1992) *"Industry Linkages, Indices of Variation and Structure of Production. An International Comparison."* Economic Systems Research, vol 4, nº4 (pp. 349-376). Obra citada en FONTELA, E.; LÓPEZ, A.; PULIDO, A. (2000).

STREIT, M.E. (1969) *"Spatial Assotiations and Economic Linkages between industries."* Journal of Regional Science, vol. 9, nº 2. Obra citada en MUÑOZ CIDAD, C. (1988).

TILANUS, C.B. (1966) Input-Output Experiments. Rotterdam University Press. Obra citada en PULIDO SAN ROMÁN, A. y FONTELA MONTES, E. (1993).

ULANOWICZ, R.E. (1980) *"An hypothesis on the development of natural communities."* Journal of Theoretical Biology, nº85 (pp. 223-245). Obra citada en SZYRMER, J.M. (1985):

ULANOWICZ, R.E. (1981) *"A unified theory of self-organization."* Incluido en MITSCH, W.S.; BOSSERMAN, R.W.; KLOPATEK, J.M. Energy and Ecological Modelling. (pp. 649-652). Obra citada en SZYRMER, J.M. (1985).

WALRAS, L. (1874) Eléments d'économie politique pure. Obra citada en MARTÍNEZ AGUADO, T. (1985).

WONG, Y.K. (1954) *"Some mathematical concepts for linear economic models."* Incluido en MORGENSTERN (Ed.) Economic Activity Analysis. (pp. 283-341). Obra citada en SZYRMER, J.M. (1985).

ZUCCHETTO, J. (1981) *"Energy diversity of regional economies."* Incluido en MITSCH, W.S.; BOSSERMAN, R.W.; KLOPATEK, J.M. Energy and Ecological Modelling. (pp. 543-548). Obra citada en SZYRMER, J.M. (1985).